Schriften zum
Planungs-, Verkehrs- und Technikrecht

Herausgegeben von Michael Ronellenfitsch und Klaus Grupp

Band 18

ISSN 1615-813X

Alice Fee Gerlach

Geltungsdauer von Planfeststellungsbeschlüssen

Verlag Dr. Kovač

Hamburg
2006

VERLAG DR. KOVAČ

Leverkusenstr. 13 · 22761 Hamburg · Tel. 040 - 39 88 80-0 · Fax 040 - 39 88 80-55

E-Mail info@verlagdrkovac.de · Internet www.verlagdrkovac.de

Ausgeschieden von
Landtagsbibliothek
Magdeburg
am ...3.1.1.25...

D 21

Bibliografische Information Der Deutschen Bibliothek
Die Deutsche Bibliothek verzeichnet diese Publikation
in der Deutschen Nationalbibliographie;
detaillierte bibliografische Daten sind im Internet
über http://dnb.ddb.de abrufbar.

ISSN 1615-813X
ISBN 3-8300-2153-4

Zugl.: Dissertation, Universität Tübingen, 2005

© VERLAG DR. KOVAČ in Hamburg 2005

Printed in Germany
Alle Rechte vorbehalten. Nachdruck, fotomechanische Wiedergabe, Aufnahme in Online-Dienste
und Internet sowie Vervielfältigung auf Datenträgern wie CD-ROM etc. nur nach schriftlicher
Zustimmung des Verlages.

Gedruckt auf holz-, chlor- und säurefreiem Papier Alster Digital. Alster Digital ist
alterungsbeständig und erfüllt die Normen für Archivbeständigkeit ANSI 3948 und ISO 9706.

Meiner Familie

Vorwort

Die Juristische Fakultät der Eberhard-Karls-Universität Tübingen nahm die vorliegende Arbeit im Sommersemester 2005 als Dissertation an.

Mein Dank gilt allen, die mich bei der Erstellung der Arbeit unterstützt haben. Meinem Doktorvater, Herrn Prof. Dr. Michael Ronellenfitsch, danke ich insbesondere für die Anregung des Themas, die unbürokratische Betreuung und die aufwändige Begutachtung. Frau Priv.-Doz. Dr. Heike Delbanco danke ich für die rasche Erstellung des Zweitgutachtens.

Gesetzgebung, Rechtsprechung und Literatur sind bis zum Zeitpunkt der Abgabe der Arbeit im November 2002 berücksichtigt.

Stuttgart, 10. Oktober 2005   Alice Gerlach

Gliederung

Inhaltsverzeichnis	II
Einleitung	1
Kapitel 1: Die Planfeststellung	4
A) Begriff und Wesen der Planfeststellung	4
B) Überblick über das Verfahren von den Vorarbeiten bis zur Planverwirklichung unter Berücksichtigung des jeweiligen Zeitaufwandes	25
Kaptitel 2: Die Geltungsdauer von Planfeststellungsbeschlüssen	36
A) Analyse der bestehenden Gesetzeslage und ihre historische Entwicklung	36
B) Rechtsstaatliche und individualrechtliche Erforderlichkeit einer Befristung mit pauschaler Erlöschensfolge bei Umsetzungsverzögerungen	87
C) Ausgestaltung einer Frist mit pauschaler Erlöschensfolge im Einzelnen	200
D) Stellungnahme zu den strittigen Anwendungs- und Auslegungsfragen der gegenwärtigen Gesetzeslage – zugleich: Zusammenfassung	226
E) Resümee	239
Literaturverzeichnis	245

Inhaltsverzeichnis

Einleitung — 1

Kapitel 1: Die Planfeststellung — 4

A) Begriff und Wesen der Planfeststellung — 4

- I. Definition — 4
- II. Die spezifischen Wirkungen der Planfeststellung — 6
  1. Die Genehmigungswirkung — 6
  2. Die Konzentrationswirkung — 6
  3. Die Gestaltungswirkung — 8
  4. Die Ausschlusswirkung — 9
- III. Die planerische Gestaltungsfreiheit — 10
  1. Begriff und Inhalt — 10
  2. Schranken — 14
     - 2.1. Die Planrechtfertigung — 14
     - 2.2. Das Abwägungsgebot — 15
     - 2.3. Die Planungsleitsätze — 17
- IV. Der Prognosecharakter der Planfeststellung — 18
- V. Gegenstand und Arten der Planfeststellung — 20
  1. Die Vorhaben des Fachplanungsrechts — 20
  2. Die Betriebsplanfeststellung — 22
  3. Die enteignungsrechtliche Planfeststellung — 23
  4. Die privatnützige Planfeststellung — 23
- VI. Zusammenfassung — 25

B) Überblick über das Verfahren von den Vorarbeiten bis zur Planverwirklichung unter Berücksichtigung des jeweiligen Zeitaufwandes — 25

- I. Vorarbeiten — 26
- II. Das förmliche Verfahren — 27
- III. Plansicherungsinstrumente — 29

III.	Offene, vom Gesetz nicht beantwortete Anwendungsfragen	72
	1. Zeitlicher Anwendungsbereich – Problem sogenannter Altfälle	73
	2. Fristbeginn und Fristberechnung	74
	3. Fristlaufunterbrechung	76
	3.1. Durchführungsbeginn	76
	3.2. Folge einer Durchführungsunterbrechung	79
	3.3. Verlängerungsverfahren und -entscheidung	82
	4. Rechtsschutz	86

B) Rechtsstaatliche und individualrechtliche Erforderlichkeit einer Befristung mit pauschaler Erlöschensfolge bei Umsetzungsverzögerungen — 87

I.	Zeitlich begrenzte Umsetzungsmöglichkeit einer Genehmigungsentscheidung als allgemeine Rechtsfigur	88
II.	Schutzwürdige Interessen und Rechtspositionen, die gegen eine Befristung mit pauschaler Erlöschensfolge sprechen	94
	1. Erhaltungsinteresse des privaten Vorhabenträgers	94
	1.1. Vorhabenträger als Grundstückseigentümer – Eingriff in die von Art. 14 Abs. I S. 1 GG geschützte Baufreiheit?	96
	1.2. Substrat der Zulassungsentscheidung als Eigentumsobjekt – Abgrenzung Bestands- und Vertrauensschutz	98
	1.3. Der Planfeststellungsbeschluss als ein von Art. 14 Abs. I S. 1 GG geschütztes subjektiv öffentliches Recht?	102
	1.4. Unternehmerische Tätigkeit und Art. 12 GG	107
	2. Interessen der Allgemeinheit und Drittbegünstigter	108
	3. Zwischenergebnis	111
III.	Abwägung mit schutzwürdigen Interessen und Rechtspositionen, die nach einer Befristung mit pauschaler Erlöschensfolge verlangen	111
	1. Verhinderung sogenannter Vorratsplanfeststellung	111
	1.1. Zum Begriff „Vorratsplanfeststellung"	112
	1.2. Vorratsplanfeststellung als eigenständige Begründung für eine Befristung überhaupt denkbar?	113
	1.3. Überprüfung der Brauchbarkeit des Arguments zur Begründung einer Befristung	116

a) Öffentliche Vorhabenträger 117
b) Private Vorhabenträger 119
1.4. Zwischenergebnis 121
2. Belastungen unmittelbar Betroffener – Art. 14 GG und die zeit- 122
liche Begrenzung der Geltungsdauer
2.1. Ursachen und Schwere der Belastungen unmittelbar Be- 124
troffener – Eingriff in Art. 14 Abs. I S. 1 GG?
   a) Mittelbare Nachteile infolge drohender Enteignung – 124
   Grundrechtseingriff durch das „Zwischenstadium"
   b) Relevanz unmittelbarer Wertverluste für das 129
   Untersuchungsthema
   c) Nutzungsbeschränkungen infolge Veränderungssper- 130
   re, Anbauverbote und/oder vorzeitige Besitzeinweisung
   d) Zwischenergebnis 130
2.2. Befristung aufgrund mittelbarer Nachteile durch das Zwi- 131
schenstadium?
   a) Unbefristeter Planfeststellungsbeschluss: Inhalts- und 131
   Schrankenbestimmung oder Enteignung?
   b) Verhältnismäßigkeit des Eingriffs im Zwischenstadi- 139
   um
   aa) Grundsätzliche Rechtfertigung für die Eingriffe 140
   durch das Zwischenstadium
   bb) Zeitfaktor als Grenze der Sozialbindung: Verlangt 143
   das Zwischenstadium an sich schon nach einer
   Befristung des Planfeststellungsbeschlusses?
   (1) Bedeutung des Zeitfaktors 143
   (2) Folge der Unzumutbarkeit im Ablauf der Zeit 146
   (3) Schon existierende Kompensation des Ein- 153
   griffs?
   (4) Andere Mittel statt Befristung mit Erlöschens- 160
   folge
   c) Zwischenergebnis 161
2.3. Befristung aufgrund Sperrwirkung durch Veränderungs- 161
sperre, Anbauverbot und/oder vorzeitige Besitzeinweisung?

IV.	Der Planfeststellungsbeschluss	31
	1. Rechtsnatur	31
	2. Inhalt	33
	3. Rechtsschutz	33
V.	Die Planverwirklichung	34
VI.	Zeitaufwand im Ganzen	35

Kapitel 2: Die Geltungsdauer von Planfeststellungsbeschlüssen 36

A) Analyse der bestehenden Gesetzeslage und ihre historische Entwicklung 36

I. Überblick über die einzelnen Befristungsregelungen und ihre historische Entwicklung 36
  1. Verwaltungsverfahrensrecht - § 75 Abs. IV VwVfG 36
    1.1. Gegenwärtige Gesetzeslage 36
    1.2. Geschichtliche Entwicklung 38
  2. Straßenrecht 38
    2.1. Bundesfernstraßenrecht 38
      a) Gegenwärtige Gesetzeslage 38
      b) Geschichtliche Entwicklung 39
      c) Gesetzesinitiative 43
    2.2. Landesstraßenrecht 45
      a) Angleichung an die Vorschrift des FStrGes 45
      b) Sonderregelungen in der gegenwärtigen Gesetzeslage 45
      c) Auffallend divergierende Regelungen der historischen Gesetzgebung 46
  3. Das Recht der Schienen- und Seilbahnen ohne Personenbeförderungsrecht 47
    3.1. Gegenwärtige Gesetzeslage 47
    3.2. Geschichtliche Entwicklung der eisenbahnrechtlichen Bestimmungen 48
      a) Bundesebene 48
      b) Landesebene 49
  4. Personenbeförderungsrecht 50

4.1. Geschichtliche Entwicklung	50
4.2. Gegenwärtige Gesetzeslage	52
5. Wasserhaushaltsrecht	53
5.1. Geschichtliche Entwicklung	53
5.2. Gegenwärtige Gesetzeslage	54
6. Bundeswasserstraßenrecht	55
6.1. Geschichtliche Entwicklung	55
6.2. Gegenwärtige Gesetzeslage	56
7. Luftverkehrsrecht	56
7.1. Gegenwärtige Gesetzeslage	56
7.2. Geschichtliche Entwicklung	58
8. Abfallrecht	58
9. Recht der Flurbereinigung	59
10. Atomrecht	60
11. Bergrecht	60
12. Entwurf-UGB I	61
13. Sonstiges	62
II. Schlussfolgerungen – Erkennbares System in Begründung und Ausgestaltung?	64
1. Analyse der historischen Entwicklung der Befristungsregelungen in der Gesamtschau	64
1.1. § 17 Abs. VII FStrG (1953) als Ursprung der Befristungsnormen	64
1.2. Tendenz zur Rechtsvereinheitlichung	65
1.3. Gesetzesbegründungen – Zusammenhang zur Veränderungssperrenentschädigung?	66
1.4. Gesetzesbegründungen – Zusammenhang zur Einführung Bestandskraft durchbrechender Regelungen?	67
2. Schlussfolgerungen aus der aktuellen Gesetzeslage – Modalitätenhäufigkeit	69
2.1. Fristsetzung und Fristbeginn	69
2.2. Fristlänge	69
2.3. Fristlaufunterbrechung	70
2.4. Rechtsfolgen des Fristablaufs	71

2.4. Zwischenergebnis	162
3. Mittelbar Betroffene und Grundrechtsverletzung	163
4. Nachträglich potentielle Änderung der Rechts- und Sachlage	164
4.1. Funktion des Erlöschens	165
4.2. Öffentliche und individualrechtliche Interessen an Berücksichtigung nachträglicher Änderungen der Rechts- und Sachlage	166
4.3. Schutzwürdigkeit dieser Interessen trotz Bestandskraft des Planfeststellungsbeschlusses?	168
4.4. Relevanz und Wahrscheinlichkeit nachträglicher Änderungen	169
a) Die relevanten Änderungen	169
b) Wahrscheinlichkeit der Änderungen	171
4.5. Umfang des von der Allgemeinheit und den Betroffenen getragenen Risikos der nachträglichen Änderungen	175
a) Durchbrechung der Bestandskraft im Planfeststellungsrecht	176
aa) Möglichkeiten Betroffener hinsichtlich individualrechtlicher Interessen	176
bb) Möglichkeiten der Planfeststellungsbehörde hinsichtlich öffentlicher Interessen	182
cc) Fachplanerische Besonderheiten	185
dd) Zwischenergebnis	186
b) Überprüfungsverpflichtung	187
c) Zwischenergebnis	189
4.6. Abwägung mit Planerhaltungsinteressen	189
a) Verhältnismäßigkeit einer Befristung mit Erlöschensfolge	190
b) Erforderlichkeit der Pauschalität?	193
4.7. Zwischenergebnis	195
5. Allgemeines Rechtsschutzbedürfnis aller Betroffener	195
IV. Ergebnis der Untersuchung	199

C) Ausgestaltung einer Frist mit pauschaler Erlöschensfolge im Einzelnen — 200

    I. Fristsetzung – Welche Art ist vorzuziehen? — 201

    II. Fristbeginn — 203

    III. Länge der Frist — 207

        1. Anforderungen an die Fristlänge aufgrund des Rechtssicherheitsbedürfnisses — 207

        2. Anforderungen an die Fristlänge aufgrund des Arguments der nachträglichen Änderungen — 207

        3. Anforderungen an die Fristlänge aufgrund mittelbarer Nachteile durch das Zwischenstadium — 208

        4. Notwendiger Interessenausgleich aufgrund der Pauschalität der Fristsetzung — 211

        5. Zwischenergebnis — 212

    IV. Verlängerungsmöglichkeit — 212

    V. Ansatzpunkt: Durchführungsbeginn oder –ende? – Grenze zwischen zulässiger Pauschalität und hinreichendem Einzelfallausgleich — 217

    VI. Umsetzungsunterbrechung – neuer Fristlauf? — 220

    VII. Voraussetzungen für den Durchführungsbeginn — 222

        1. Durchführungsbeginn als Pauschalitätsausgleich — 222

        2. Durchführungsbeginn aufgrund des Investitionsrisikos — 225

    VIII. Übertragung auf gegenwärtige Befristungsregelungen – Verfassungswidrigkeit einzelner Regelungen? — 225

D) Stellungnahme zu den strittigen Anwendungs- und Auslegungsfragen der gegenwärtigen Gesetzeslage – zugleich: Zusammenfassung — 226

    I. Zeitliche und sachliche Anwendbarkeit der Befristungsregelungen — 227

        1. Anwendbarkeit auf sog. „Altfälle" — 227

        2. Sachliche Anwendbarkeit des VwVfG — 230

    II. Beantwortung der strittigen Auslegungsfragen — 232

        1. Fristbeginn – Voraussetzungen für Unanfechtbarkeit — 232

        2. Voraussetzungen des Durchführungsbeginns — 232

3. Folgen der Durchführungsunterbrechung	235
4. Auswirkungen auf das Verlängerungsverfahren	236
E) Resümee	**239**
I. Rechtsvereinheitlichung – Pauschalität zwischen und in den Gesetzen?	240
II. Rechtspolitisch sinnvollste Befristungsvariante	242
Literaturverzeichnis	245

Einleitung

Konstatierte Fickert noch im Jahre 1977, ein Überhang an planfestgestellten Vorhaben sei für absehbare Zeit nicht zu erwarten[1], bietet sich heute bei öffentlich finanzierten Projekten ein konträres Bild. Vermehrt auftretende Finanzengpässe vor allem durch die Mittelumschichtung zugunsten der Verkehrsprojekte „Deutsche Einheit" führen gegenwärtig vermehrt zu Umsetzungsverzögerungen. Die Umsetzung schon planfestgestellter Vorhaben muss unterbrochen[2], oder kann erst gar nicht begonnen werden. Schwankende Haushalte infolge von Mittelkürzungen und Sonderfinanzierungsprogrammen sowie die schwer abschätzbare Dauer von Rechtsschutzverfahren gegen Planfeststellungsbeschlüsse erschweren darüber hinaus die Finanzierungsplanung.

Mit den Umsetzungsverzögerungen droht den betroffenen Planfeststellungsbeschlüssen aufgrund ablaufender Geltungsdauer der Verfall, können sie nicht rechtzeitig verlängert werden[3]. Infolge des Verfalls gingen wertvolle Kompromisse verloren[4], die z.T. jahrelange Untersuchungen und Verhandlungen beansprucht haben[5]. Der gesamte Einsatz an Zeit, Kosten und Verwaltungskapazität wäre vergeblich aufgewendet worden. Deshalb beschloss der Bundesrat am 22.03.2000 auf Antrag der Bundesländer Ba-

---

[1] in: Planfeststellung, B PlafeR Erl. Nr. 32, Anm. 2
[2] z.B. beim Bau der ICE-Trasse Nürnberg-Erfurt
[3] Verlängerungsverfahren mussten in Baden-Württemberg schon zweimal durchgeführt werden. Einmal ging es um den Planfeststellungsbeschluss zur OU Hermaringen im Zuge der B 492, dessen fünfjährige Geltungsdauer im Dezember 2000 ablief. Ferner war ein Verlängerungsverfahren im Rahmen des vierspurigen Ausbaus der B 27 von Tübingen-Süd bis Nehren erforderlich. Verlängerungsverfahren sind außerdem aus Bayern, Sachsen-Anhalt, Hessen und dem Saarland bekannt. Verlängerungen sind darüber hinaus bei Planfeststellungsbeschlüssen für den Schienenbau nicht die Seltenheit. Ein Beispiel sind die Neubaustrecken Erfurt-Leipzig (Beschluss vom 12.10.1995) und Leipzig-Halle (Beschluss vom 19.6.1995).
[4] man denke nur an die teilweise Jahre beanspruchende Trassenwahl im Straßen- oder Schienenbau
[5] so dauerte z.B. die Trassenwahl beim Ausbau der B 33 zwischen Allensbach und Konstanz knapp 30 Jahre

den-Württemberg, Bayern und Hessen einen Gesetzentwurf zur Änderung des Bundesfernstraßengesetzes[6]. Ziel ist es, die primäre Geltungsdauer des fernstraßenrechtlichen Planfeststellungsbeschlusses von bisher fünf auf zehn Jahre zu verlängern. Der Verlängerungszeitraum von weiteren fünf Jahren soll beibehalten werden. Zudem wird klargestellt, dass nach Beginn der Plandurchführung innerhalb der primären Geltungsdauer der Beschluss unbefristete Geltung erlangt. Bei einer Unterbrechung der Umsetzung wäre damit das Außerkrafttreten des Planfeststellungsbeschlusses ausgeschlossen. Nach Anhörung der Sachverständigen im Bundestagsausschuss für Verkehr am 07.02.2001[7] kam es bisher -trotz weiterer Bemühungen des Landes Baden-Württemberg[8]- noch nicht zu einer solchen Änderung[9]. Es wurden Bedenken im Hinblick auf die vom Plan betroffenen Grundstückseigentümer geäußert. Ihnen könne die längere Phase bis zum Durchführungsbeginn nicht zugemutet werden. Außerdem werde einer unzulässigen „Vorratsplanfeststellungspolitik" Vorschub geleistet.

Diese Aktualität veranlasst es, der rechtsstaatlichen und individualrechtlichen Notwendigkeit einer Befristung sowie ihrer Ausgestaltung nachzugehen. Die Untersuchung soll sich dabei nicht nur auf Verkehrsprojekte oder Gemeinwohlvorhaben beschränken, sondern alle Planfeststellungsvorhaben erfassen, denn finanzielle und volkswirtschaftliche Ressourcen sind fast mit jedem erloschenen Planfeststellungsbeschluss betroffen - sei es bzgl. privaten oder öffentlichen Vorhaben. Umsetzungsschwierigkeiten können dabei nicht nur durch Finanzierungslücken, sondern infolge jeder unvorhergesehenen Umstandsänderung auftreten[10].

---

[6] BT-Drucks. 14/2994
[7] BT-Protokoll 14/51 bzw. 14/73
[8] vgl. Pressemitteilung des Staatsministeriums von Baden-Württemberg vom 15.01.2002 „Bundesratsinitiative für besseren Straßenbau" (http://www.baden-wuerttemberg.de)
[9] vgl. Beschlussempfehlung des 15. Ausschusses für Verkehr, Bau und Wohnungswesen (BT-Drucks. 14/8042), wonach der Gesetzentwurf abzulehnen ist
[10] z.B. Schwierigkeiten durch erst nachträglich erkannte Wasseradern oder bestimmte Gesteinsschichten, Probleme beim Grunderwerb oder der Bauvergabe, Schwierigkeiten aufgrund einer Änderung der abgestimmten Planung im Nachbarbundesland

Die Notwendigkeit einer Untersuchung ergibt sich aber auch aus der, in der administrativen Praxis vorherrschenden Rechtsunsicherheit über die Anwendung der Befristungsregelungen - vor allem im Hinblick auf ein mögliches Verlängerungsverfahren. Hier schweigt das Gesetz zu der Frage, was materiell einer Verlängerungsentscheidung zugrunde zu legen ist. Überdies besteht beispielsweise im Fall der Durchführungsunterbrechung eines planfestgestellten Vorhabens in Literatur und Rechtsprechung keine Einigkeit, wie zu verfahren ist.

Zunächst sollen dabei, nach einem kurzen allgemeinen Teil zum Recht der Planfeststellung, die einzelnen Befristungsregelungen der gegenwärtigen Gesetzeslage mit ihrer historischen Entwicklung vorgestellt werden. Nach einer Analyse derselben und der Darstellung der bisher strittigen Anwendungs- und Auslegungsfragen ist der Erforderlichkeit einer Befristung des Planfeststellungsbeschlusses mit pauschaler, d.h. gesetzlicher Erlöschensfolge, nachzugehen. Es sollen dabei die einzelnen Rechtspositionen und Interessen untersucht und ggf. zur Abwägung gebracht werden. Im Anschluss ist, im Fall der Erforderlichkeit einer solchen Befristung, die konkrete Ausgestaltung (d.h. Fristlänge, Ansatzpunkt etc.) näher zu beleuchten. Hat somit eine eingehende rechtliche Betrachtung des Untersuchungsthemas stattgefunden, kann dann zu den strittigen Anwendungs- und Auslegungsfragen in der gegenwärtigen Gesetzeslage Stellung genommen werden. Abschließend soll noch auf die Tendenz zur Rechtsvereinheitlichung im Bereich der Befristungsregelungen sowie auf die rechtspolitisch vorzugswürdigste Befristungsvariante eingegangen werden.

Kapitel 1 : Die Planfeststellung

A) Begriff und Wesen der Planfeststellung

I. Definition

Das Institut der Planfeststellung ging, vor etwa 160 Jahren beginnend, aus der Verwaltungspraxis des Eisenbahn- und Straßenbaus hervor. Erstmalig regelte im Jahr 1924 § 37 des Reichsbahngesetzes das Planfeststellungsrecht[11]. Doch schon damals ließ das Gesetz wie auch heute eine Definition des Begriffs „Planfeststellung" vermissen. Weder die Verwaltungsverfahrensgesetze des Bundes und der Länder noch die zahlreichen Fachgesetze liefern derzeit eine Begriffsbestimmung. Lediglich Wirkungen und Eigenschaften dieses Instituts werden umschrieben. Rechtsprechung und Literatur waren und sind somit gehalten, eine Definition selbst zu entwickeln[12].

Ausgehend von den Termini „Plan" und „Planung"[13] lässt sich die Planfeststellung allgemein in das Rechtssystem einordnen. Planung als „final determiniertes, methodisches Lenkungsmittel zukünftigen Geschehens"[14] unterteilt sich gemäß ihrer Planungsebene in politische und verwaltungs-

---

[11] Der Sache nach schon in § 4 des Preußischen Eisenbahngesetzes vom 3.11.1838, ohne jedoch die Bezeichnung „Planfeststellung" zu führen; es ist vielmehr von einer ministeriellen Genehmigung die Rede; siehe ausführlich dazu Blümel, Bauplanfeststellung I, S. 88 f.

[12] Als historischer Vorreiter gilt Gleim, Recht der Eisenbahnen in Preußen, S. 341, mit seiner „klassischen" Definition von Planfeststellung als „rechtswirksame Bestimmung über die Lage, die Gestaltung oder Beschaffenheit der (Bahn-)Anlage selbst in allen ihren Bestandteilen sowie über die Frage, wieweit es zugunsten der durch die (Eisenbahn-)Unternehmung in Mitleidenschaft gezogenen öffentlichen und Privatinteressen der Herstellung besonderer Anlagen (Nebenanlagen) bedarf, wo und wie dieselben auszuführen sind."

[13] wobei Plan und Planung synonym verwendet werden können; Hoppe, HdStR III, § 71/3

[14] Stern, Staatsrecht, Bd. II, S. 704; Hoppe, HdStR III, § 71/4; grundlegend: Kaiser, Der Plan als Institut, S. 11 (20 ff.); vgl. auch Vitzthum, Parlament und Planung (1978), S. 60 ff.; Ossenbühl, Gutachten, B 50 ff.

rechtliche Planung[15]. Die hier einschlägige verwaltungsrechtliche Planung teilt sich wiederum in Gesamt- und Fachplanung auf. Die Planfeststellung als Institut der Fachplanung[16] befasst sich im Gegensatz zur überfachlichen Gesamtplanung mit konkreten raumbezogenen Einzelprojekten einer bestimmten Fachmaterie. Innerhalb dieser Fachplanung ist zwischen der vorbereitenden[17] und der rechtsverbindlichen[18] Planung zu unterscheiden, wobei die Planfeststellung als rechtsverbindliche Anlagenzulassung letzterer unterfällt [19].

Damit zeigt sich, dass der heutige Begriff der Planfeststellung ein enger ist. Nicht jede Allgemeinverbindlichkeitserklärung von Plänen wird von ihr erfasst[20], sondern nur die rechtsverbindliche Feststellung von Plänen für konkrete Anlagen[21].

Werden zusätzlich zu der bisherigen Eingrenzung die noch näher zu betrachtenden, in den Gesetzen beschriebenen Eigenschaften und spezifischen Wirkungen der Planfeststellung berücksichtigt, ergibt sich folgende Definition: Planfeststellung ist als Hoheitsakt eine mit bestimmten Rechtsfolgen ausgestattete behördliche, rechtsverbindliche Feststellung eines Plans zur Schaffung konkreter Einzelvorhaben[22]. Dabei kann der Begriff

---

[15] ausführlich zur verwaltungsrechtlichen Planung: Obermayer, Der Plan, VVDStRL 18 (1960), S. 144 ff.
[16] Kühling, Fachplanungsrecht, Rn. 305, der die Planfeststellung als den „Prototypen" des Fachplanungsrechts bezeichnet.
[17] z.B. die Bedarfsplanung
[18] Fickert, Planfeststellung, B PlanfeR Erl. Nr. 1/2; ders., Inhalt, Rechtswirkungen..., in EvJSgg, S. 385 (389); Stern, Staatsrecht, Bd. II, S. 712; vgl. auch Hoppe, HdStR III, § 71/17 und Hoppe/Schlarmann, Rechtsschutz, Rd. 25, die diese Planungsart auch als imperativ oder endgültig bezeichnen.
[19] Gaentzsch, Planfeststellung, in Schlichter-FS, S. 517
[20] So noch: BayVGH, Urt. v. 7.6.1962, VerwRsp. 16, Nr. 144, 169 (470); Marschall, BFStrG, 2. Aufl. 1963, Anm. 3 zu 17; Salzwedel, Kolloquium, ZfW 4 (1965), S. 92 (93)
[21] vgl. Ronellenfitsch, Einführung, S. 109; ders., Planfeststellung, VerwArch 80 (1989), S. 92 (93); Kühling, Fachplanungsrecht, Rd. 11
[22] vgl. Blümel, Bauplanfeststellung 1, S. 24; ders., Planfeststellung 2,1, S. 31, 35 ff.; Blümel/Ronellenfitsch, Die Planfeststellung in der Flurbereinigung, S. 62; Ronellenfitsch, Einführung, S. 109; ders., Die Planfeststellung, VerwArch 80 (1989), S. 92 (93); im Ergebnis so auch Fi-

„Planfeststellung" als Bezeichnung für das Verfahren selbst, für die Feststellung des Plans in Form des Planfeststellungsbeschlusses sowie für die Zusammenfassung beider Teile im Sinne eines Rechtsinstituts verwendet werden[23].

II. Die spezifischen Wirkungen der Planfeststellung

Als spezifische Eigenschaften und Wirkungen der Planfeststellung lassen sich die Genehmigungs-, Konzentrations-, Gestaltungs-, und Ausschlusswirkung anführen.

1. Die Genehmigungswirkung

Wie bei jeder anderen Genehmigungsentscheidung wird im Rahmen der Planfeststellung über die Vereinbarkeit des Vorhabens mit den von ihm berührten öffentlichen Belangen entschieden (§ 75 Abs. I Satz 1 Hs. 1). Aus der Feststellung der Zulässigkeit ergibt sich das Recht des Vorhabenträgers das Vorhaben durchzuführen. Dem Planfeststellungsbeschluss kommt somit eine Genehmigungswirkung zu[24].

2. Die Konzentrationswirkung

Gem. § 75 Abs. I Satz 1, Hs. 2 VwVfG ersetzt die Planfeststellung andere, an sich erforderliche, behördliche Entscheidungen, insbesondere öffent-

---

ckert, Inhalt, Rechtswirkungen..., in EvJSgg, S. 385 (391), der jedoch zusätzlich die spezifischen Elemente der Planfeststellung einzeln aufzählt.
[23] Fickert, Planfeststellung, B PlafeR Erl. Nr. 1/3; Manner, Rechtsstaatliche Grundlagen, S. 3
[24] dazu: Kügel, in Obermayer, VwVfG, § 75/9 ff.; Laubinger, in Ule/Laubinger, VwVfR, § 41/21

lich-rechtliche Genehmigungen, Verleihungen, Erlaubnisse, Bewilligungen, Zustimmungen und Planfeststellungen.

Bezüglich der Reichweite der Konzentrationswirkung herrschte in Literatur und Rechtsprechung Streit[25]. Zahlreiche Theorien[26] wurden im Laufe der Jahre entwickelt, aus denen sich eine vermittelnde Ansicht[27] herausgebildet und sich als herrschende durchgesetzt hat[28]: In formeller Hinsicht sind die behördlichen Zuständigkeiten, die Entscheidungsbefugnis sowie das Verwaltungsverfahren konzentriert[29]. In materieller Hinsicht ist die Planfeststellungsbehörde grundsätzlich nicht von den für die miterledigten Bereiche geltenden Regelungen und Voraussetzungen für die Zulässigkeit des Vorhabens freigestellt[30]. Es muss jedoch zwischen zwingenden Vorschriften[31] und den in der Abwägung überwindbaren Berücksichtigungsgeboten unterschieden werden. Im Gegensatz zu den Berücksichtigungsgeboten verlangen die zwingenden Vorschriften unbedingte Beachtung, die nicht durch die Abwägung überwunden werden können. Welche der beiden

---

[25] siehe ausführlich dazu: Laubinger, Konzentrationswirkung, VerwArch 86, S. 77 (88 ff.); Ronellenfitsch, Planfeststellung, VerwArch 80 (1989), S. 92 (94 ff.)

[26] Die „formellen" Theorien: *Theorie der Zuständigkeitskonzentration*, vgl. Kopp, VwVfG, 3. Aufl. 1983, § 74/12; Sieder/Zeitler, Bay. Straßen- und Wegegesetz, 3. Aufl. 1983, Art. 36/12; Zur *Theorie der Verfahrenskonzentration* vgl. Badura, in Erichsen, Allg. VerwR, 8. Aufl. 1988, S. 454 f.; Laubinger, Konzentrationswirkung, VerwArch 86, S. 77 (88 ff.); Kühling, Fachplanungsrecht, Rd. 520 ff.
Die „materiellen" Theorien: Zur *Theorie der uneingeschränkten materiellen Konzentration* vgl. Manner, Rechtsstaatliche Grundlagen, S. 47 ff.; Zur *Theorie der eingeschränkten materiellen Konzentration*: Bonk, in Stelkens/Bonk/Leonhardt, VwVfG 1983, § 75/10 ff.; Kodal/Krämer, Straßenrecht, 4. Aufl. 1985, Kap. 34/19.3 ff.; Busch, in Knack, VwVfG, 2. Aufl. 1982, § 75/3.1.2

[27] Kügel, Planfeststellungsbeschluss, S. 72 und in Obermayer, VwVfG, § 75/33, nennt sie „die modifizierte Theorie der verfahrensrechtlichen Konzentration"

[28] BVerwG, Urt. v. 9.3.1990, E 85, 44 (46); Beschl. v. 26.6.1992, NVwZ 1993, S. 572 (575); Ronellenfitsch, Planfeststellung, VerwArch 80 (1989), S. 92 (94 ff.); ders., Neues Eisenbahnplanfeststellungsrecht, in APE 1996, S. 27 (59 ff.); Kügel, in Obermayer, VwVfG, § 75/24; Bonk, in Stelkens/Bonk/Sachs, VwVfG, § 75/10 ff.; Steinberg, Fachplanung, § 3/17; Wahl/Dreier, Entwicklung, NVwZ 99, S. 606 (609); Busch, in Knack, VwVfG, 6. Aufl. 1998, § 75/3

[29] insofern wird der (formellen) Theorie der Verfahrenskonzentration gefolgt

[30] eine gesetzlich verankerte (und damit in dieser Hinsicht verfassungsrechtlich unbedenkliche) Ausnahme dazu bildet § 38 BauGB

[31] siehe dazu auch unten S. 17

Vorschriftenarten vorliegt, muss im Einzelfall durch Auslegung der jeweiligen Norm ermittelt werden[32].

3. Die Gestaltungswirkung

Die Planfeststellung regelt gem. § 75 Abs. I Satz 2 VwVfG rechtsgestaltend alle öffentlich-rechtlichen Beziehungen zwischen dem Träger des Vorhabens und den durch den Plan Betroffenen[33].

Diese sog. Gestaltungswirkung ändert privatrechtliche Beziehungen jedoch nicht unmittelbar. Der Planfeststellungsbeschluss ermächtigt weder zu tatsächlichen Eingriffen noch zur Beseitigung oder Beschränkung privater Rechte. Das Eigentum Drittbetroffener bedarf hierfür einer förmlichen Enteignung. Durch die Planfeststellung können jedoch die rechtlichen Voraussetzungen für die Zulässigkeit von Eingriffen in Eigentumspositionen und damit eine „enteignungsrechtliche Vorwirkung" geschaffen werden (vgl. z.B. § 19 II FStrG)[34]. Der Planfeststellungsbeschluss ist insofern für die Enteignungsbehörde bindend, während diese nur noch über die Modalitäten der Enteignung zu entscheiden hat[35]. So wird die Frage, ob überhaupt eine Enteignung der konkreten Gründstücke im Hinblick auf Art. 14 Abs. III GG zulässig ist, im Rahmen der Planfeststellung entschieden[36]. Die eigentliche Enteignungsfrage kann somit vom Betroffenen später im Enteignungsverfahren nicht mehr geltend gemac

---

[32] BVerwG, Urt. v. 4.5.1988, E 79, 318 (321)
[33] siehe ausführlich dazu: Bonk, in Stelkens/Bonk/Sachs, VwVfG, § 75/25 ff.; Dürr, in Knack, VwVfG, § 75/18; Kügel, in Obermayer, VwVfG, § 75/45 ff.
[34] BVerfG, Beschl. v. 10.5.1977, E 45, 297 (319 f.); BVerfG, Beschl. v. 9.6.1987, NVwZ 1987, S. 967; VGH Mannheim, Urt. v. 15.11.1988, VBlBW 1989, S. 339; ausdrücklich erwähnt in § 74 Abs. VI Satz 2 VwVfG; die enteignungsrechtliche Vorwirkung entfaltet der Planfeststellungsbeschluss dabei nicht nur für Eigentümer, sondern für alle Personen, denen gegenüber das Enteignungsverfahren durchzuführen ist: BVerwG, Urt. v. 1.9.1997, DVBl. 98, S. 44 (45)
[35] Kügel, in Obermayer, VwVfG, § 75/54
[36] Ronellenfitsch, in Marschall, BFStrG, § 17/130; Niehues, Planrechtfertigung, WiVw 85, S. 250 (254); a.A. Krohn/Löwisch, Eigentumsgarantie, 3. Aufl. 1984, Rd. 43

werden. Die Feststellung, ob und in welchem Umfang dann tatsächlich das einzelne Grundstück für die Durchführung gebraucht wird und wie hoch die Entschädigung ist, ist Sache der Enteignungsbehörde[37].

4. Die Ausschlusswirkung

Nach Unanfechtbarkeit des Planfeststellungsbeschlusses sind gem. § 75 Abs. II Satz 1 VwVfG Ansprüche auf Unterlassung des Vorhabens, auf Beseitigung oder Änderung der Anlagen oder auf Unterlassung ihrer Benutzung ausgeschlossen[38].

Eine Abmilderung erfährt diese Ausschlusswirkung (auch Duldungs- oder Sicherungswirkung genannt) dadurch, dass durch nachträgliche Anordnungen von Schutzauflagen oder Entschädigung in Geld nachteilige Wirkungen, die erst nach Unanfechtbarkeit des Planfeststellungsbeschlusses erkennbar werden, kompensiert werden[39]. Damit soll dem Risiko einer prognostischen Entscheidung im Hinblick auf spätere Folgen, mit denen vernünftigerweise nicht gerechnet werden konnte, begegnet werden[40]. Angesichts dieser Eigenschaft von Planfeststellungsbeschlüssen ist strittig, inwieweit diese gem. §§ 48, 49 VwVfG aufhebbar sind[41].

---

[37] vgl. z.B. § 19 FStrG; BVerfG, Beschl. v. 10.5.1977, E 45, 297 (320)
[38] siehe ausführlich dazu: Dürr, in Knack, VwVfG, § 75/36; Kügel, in Obermayer, § 75/68 ff.; Bonk, in Stelkens/Bonk/Sachs, VwVfG, § 75/44 ff.; Laubinger, in Ule/Laubinger, VwVfR, § 41/24
[39] Ronellenfitsch, Planfeststellung, VerwArch 80 (1989), S. 92 (97)
[40] BVerwG, Urt. v. 1.7.1988, NVwZ 1989, S. 253 (255); BayVGH 12.10.1995, NVwZ 1996, S. 1125 (1127); Kügel, in Obermayer, VwVfG, § 75/80
[41] siehe hierzu unten S. 178 ff.

III. Die planerische Gestaltungsfreiheit

1. Begriff und Inhalt

Prägendes Merkmal einer jeden Planung ist die planerische Gestaltungsfreiheit[42]. Sie spricht der planenden Behörde einen über das einfache Verwaltungsermessen hinausgehenden, nur beschränkt gerichtlich überprüfbaren Entscheidungsspielraum zu[43], weil Planung ohne Gestaltungsfreiheit ein Widerspruch in sich selbst wäre[44]. Kernstück der planerischen Gestaltungsfreiheit ist das Abwägungsgebot. Es verlangt, alle öffentlichen und privaten Belange, die von dem geplanten Vorhaben berührt werden, gerecht untereinander und gegeneinander abzuwägen[45]. Als spezifische Ausprägung des Verhältnismäßigkeitsgrundsatzes[46] ergibt sich das Abwägungsgebot nach Ansicht des Bundesverwaltungsgerichtes aus dem Wesen einer rechtsstaatlichen Planung für alle Bereiche der räumlichen Gesamt- und Fachplanung, unabhängig von einer gesetzlichen Verankerung (wie beispielsweise in § 17 Abs. I Satz 2 FStrG)[47].

Da ursprünglich das Bundesverwaltungsgericht den Grundsatz der planerischen Gestaltungsfreiheit für die Bauleitplanung entwickelte[48], stellt sich die Frage, ob dieses Prinzip uneingeschränkt auf die Planfeststellung übertragbar ist. Was rechtfertigt eine Gleichstellung der Planfestsstellung mit der Bauleitplanung, und was rechtfertigt im Gegensatz dazu eine Unter-

---

[42] Badura, in Erichsen, Allg. VerwR, § 39/23
[43] BVerwG, Urt. v. 14.2.1975, E 48, 56 (59); Urt. v. 10.2.1978, E 72, 220; Urt. v. 29.1.1991, E 87, 332 ff.
[44] BVerwG, Urt. v. 14.2.1975, E 48, 56 (59)
[45] Kühling, Fachplanungsrecht, Rd. 44
[46] BVerwG, Urt. v. 23.1.1981, E 61 295 (301); BVerwG, Urt. v. 11.12.1981, E 64, 270 (272 f.); Kühling, Fachplanungsrecht, Rd. 241 (1. Aufl.)
[47] in Bezug auf Bauleitplanung: BVerwG, Urt. v. 12.12.1969, E 34, 301 (304); in Bezug auf Fachplanung: BVerwG, Urt. v. 14.2.1975, E 48, 56 (59) (Fernstraßen); BVerwG, Urt. v. 7.7.78, E 56, 110 (116) (Flughäfen); BVerwG, Urt. v. 14.12.1979, E 59, 253 (257) (Eisenbahnen); BVerwG, Urt. v. 10.2.1978, E 55, 220 (226) (Wasserbau); BVerwG, Urt. v. 21.12.1992, E 90, 42 (Abfallentsorgungsanlagen)
[48] BVerwG, Urt. v. 12.12.1969, E 34, 301 (304)

scheidung zur einfachen Genehmigungsentscheidung? So stellt doch die Bauleitplanung anders als die Planfeststellung eine gebietsbezogene, von gemeindlicher Planungshoheit getragene, gesamträumliche Planung dar, deren alleiniger Planungsträger die Gemeinde ist. Zudem ist primärer Charakter der Planfeststellung die Anlagenzulassung, die bei anderen Genehmigungsentscheidungen nur ein einfaches Verwaltungsermessen zulässt[49]. Im Hinblick auf die aus Art. 14 GG resultierende Baufreiheit des privaten Vorhabenträgers und der Planungshoheit der Gemeinde gem. Art. 28 Abs. II GG, die durch eine Gestaltungsfreiheit der Behörde beschränkt werden[50], darf dieses Argument nicht unberücksichtigt bleiben. Deshalb werden in der Literatur Stimmen laut, die -abgesehen von den Vertretern die eine neben dem einfachen Verwaltungsermessen eigenständige planerische Gestaltungsfreiheit generell ablehnen[51]- diese entweder überhaupt nicht für die Planfeststellung gelten lassen wollen[52] oder nur eingeschränkt insoweit, als dass diese nicht -oder zumindest nicht immer- der Planfeststellungsbehörde zukommen soll[53].

Angesichts der eingeschränkten Relevanz für das hier zu bearbeitende Thema, soll diese Streitfrage nur in groben Zügen behandelt werden. Auszugehen ist dabei von Sinn und Zweck der planerischen Gestaltungsfreiheit, was letztlich auf die Frage nach der Funktion des Instituts Planfeststellung an sich hinausläuft. Funktion einer jeden Anlagenzulassung und

---

[49] Fouquet, Materielle Voraussetzung, VerwArch 87 (1996), S. 212 (228); Gaentzsch, Die bergrechtliche Planfeststellung, Sendler-FS, S. 403 (412); Steinberg, Fachplanung, § 1/4
[50] bzgl. des Unternehmers indem er keinen Anspruch auf Erlass eines Planfeststellungsbeschlusses hat; zudem ist er Schutzauflagen sowie einem erweiterten Rechtsschutz der Nachbarn über die „Schutznorm" Abwägungsgebot ausgesetzt
[51] Rubel, Planungsermessen, S. 1 ff.; Koch, Abwägungsgebot, DVBl 1983, S. 1125 ff.
[52] Laubinger, in Ule/Laubinger, VwVfR, § 39/8 u. § 41/16; Schmidt-Aßmann, Planung, in Schlichter-FS, S. 3 (15), spricht der Behörde zwar einen „Ausgestaltungsspielraum" zu, setzt diesen aber nicht mit planerischen Gestaltungsfreiheit gleich.
[53] Allesch/Häußler, in Obermayer, VwVfG (Kom.), § 74/17; Fouquet, Materielle Voraussetzung, VerwArch 87 (1996), S. 212 (229 ff.); Sendler, (Un)erhebliches, in Schlichter-FS, S. 55 ff.; Ibler, Schranken, S. 42 f.; Steinberg, Fachplanung, § 3/88; Hoppe/Just, Ausübung der planerischen Gestaltungsfreiheit, DVBl 1997, S. 789 ff.; Wolff/Bachof, VerwR, Bd. II, § 62/41; ausführlich zu Unterschieden und Gemeinsamkeiten von Verwaltungsermessen und Gestaltungsfreiheit: Kühling, Fachplanungsrecht, Rd. 317 ff.

somit auch der Planfeststellung ist freilich zunächst die Sicherstellung der Einhaltung der öffentlich-rechtlichen Vorschriften. Die Planfeststellung als besonderes Verwaltungsverfahren hat zusätzlich jedoch die Funktion, die Zulässigkeit des Vorhabens im Hinblick auf alle von ihm berührten öffentlichen Belange festzustellen, was sich in der formellen Konzentrationswirkung[54] des aus ihr resultierenden Planfeststellungsbeschlusses niederschlägt. Innerhalb dieses umfassenden Verfahrens werden alle betroffenen Belange in einem Akt planender Gestaltung durch Abwägung zum Ausgleich gebracht. Der Grund für eine derartige „Sonderstellung" ist die konfliktträchtige Bodennutzungen der Vorhaben, die zahlreiche private und öffentliche Belange berühren. Der Abbau von bürokratischem Entscheidungsaufwand bei Antragsstellung und Verfahrensdurchführung sowie die Bündelung der Gesamtverantwortung bei einer Behörde machen das Institut der Planfeststellung notwendig[55]. Ihr kommt insofern eine Konzentrations-[56] und Ausgleichsfunktion[57] zu. Sie geht somit über eine bloße Zulassung des Vorhabens hinaus, indem sie -anders als „einfache" Genehmigungsentscheidungen- eine „verbindliche Raumnutzungsentscheidung" enthält, mit der „abschließend[58] über die raumplanerische Zulässigkeit der Bodeninanspruchnahme befunden wird"[59]. Die planerische Gestaltungsfreiheit stellt dabei das Mittel zum Zweck dar. Nur durch sie kann die Komplexität der Zulassung solcher Vorhaben bewältigt werden[60]. Nicht nur der Gemeinwohlbezug des Plancs, der bei bestimmten Vorhaben fehlen kann[61], rechtfertigt die Gestaltungsfreiheit und damit einen Eingriff in Art.

---

[54] siehe zur Konzentrationswirkung des Planfeststellungsbeschlusses oben S. 6 ff.
[55] Evers, Das Recht der Energieversorgung, 2. Aufl., Baden-Baden 1983, S. 263
[56] Zeitler, in Sieder/Zeitler, WHG, § 31/50; Bonk, in Stelkens/Bonk/Sachs, VwVfG, § 72/4
[57] Steinberg, Fachplanungsrecht, § 1/1; Kopp/Ramsauer, VwVfG, § 72/4; Wolff/Bachof, VerwR, Bd. II, § 62/3; Fickert, Planfeststellung, Einführung S. 2
[58] „abschließend" deshalb, weil eine originäre Planung des Raumes durch eine vorausgehende Bauleitplanung über § 38 BauGB unberücksichtigt bleibt; vgl. auch BVerwGE 97, 143 (148)
[59] BVerwG, Urt. v. 24.11.1994 -7 C 25.93-, Umdruck S. 12; Sendler, (Un)erhebliches, in Schlichter-FS, S. 55 (82)
[60] Fouquet, Materielle Voraussetzungen, VerwArch 87 (1996), S. 212 (230); Stüer, Querschnitte, in Blümel-FS, S. 565 (574)
[61] z.B. ist eine Planfeststellung nach § 31 WHG ohne jeden Gemeinwohlbezug denkbar (privater Teich...)

14 GG des Vorhabenträgers[62] und Art. 28 Abs. II GG der Gemeinde, sondern auch Gründe der Verfahrensökonomie[63] und der Gemeinwohlbezug im Hinblick auf die von diesen Vorhaben regelmäßig betroffenen wichtigen Allgemeingütern wie Grundwasser oder Naturhaushalt[64].

Der Träger der planerischen Gestaltungsfreiheit ist allerdings nicht immer einheitlich[65]. So kann der eigentliche Planungsakt je nach Fachmaterie ganz bei der Behörde, bei Vorhabenträger und Behörde oder sogar nur beim Vorhabenträger liegen[66]. In der Regel kann die planerische Gestaltungsfreiheit durch die Behörde jedoch nicht bestritten werden, da sie zwar meist nur abwägend nachvollzieht[67], doch über Planvarianten und Schutzauflagen zu entscheiden hat[68]. Merkmal der planerischen Gestaltungsfreiheit ist nicht der Freiraum, den eine Behörde bezüglich ihrer Entscheidung hat. Vielmehr ist ausschlaggebend, dass ihr bei der Gewichtung der zu berücksichtigenden Ziele eine Gestaltungsfreiheit gegeben ist, die ihr eine Ausgleichs- und Ergänzungsbefugnis zuweist[69]. Auch ist die Verwaltungspraxis oftmals durch Ab- und Rücksprachen geprägt, so dass es zu einer „faktischen Beteiligung" der Behörde am eigentlichen Planungsakt kommt.

---

[62] Kühling, Fachplanungsrecht, Rd. 37
[63] Wolff/Bachof, VerwR, Bd. II, S. 377 f.
[64] vgl. Gesetzesbegründung zu § 31 WHG, BT-Drucksache 2/2072 (4.2.1956), S. 34; so auch die Gesetzesbegründung zum Investitionserleichterungs- und Wohnbaulandgesetz in Bezug auf Deponien im Vergleich mit Müllverbrennungsanlagen (späterer § 31 KrW-/AbfG), BT-Drucksache 12/3944, 53
[65] a.A. Wahl, Genehmigung, DVBl 82, S. 51 ff., der von einer umfassenden Gestaltungsfreiheit der Planfeststellungsbehörde ausgeht
[66] so kommt der Behörde bei der bergrechtlichen Planfeststellung gar kein Gestaltungsfreiraum zu; vgl. hierzu Gaentzsch, Planfeststellung, in Schlichter-FS, S. 517 (521) der dies auch bei der atomrechtlichen Planfeststellung annimmt, da sie keine enteignungsrechtliche Vorwirkung besäße [das dürfte aber nach Einführung der §§ 9d ff. AtG nicht mehr haltbar sein]; a.A. Wahl/Dreier, Entwicklung, NVwZ 99, S. 606 (608)
[67] so die neuere Rechtsprechung: BVerwG, Urt. v. 17.1.1986, E 72, 365 (367); Urt. v. 24.11.1994, DVBl 95, S. 238 (240 f.)
[68] Allesch/Häußler, in Obermayer, VwVfG (Kom.), § 74/17; Hoppe/Just, Ausübung der planerischen Gestaltungsfreiheit, DVBl 1997, S. 789 ff.; Wolff/Bachof, VerwR, Bd. II, § 62/40;
[69] Hoppe/Just, Ausübung der planerischen Gestaltungsfreiheit, DVBl 1997, S. 789 (792 u. 795); Kühling, Fachplanungsrecht, Rd. 327

Es kann in diesen Fällen von einer kombinierten Planungsbefugnis gesprochen werden[70].

2. Schranken der planerischen Gestaltungsfreiheit

Das sog. „Planungsermessen" besteht jedoch nicht schrankenlos. Es ist an rechtsstaatliche Planungsgrundsätze gebunden. Neben dem Abwägungsgebot gehören dazu die Planrechtfertigung, die Planungsleitsätze und das Abstimmungsgebot[71].

2.1. Die Planrechtfertigung

Weitere Schranke der planerischen Gestaltungsfreiheit ist nach ständiger Rechtsprechung des Bundesverwaltungsgerichts die Planrechtfertigung. Danach muss das geplante Vorhaben, gemessen an den Zielen des jeweils zugrundeliegenden Fachplanungsgesetzes, zwar nicht „unausweichlich" erforderlich, jedoch „vernünftigerweise geboten" sein[72]. Dies ist dann der Fall, wenn die Planung den Zielsetzungen des Fachplanungsgesetzes mit hinreichender Plausibilität dient und die mit dem Vorhaben verfolgten öffentlichen Belange generell geeignet sind, etwa entgegenstehende Eigentumsrechte zu überwinden[73]. Als Grund für einen derartigen Prüfungsschritt führt das Bundesverwaltungsgericht an, dass eine hoheitliche Planung ihre Rechtfertigung nicht schon in sich selbst trage, sondern aufgrund des rechtsgestaltenden Eingriffs in Rechte Dritter rechtfertigungsbedürftig

---

[70] Sendler, (Un)erhebliches, in Schlichter-FS, S. 55 (81); Steinberg, Fachplanung, § 3/89
[71] BVerwG, Urt. v. 12.12.1969, E 34, 301 (304); Urt. v. 14.2.1975, E 48, 56 (59); Urt. v. 8.6.1995, E 98, 339 (349 f.); BVerwG, Urt. v. 7.7.1978, E, 56, 110 (116)
[72] BVerwG, Urt. v. 22.3.1985, E 71, 166 (168); Urt. v. 6.12.1985, E 72, 282 (284); Urt. v. 27.7.1990, NVwZ 1991, S. 781 (783); BVerwG, Urt. v. 14.2.1975, E 48, 56; Urt. v. 22.3.1985, E 71, 166; Badura, in Erichsen, Allg. VerwR, § 39/24
[73] BVerwG, Urt. v. 22.3.1985, E 71, 166 (168); Urt. v. 6.12.1985, E 72, 282 (284)

sei[74]. Angesprochen ist damit vor allem die enteignungsrechtliche Vorwirkung[75], da Art. 14 Abs. III GG vor einem Eigentumsentzug schützt, der nicht zum Wohl der Allgemeinheit erforderlich oder nicht gesetzmäßig ist. Im Fall rein privatnütziger Vorhaben scheidet ein solcher Eingriff jedoch von vornherein aus, so dass sich die Frage nach der Planrechtfertigung erst gar nicht stellt[76]. Die Erforderlichkeitsprüfung auch in diesen Fällen wäre vielmehr verfassungsrechtlich bedenklich[77].

Umstritten ist, ob eine Prüfung der generellen Geeignetheit der Ziele, entgegenstehende Belange zu überwinden, in Form einer *Vorprüfung* zu erfolgen hat oder ob eine Prüfung im Rahmen der Abwägung ausreicht[78]. Für das vorliegende Untersuchungsthema kann eine Ausführung und Entscheidung des Streitstandes dahingestellt bleiben. Es soll jedoch aus Gründen der Darstellungsvereinfachung von der Ansicht der Rechtsprechung ausgegangen werden, die nach wie vor von einem speziellen Prüfungspunkt der Planrechtfertigung ausgeht.

2.2. Das Abwägungsgebot

Das Abwägungsgebot stellt Anforderungen sowohl an den Abwägungsvorgang als auch an das Abwägungsergebnis: Es verlangt, „dass -erstens-

---

[74] BVerwG, Urt. v. 14.2.1975, E 48, 56 (60); Urt. v. 7.7.1978, E 56, 110 (118); im Bereich des Fernstraßenrechts erfolgt die Prüfung heute in der Regel an Hand einer gesetzlichen Bedarfsregelung
[75] siehe dazu oben S. 8 f.
[76] Allesch/Häußler, in Obermayer, VwVfG, § 74/26; Bonk/Neumann, in Stelkens/Bonk/Sachs, VwVfG, § 74/53
[77] vgl. dazu die vom BVerwG für verfassungswidrig gewertete Bedürfnisprüfung des GaststättenG von 1930 (Urt. v. 15.12.1953, DVBl. 1954, S. 258; Urt. v. 14.12.1954, E 1, 269)
[78] Letzteres bejahend: Kühling, Fachplanungsrecht, Rd. 166 (1. Aufl.); Paetow, Abfallrechtliche Planfeststellung, in Sendler-FS, S. 425 (431); Laubinger, in Ule/Laubinger, VwVfR, § 41/5; Fouquet, Materielle Voraussetzungen, VerwArch 87 (1996), S. 212 (232); Wahl, Entwicklung, NVwZ 90, S. 426 (434 f.); ders./Dreier, NVwZ 1999, S. 606 (613); Steinberg, Fachplanung, § 3/47, Jarass, Die materiellen Voraussetzungen, DVBl 1998, S. 1202 (1205); verneinend: Niehues, Planrechtfertigung, WiVw 1985, S. 250 (253 f.); Ronellenfitsch, in Marschall, BFStrG, § 17/132; Hoppe/Schlarmann, Rechtsschutz, Rd. 590

eine Abwägung überhaupt stattfindet, dass -zweitens- in die Abwägung an Belangen eingestellt wird, was nach Lage der Dinge in sie eingestellt werden muss, und dass -drittens- weder die Bedeutung der betroffenen öffentlichen und privaten Belange verkannt[79], noch der Ausgleich zwischen ihnen in einer Weise vorgenommen wird, die zur objektiven Gewichtigkeit einzelner Belange außer Verhältnis steht"[80]. Gerichtlich überprüfbar sind somit nur Abwägungsfehler in Form von Abwägungsausfall, Abwägungsdefizit, Abwägungsfehleinschätzung und Abwägungsdisproportionalität[81]. Zu den einzustellenden Belangen gehören neben den öffentlichen, die mehr als geringfügig schutzwürdigen subjektiven Interessen Privater, einschließlich das Eigentum. Im Fall einer enteignungsrechtlichen Vorwirkung[82] muss der Planfeststellungsbeschluss daher hinreichend deutlich erkennen lassen, dass der beabsichtigte Eingriff erforderlich ist und zur objektiven Gewichtigkeit anderer öffentlicher und privater Belange nicht außer Verhältnis steht[83]. Die Planfeststellung muss sich an den Maßstäben des Art. 14 Abs. III GG messen lassen[84].

Im Rahmen der Abwägung besteht die Möglichkeit der Behörde, private Interessen durch Schutzauflagen angemessen zu berücksichtigen bzw. diese durch einen solchen Ausgleich zu überwinden. Mit diesem in § 74 Abs. II VwVfG verankerten Auflagengebot[85] hängt der Grundsatz der Konfliktbewältigung zusammen. Danach besteht die Verpflichtung zur einheitli-

---

[79] zu sog. Optimierungsgeboten bzw. Vorrangregelungen siehe Sendler, Die Bedeutung des Abwägungsgebots, UPR 95, S. 41 (45 ff.); Hoppe, Optimierungsgebote, DVBl 92, S. 853 ff.; Wahl/Dreier, Entwicklung, NVwZ 99, S. 606 (617); Steinberg, Neue Entwicklungen, DVBl 92, S. 1501 (1502 ff.)
[80] BVerwG, Urt. v. 14.2.1975, E 48, 56 (63) unter Berufung auf BVerwG, Urt. v. 12.12.1969, E 34, 301 (308 f.); siehe ausführlich dazu Steinberg, Fachplanung, § 3/57 ff.
[81] prägend: Hoppe, Schranken planerischer Gestaltungsfreiheit, BauR 1970, S. 15 (17); ders., Optimierungsgebote, DVBl 92, S. 856 f.; ausführlich dazu: Kühling, Fachplanungsrecht, Rd. 349 ff.; Steinberg, Fachplanung, § 3/73 ff.
[82] siehe dazu oben S. 8 f.
[83] BVerwG, Urt. v. 20.12.1988, UPR 1989, S. 273 (274); Beschl. v. 9.11.1979, E 59, 87 (101); Beschl. v. 14.9.1987, NVwZ 88, S. 363 (534 f.); Urt. v. 1.11.1974, E 47, 144 (154); Urt. v. 20.8.1982, E 66, 166
[84] siehe oben Fn. 36
[85] Busch, in Knack, VwVfG, 6. Aufl., § 74/6.7.6.5

chen Planungsentscheidung unter Einbeziehung aller Folgemaßnahmen, um eine umfassende Bewältigung der in der räumlichen Umgebung aufgeworfenen Probleme zu gewährleisten[86].

2.3. Die Planungsleitsätze

Die Einhaltung sog. Planungsleitsätze[87] bildet eine weitere Schranke der planerischen Gestaltungsfreiheit. Sie können als strikte Ge- oder Verbote nicht im Wege der Abwägung überwunden und damit relativiert werden[88]. Zu diesen zwingenden Vorgaben der Planfeststellung gehören auch die Festlegungen im Rahmen vorgeschalteter Planungen[89]. Daraus ergibt sich das sog. Abstimmungsgebot[90], das insofern eine untergeordnete Schranke der planerischen Gestaltungsfreiheit darstellt. Der Sache nach ist diese Abwägungsschranke Ausfluss der Gesetzesbindung gem. Art. 20 Abs. III GG. Grund für eine Hervorhebung ist somit lediglich die Unterstreichung des qualitativen Unterschieds einzelner betroffener Belange danach, ob sie im Rahmen der Abwägung überwunden werden können oder zwingender Natur sind[91].

---

[86] BVerwG, Urt. v. 9.3.1979, E 57, 297 (302); Urt. v. 12.1.1981, E 61, 307 (311); VGH München, Urt. v. 27.7.1989, DVBl 90, S. 114 (120); siehe dazu Wahl/Dreier, Entwicklung, NVwZ 99, S. 606 (619); Steinberg, Fachplanung, § 3/90

[87] vor allem aufgrund der Bezeichnung in der Literatur umstritten: Wahl, Entwicklung, NVwZ 90, S. 453 f.; Paetow, Abfallrechtliche Planfeststellung, in Sendler-FS, S. 425 (430); Kühling, Fachplanungsrecht, Rd. 233; Steinberg, Neue Entwicklungen, DVBl 92, S. 1501 (1502); dieser Terminus ist in der Rechtsprechung heute jedoch aufgegeben; das BVerwG spricht in neueren Entscheidungen von strikten Ge- und Verboten: BVerwG, Beschl. v. 22.5.1996, NVwZ-RR 1997, S. 217 (218); BVerwG, Urt. v. 21.3.1996, E 100, 370 (380); dieser „Wechsel der Begrifflichkeit" wird in der Literatur begrüßt: Wahl/Dreier, Entwicklung, NVwZ 99, S. 606 (615); Kühling, Fachplanungsrecht, Rd. 298 ff

[88] BVerwG, Urt. v. 22.3.1985, E 71, 163; BVerwG, Urt. v. 22.3.1985, DVBl 1985, S. 899; BVerwG, Urt. v. 21.2.1992, DVBl 1992, S. 713 (715)

[89] Jarass, Die materiellen Voraussetzungen, DVBl 98, S. 1202 (1206)

[90] Ronellenfitsch, Fachplanung, in Blümel-FS, S. 497 (504)

[91] Kühling, Fachplanungsrecht, Rd. 299

IV. Der Prognosecharakter der Planfeststellung

Allgemein ist eine Planungsentscheidung dadurch gekennzeichnet, dass sie nicht nur Zustände aus Vergangenheit und Gegenwart zu berücksichtigen hat, sondern auch künftige Entwicklungen. Neben der Bestandsanalyse im Zeitpunkt der Entscheidung umfasst sie auch eine Vorausschau in die Zukunft[92]. Dieses Zeitmoment ist bei jeder Art von Planung zu finden, ob es sich um strategische Pläne oder wie bei Verwaltungsplänen um stationäre Pläne handelt[93]. Unterschiede gibt es lediglich in der Ausdehnung der Zeitdimension. So erstrecken sich strategische Pläne, wie sie im Bereich der Wirtschaft oder Politik zu finden sind, länger in die Zukunft hinein, als es bei stationären, auf einen fixen Zustand gerichteten Plänen der Fall ist. Aber auch letzterer Fallgruppe ist das Zeitmoment nicht abzusprechen[94]. So liegt das angestrebte Ziel der Planung nicht immer in naher Zukunft, so dass sich dessen Planung zwangsläufig in die Zukunft hineinerstreckt. Folglich müssen Daten und Fakten nicht nur analysiert, sondern auch in die Zukunft hineinprojiziert werden[95]. Es findet eine geistige Vorwegnahme der Zukunft statt[96], indem zukünftige Entwicklungen einem Wahrscheinlichkeitsurteil unterzogen werden[97]. Diese Zukunftsgerichtetheit der Planung erfordert somit Prognosen[98].

---

[92] Schmidt-Aßmann, Planung, Schlichter-FS, S. 3 (4)
[93] Kaiser, Der Plan als Institut, S. 11 (23); Ipsen, Rechtsfragen, in Kaiser, Planung II, S. 63 (80); zum Zeitfaktor auch Ossenbühl, Gutachten 50. DJT, B 191
[94] Ipsen, Rechtsfragen, in Kaiser, Planung II, S. 63 (80)
[95] Tettinger, Administrativer Prognosespielraum, DVBl. 1982, S. 421 (423)
[96] Ellwein, Einführung, S. 129 ff.
[97] Ossenbühl, Die richterliche Kontrolle, in Menger-FS, S. 731 (732); Hoppe, Gerichtliche Kontrolldichte, in BVerwG-FG, S. 295 (308); ders./Schlarmann, Rechtsschutz, Rd. 649
[98] siehe zum Prognosecharakter der Planungsentscheidung: Hoppe, Planung und Pläne, in BVerfG-FG, S. 663 (688); ders., Das Phänomen Planung, in HdStR, Bd. III, § 71/1 ff.; Stern, Staatsrecht, Bd. II, S. 704; siehe allgemein zur Prognose: Tettinger, Administrativer Prognosespielraum, DVBl. 1982, S. 421 ff.; Ossenbühl, Die richterliche Kontrolle, in Menger-FS, S. 731 ff.

Auch die Planfeststellung unterliegt einem solchen Zeitfaktor und verlangt nach Vorhersagen der Zukunft[99], denn die anstehenden Sachprobleme müssen nicht nur in ihrer gegenwärtigen, sondern auch in ihrer zukünftigen Bedeutung erfasst werden[100]. Inhaltlich sind dabei Prognosen sowohl auf Abwägungs- als auch auf Planrechtfertigungsebene erforderlich[101]. Auf der Abwägungsebene beziehen sich Vorhersagen auf die Ermittlung des Abwägungsmaterials. Anhand von Prognosen sind künftige Auswirkungen auf individuelle oder öffentliche Belange durch das Vorhaben vorherzusagen. Diese einem Wahrscheinlichkeitsurteil unterliegenden Rechtsbeeinträchtigungen bilden dann ihrerseits die Grundlage für die Abwägung. Fehler in der Prognose führen somit zu Fehlern im Abwägungsvorgang[102]. Nach ständiger Rechtsprechung des Bundesverwaltungsgerichts unterliegt die Prognose dabei einer nur eingeschränkten gerichtlichen Überprüfung[103]. Maßgeblicher Zeitpunkt für die rechtliche Bewertung ist der Erlass des Planfeststellungsbeschlusses. Stellt sich später heraus, dass die Prognose fehlerhaft war, ist dies somit ohne Einfluss auf die Rechtmäßigkeit der Planung[104].

Auf Planrechtfertigungsebene sind Prognosen in Bezug auf den Bedarf und die Realisierbarkeit (i.d.R. Finanzierbarkeit) möglich. So kann sich die Bedarfsermittlung nicht in der Feststellung einer aktuellen Lage er-

---

[99] Wigginghaus, Rechtsstellung, S. 79; Kügel, Der Planfeststellungsbeschluss, S. 122; Badura, in Erichsen, Allg. VerwR, § 39/28; Kühling, Fachplanungsrecht, Rd. 363ff; Hoppe/Schlarmann, Rechtsschutz, Rd. 649 ff.; Stern, Staatsrecht, Bd. II, S. 704; Dürr, in Knack, VwVfG, § 74/84; Allesch/Häußler, in Obermayer, § 74/49; Tettinger, Administrativer Prognosespielraum, DVBl 82, S. 421 ff.

[100] Hoppe/Schlarmann, Rechtsschutz, 2. Aufl., 1981, Rd. 157; Badura, Planungsermessen, FS- BayVerfGH, S. 157 (173); Wahl/Hermes/Sach, Genehmigung, in Wahl, Prävention und Vorsorge, S. 217 (223)

[101] Kügel, Der Planfeststellungsbeschluss, S. 122

[102] Kühling, Fachplanungsrecht, Rd. 363

[103] BVerwG, Urt. v. 7.7.1978, E 56, 110 (121); BVerwG, Urt. v. 6.12.1985, E 72, 282 (286); BVerfG, Beschl. v. 8.6.1998, 1 BvR 650/97, Absatz-Nr. 11, http://www.bverfg.de/; Kügel, Der Planfeststellungsbeschluss, S. 129; Hoppe/Schlarmann, Rechtsschutz, Rd. 670 ff.; Nierhaus, Zur gerichtlichen Kontrolle, DVBl. 1977, S. 19 (24); Badura, in Erichsen, Allg. VerwR, § 39/28

[104] BVerwG, Urt. v. 7.7.1978, E 56, 110 (121); Urt. v. 5.12.1986, E 75, 214 (234); Urt. v. 8.7.1998, E 107, 142 (148 f.); dazu auch noch unten Fn. 660

schöpfen. Es muss vielmehr ein dauerhafter Bedarf festgestellt werden, da mit Vorhaben des Fachplanungsrechts ein Dauerzweck erfüllt und damit ein Dauerzustand geschaffen werden soll[105]. Ob dabei eine Vorhersage durch die Planfeststellungsbehörde selbst getroffen wird oder diese beispielsweise einem sog. Bedarfsplan entnommen wird, spielt für die vorliegende Untersuchung keine Rolle, da sich in jedem Fall die Beurteilung in die Zukunft hineinerstreckt. Hinsichtlich der Realisierbarkeit unterliegen i.d.R. Vorhaben öffentlicher Trägerschaften einer Finanzierbarkeitsprognose, da gesicherte Vorhersagen über Entwicklungen des Haushalts nur schwerlich möglich sind.

V. Gegenstand und Arten der Planfeststellung

Eine abstrakte Definition des Gegenstandes der Planfeststellung ist angesichts der Fülle der von ihr betroffenen Fachmaterien kaum möglich. Es kann aber zwischen verschiedenen Arten der Planfeststellung unterschieden werden, die einen unterschiedlichen Regelungsgehalt erkennen lassen. Zum einen kann nach dem jeweiligen Fachplanungsrecht unterschieden werden. Zum andern kann die Planfeststellung auch in Bau- und Betriebsplanfeststellung, in enteignungsrechtliche und außerenteignungsrechtliche[106] sowie in gemein- und privatnützige Planfeststellung unterteilt werden.

1. Die Vorhaben des Fachplanungsrechts

Ausgehend vom Ursprung des Planfeststellungsrechts umfasst dieses vor allem Vorhaben des Verkehrswegerechts. So ist der Bau und die Änderung

---

[105] Zeitler, in Sieder/Zeitler, WHG, Bd. II, § 31/397
[106] Blümel, Planfeststellung II, S. 31 ff., nennt die außerenteignungsrechtliche Planfeststellung „Bauplanfeststellung"

von Bundesfernstraßen nach § 17 Abs. I FStrG planfeststellungsbedürftig. Gleiches gilt, entsprechend dem jeweiligen Landesgesetz, für Landesstraßen (z.B. § 37 StrG BW). Für die Änderung von Wegen (und Gewässern) im Rahmen eines Flurbereinigungsverfahrens sieht § 41 FlurbG eine Sonderregelung vor.

Zu den Verkehrsbauten gehören auch Bahnanlagen, wie Eisenbahnen, Straßenbahnen, Magnetschwebebahnen und Bergbahnen. Diese sind gem. § 18 Abs. I AEG (als Nachfolger des § 36 BundesbahnG), § 28 Abs. I PBefG, § 1 Abs. I MBPlG bzw. § 7 LSeilbG BW planfeststellungsbedürftig. Ferner sieht § 5 VersuchsanlagenG eine Planfeststellung vor.

Eine weitere Gruppe bilden die Wasserwege und Wasserbauvorhaben. So bedürfen die Herstellung, Beseitigung oder wesentliche Umgestaltung eines Gewässers oder Ufers gem. § 31 Abs. II WHG (i.V.m. LWG) der Planfeststellung. Genauso ist für den Aus- oder Neubau einer Bundeswasserstraße gem. § 14 WaStrG ein Planfeststellungsverfahren notwendig.

Als letztes Vorhaben des Verkehrswegerechts verlangt § 8 Abs. I LuftVG ein Planfeststellungsverfahren für die Anlage und Änderung von Flughäfen ab einer bestimmten Größenordnung.

Neben Verkehrsbauten werden aber noch weitere umweltrelevante, komplexe Vorhaben vom Planfeststellungsrecht erfasst: Deponien sind gem. § 31 Abs. II KrW-/AbfG, Anlagen für die Endlagerung radioaktiver Abfälle gem. § 9b AtG planfeststellungsbedürftig. Auch die Rahmenbetriebspläne für UVP-pflichtige Bergbauvorhaben bedürfen gem. §§ 52 Abs. II a, 57 a BBergG eines Planfeststellungsverfahrens.

Nahezu allen Planfeststellungsarten gemeinsam ist, dass die Planfeststellung unter bestimmten Voraussetzungen durch eine Plangenehmigung[107] ersetzt werden oder sogar ganz entfallen[108] kann. Ausnahmsweise kann auch ein Bebauungsplan[109] anstelle eines Planfeststellungsbeschlusses erlassen werden.

2. Die Betriebsplanfeststellung

Ausgehend von der Entwicklung des Planfeststellungsrechts aus dem Recht des Eisenbahnbaus, prägte Willi Blümel den Begriff „Bauplanfeststellung" für die Planfeststellung insbesondere von Verkehrsanlagen[110]. Gegenstand dieser Planfeststellungen ist allein der Bau und die Änderung einer bestimmten Anlage.

Mit der Übertragung des Planfeststellungsrechts auf das Abfall- und Atomrecht in den siebziger Jahren und zuletzt auf das Bergrecht durch das Bundesberggesetz vom 12.2.1990 erfuhr der Gegenstand der Planfeststellung eine neuartige Ausdehnung. Im Unterschied zu der schon vorher möglichen Verknüpfung von Bauplanfeststellung und (anschließender oder vorausgehender) Betriebsgenehmigung im Personenbeförderungs- und Luftverkehrsrecht, umfasst die Planfeststellung bei dieser Gruppe sowohl die Errichtung, als auch den Betrieb (bzw. die jeweilige wesentliche Änderung) einer Anlage[111]. Bei der bergrechtlichen Planfeststellung kommt hin-

---

[107] z.B. § 17 Abs. I a; § 28 Abs. I a PBefG; § 18 Abs. II AEG; § 2 Abs. II MBPlG; § 14 Abs. I a WaStrG; § 41 Abs. IV S. 1 FlurbG; § 31 Abs. III KrW-/AbfG; § 31 Abs. III WHG; § 74 Abs. VI VwVfG
[108] z.B. § 17 Abs. II FStrG; § 28 Abs. II PBefG; § 18 Abs. III AEG; § 2 Abs. III MBPlG; § 14 Abs. I b WaStrG; § 8 Abs. III LuftVG; § 41 Abs. IV S. 2 FlurbG; § 74 Abs. VII VwVfG
[109] z.B. § 17 Abs. III FStrG; § 28 Abs. III PBefG
[110] Blümel, Planfeststellung II, S. 31 ff.
[111] siehe zur Betriebsplanfeststellung ausführlich: Blümel, Der Gegenstand der Planfeststellung, VerwArch 83 (1992), S. 146 ff.; Ronellenfitsch, Betriebsplanfeststellung, in APE V, S. 101 ff.; Gaentzsch, Die bergrechtliche Planfeststellung, Sendler-FS, S. 403 ff.

zu, dass sie nach Anlagenerrichtung ein die Betriebsführung fortdauernd begleitendes und steuerndes Instrument darstellt[112].

3. Die enteignungsrechtliche Planfeststellung

Die enteignungsrechtliche Planfeststellung stellt keine „echte" Planfeststellung im oben beschriebenen Sinne dar[113]. Zum einen fehlen ihr die spezifischen Wirkungen der außerenteignungsrechtlichen Planfeststellung wie die planerische Gestaltungsfreiheit, das Abwägungsgebot und die Konzentrationswirkung[114]. Ferner ist ihr Ziel ein anderes: Sie soll durch die Feststellung des Enteignungsplans eine schon anderweitig getroffene Raumgestaltungsentscheidung gegenüber privaten Rechten durchsetzen[115]. Sie findet somit in der Regel erst im Anschluss an die hier beschriebene Planfeststellung statt. Lediglich Berührungspunkte verbinden beide Institute miteinander[116].

4. Die privatnützige Planfeststellung

Auch die vom Bundesverwaltungsgericht[117] geprägte Unterscheidung von privat- und gemeinnütziger Planfeststellung ist nicht ganz unproblematisch. Zumindest im Abfallrecht herrscht seit dem Urteil des Bundesver-

---

[112] Gaentzsch, Die bergrechtliche Planfeststellung, Sendler-FS, S. 403 (407)
[113] vgl. Blümel, Bauplanfeststellung I, S. 29, Anm. 10; Breuer, Die hoheitliche raumgestaltende Planung, S. 85; Manner, Rechtsstaatliche Grundlagen, S. 4; Ronellenfitsch, Planfeststellung, VerwArch 80 (1989), S. 92 (93); Ibler, Schranken, S. 22; Fickert, Planfeststellung, B PlafeR Erl. Nr. 1/11; a.A. OVG Rh.-Pf., Urteil vom 23.6.1958-1 A 15/57, AS 7, 51; Franke, Die Teilbarkeit, S. 22 f.
[114] siehe dazu oben S. 6 ff.
[115] Manner, Rechtsstaatliche Grundlagen, S. 4
[116] Gaentzsch, Planfeststellung, in Schlichter-FS, S. 517 (530); siehe dazu die Ausführungen zur Gestaltungswirkung, S. 8 f.
[117] BVerwG, Urt. v. 10.2.1978, E 55, 220

waltungsgerichts vom 9.3.1990[118] Klarheit darüber, dass -trotz Privatisierung- Müllentsorgungsanlagen immer zumindest auch dem Gemeinwohl dienen[119]. In anderen Fachbereichen kann eine Abgrenzung jedoch Schwierigkeiten bereiten, so z.b. im Luftverkehrsrecht oder Wasserhaushaltsrecht (für das die Unterscheidung vom Bundesverwaltungsgericht ursprünglich entwickelt wurde)[120].

Aufgrund der Schwierigkeiten einer Abgrenzung soll nach Literaturstimmen eine solche aufgegeben werden[121]. Bekräftigt wird dies mit dem Argument, die ursprüngliche Begründung für eine solche Unterscheidung habe das Bundesverwaltungsgericht inzwischen wieder aufgegeben[122]. Außerdem seien heute nach ständiger Rechtsprechung des Bundesverfassungsgerichts unter bestimmten Voraussetzungen Enteignungen auch zugunsten Privater möglich[123]. In den angeführten Fällen kann dem Vorhaben allerdings kaum eine Gemeinnützigkeit abgesprochen werden, so dass Abgrenzungsschwierigkeiten erst gar nicht entstehen[124]. Richtigerweise ist daher an einer Unterscheidung zwischen gemein- und rein privatnützigen

---

[118] BVerwG, Urt. v. 9.3.1990, E 85, 44 = DVBl 1990, S. 589
[119] nach Einführung des KrW-/AbfG ist diese Ansicht jedoch problematisch geworden, da es Müllbeseitigungsanlagen gibt, die außerhalb der Überlassungspflicht des § 13 KrW-/AbfG tätig werden (so Kühling, Fachplanungsrecht, Rd. 292); hiervon sind jedoch die Müllverbrennungsanlagen ausgenommen, da sie seit 1993 nicht mehr dem Planfeststellungsrecht unterliegen; ihre Zulassung richtet sich vielmehr nach dem Bundesimmissionsschutzgesetz (§ 31 I KrW-/AbfG). Anders verhält es sich mit Deponien (§ 31 II KrW-/AbfG). Im Hinblick auf § 10 KrW-/AbfG ist jedoch vertretbar, dass diese unabhängig von der gelagerten Abfallart grundsätzlich gemeinwohlorientiert sind (so Paetow, in Kunig/Paetow/Versteyl, KrW-/AbfG, § 31/108 f.).
[120] zuletzt wieder im Rechtsstreit um die Auffüllung des Mühlenberger Lochs im Rahmen der DA-Erweiterung für den Bau des Großraumflugzeuges A380, vgl. Beschluss des Hamburger VG vom 18.12.2000 sowie Beschluss des OVG Hamburg vom 19.2.2001; dazu: Herrmann, Planfeststellung, NuR 2001, S. 551 ff.
[121] Kühling, Privatnützige Planfeststellung, in Sendler-FS, S. 393; Breuer, Die wasserrechtliche Planfeststellung, in Hoppe-FS, S. 683; Bamberger, Privat- und gemeinnützige Planfeststellung, BayVBl 99, S. 622 ff.; Steinberg, Neue Entwicklungen, DVBl 92, S. 1501 (1503 ff.); Gaentzsch, Rechtliche Fragen, NVwZ 98, S. 889 (893)
[122] BVerwG, Urt. v. 18.5.1990, E 85, 155
[123] Bamberger, Privat- und gemeinnützige Planfeststellung, BayVBl 99, S. 622 ff. mit Verweis auf BVerfG, Urt. v. 16.12.1986, E 74, 264 (284); BVerwG, Urt. v. 7.11.1996, DVBl 1997, S. 434 (435)
[124] so auch Geiger, in Handbuch, Kap. 11/163

Vorhaben festzuhalten[125]. Nicht jedoch aufgrund der vom Bundesverwaltungsgericht ursprünglich geforderten, gesonderten Prüfung zwingender Versagungsgründe für privatnützige Vorhaben[126], sondern infolge der damit verbundenen, unterschiedlichen Interessenlagen, die auch in der folgenden Untersuchung eine Rolle spielen werden. Zudem bedarf die gemeinnützige Planfeststellung -wie oben dargestellt- einer besonderen Planrechtfertigung.

VI. Zusammenfassung

Die anfängliche, allgemein gehaltene Definition von Planfeststellung[127] kann insoweit erweitert werden, als dass die Planfeststellung als ein Hoheitsakt eine mit Genehmigungs-, Konzentrations-, Gestaltungs- und Ausschlusswirkung ausgestattete, nach Ausübung des beschränkten Planungsermessens unter Abwägung der öffentlichen und privaten Belange erfolgende, behördliche, rechtsverbindliche Zulassungsentscheidung bzgl. Errichtung und/oder Betrieb konkreter, in Fachgesetzen aufgeführter Einzelvorhaben ist.

B) Überblick über das Verfahren von den Vorarbeiten bis zur Planverwirklichung unter Berücksichtigung des jeweiligen Zeitaufwandes

Das förmliche Planfeststellungsverfahren ist in den §§ 72 ff. VwVfG des Bundes bzw. der Länder geregelt. Neben den allgemeinen Regeln der Verwaltungsverfahrensgesetze ordnen eine Reihe spezieller Bundes- und

---

[125] so auch: Wahl/Dreier, Entwicklung, NVwZ 99, S. 606 (610); Dürr, in Knack, VwVfG, § 74/132; Bonk/Neumann, in Stelkens/Bonk/Sachs, VwVfG, § 72/25; Hoppe/Schlarmann, Rechtsschutz, Rd. 590
[126] BVerwG, Urt. v. 10.2.1978, E 55, 220
[127] siehe S. 4 ff.

Landesgesetze die Planfeststellung an[128]. Dabei greift das jeweilige Verwaltungsverfahrensgesetz grundsätzlich nur subsidiär ein, wenn das Spezialgesetz keine oder nur eine unvollständige Regelung trifft[129]. Das Bundesverwaltungsverfahrengesetz tritt dagegen gem. § 1 Abs. III VwVfG bei der Ausführung von Bundesrecht durch die Länder hinter dem jeweiligen Landesverwaltungsverfahrensgesetz zurück[130].

Neben dem förmlichen Verfahren sollen hier auch die notwendigen Vorarbeiten und die Planausführung interessieren, um im Hinblick auf den erforderlichen Zeitaufwand ein vollständiges Bild abgeben zu können. Zudem betrifft das zu behandelnde Thema im Schema des Verfahrensablaufs den Abschnitt zwischen Bestandskraft des Planfeststellungsbeschlusses und möglicher Planausführung bzw. Ablauf der Geltungsdauer des Planfeststellungsbeschlusses. Dies macht eine gänzliche Beleuchtung des Verfahrensablaufs notwendig. Besondere Aufmerksamkeit soll auch den Plansicherungsinstrumenten und ihren gesetzlichen Ausgestaltungen zukommen, da sie im Hauptteil der Arbeit vergleichend herangezogen werden sollen.

I. Vorarbeiten

Dem förmlichen Verfahren gehen Voruntersuchungen[131], informelle Verhandlungen und Vereinbarungen zwischen Vorhabenträger, Behörden und Gemeinden sowie Vorentwurf und Zusammenstellung der Planfeststellungsunterlagen voraus. Beratungen zwischen Vorhabenträger und Behörden dient auch gem. § 5 UVPG das sog. „Scoping"-Verfahren für UVP-pflichtige Vorhaben. Im Rahmen der Planungen von Verkehrswegen

---
[128] siehe dazu oben S. 20 ff.
[129] Bonk, in Stelkens/Bonk/Sachs, VwVfG, § 72/90 ff.; ausführlich dazu noch unten S. 30
[130] im Folgenden soll dem Verfahrensüberblick das (B)VwVfG zugrunde gelegt werden
[131] mit z.B. in §§ 16 a FStrG o. 9 f AtG gesetzlich angeordneten Duldungspflichten für Betroffene

kommen zu diesen Vorarbeiten noch das Raumordnungsverfahren und die Linienbestimmung hinzu.

Die Dauer für diese Vorarbeiten hängt ganz vom jeweiligen Einzelfall ab. Der Regelzeitplan der Verwaltungsvorschrift zur Beschleunigung im Verkehrswegebau des Verkehrsministeriums Baden-Württembergs sieht für Voruntersuchungen und die generelle Planung einen Zeitraum von insgesamt 88 Monaten vor[132]. Erfahrungswerte aus Rheinland-Pfalz, Bayern und Hessen nennen 5 bis 7 Jahre für Vorarbeiten[133]. Im „streitlosen" Idealfall, der kaum Planvarianten zulässt, können diese Projektphasen im Verkehrswegebau in mindestens 4 ½ Jahren bewältigt werden[134].

II. Das förmliche Verfahren

Das förmliche Planfeststellungsverfahren beginnt mit dem Antrag und der Zuleitung des Plans durch den Vorhabenträger an die Anhörungsbehörde (§ 73 Abs. I S. 1 VwVfG). Entsprechend der Funktion des Anhörungsverfahrens, den Betroffenen rechtliches Gehör zu gewähren[135], müssen die Pläne so ausgestaltet sein, dass jedermann daraus ersehen kann, inwieweit er durch das Vorhaben in seinen Belangen berührt sein wird[136]. Nur so kommt der späteren Planauslegung die vom Bundesverwaltungsgericht beschriebene Anstoßwirkung zu, die den Betroffenen ihr Interesse an Information und Beteiligung bewusst machen soll[137].

---

[132] Verwaltungsvorschrift des Verkehrsministeriums [...] zur Beschleunigung von Planung und Verfahren im Verkehrswegebau vom 22.7.1993, GABl 1993, S. 878 (883 ff.)
[133] vgl. Zillenbiller, Straßenplanung, S. 247
[134] Ronellenfitsch, Entwurf eines Gesetzes, DVBl 91, S. 920 (921); vgl. aber auch die 30 Jahre andauernden Vorarbeiten für den vierspurigen Ausbau der B 33 zwischen Allensbach und Konstanz
[135] Kuschnerus, Planänderung, DVBl 90, S. 235 (236 f.)
[136] vgl. Nr. 12 Abs. II PlanfeR 99 abgedruckt in VkBl 99, S. 512 (519)
[137] BVerwG, Urt. v. 5.12.1986, E 75, 214 (224)

Im Anschluss an eine Überprüfung der Zulässigkeit des Antrags und der Vollständigkeit der Antragsunterlagen holt die Anhörungsbehörde gem. § 73 Abs. II VwVfG die Stellungnahmen der Behörden ein, deren Aufgabenbereich von dem Vorhaben berührt wird. Des Weiteren veranlasst sie die Auslegung der Pläne, worauf jeder, dessen Belange durch das Vorhaben berührt werden, unter Beachtung der Frist des § 73 Abs. IV VwVfG Einwendungen gegen den Plan erheben kann. Bei Überschreitung dieser Zweiwochenfrist (ab Beendigung der Auslegung) kann der Betroffene gem. § 73 Abs. IV S. 3 VwVfG die nicht rechtzeitig vorgebrachten Einwendungen auch in einem späteren Gerichtsverfahren nicht mehr geltend machen (sog. materielle Präklusion[138]). Dabei erstreckt sich die Präklusionswirkung auch auf Einwendungen gegen eine Enteignung i.S.d. Art. 14 Abs. III GG[139].

Neben den Trägern öffentlicher Belange und der privaten Öffentlichkeit werden auch die anerkannten Naturschutzverbände gem. § 58 Abs. I BNatSchG beteiligt. Nach einer anschließenden Erörterung des Plans mit allen Beteiligten endet das Erörterungsverfahren gem. § 73 Abs. IX VwVfG mit einer Stellungnahme der Anhörungsbehörde. Diese leitet - soweit keine Identität zwischen den Behörden besteht[140] - im Anschluss daran die Unterlagen an die Planfeststellungsbehörde weiter und gibt damit das Verfahren an diese ab. Die an die oben genannten materiellen Voraussetzungen gebundene Planprüfung endet bei positiver Entscheidung mit dem Erlass eines Planfeststellungsbeschlusses gem. § 74 Abs. I S. 1

---

[138] Seit der Beschleunigungsgesetzgebung durch das Verkehrswegebeschleunigungsgesetz vom 16.12.1991, das Planvereinfachungsgesetz vom 17.12.1993 und das Genehmigungsverfahrensbeschleunigungsgesetz vom 12.9.1996 gilt nun flächendeckend im Planfeststellungsrecht die materielle Präklusion und nicht mehr wie teilweise vorher die formelle Präklusion, d.h. der bloße Ausschluss der verspäteten Einwendung im Verwaltungsverfahren.
[139] BVerwG, Urt. v. 24.5.1996, NVwZ 1997, S. 489
[140] in der Praxis sehen einige landesrechtliche Zuständigkeitsbestimmungen eine einheitliche Zuständigkeit vor; zwecks Neutralität der Planfeststellungsbehörde ist problematisch, ob eine solche Identität der Behörden zulässig ist. Verfassungsrechtlich ist sie jedoch nicht erforderlich: BVerwG, Urt. v. 5.12.1980, DVBl 81, S. 403

VwVfG, welcher dem Träger des Vorhabens und den Betroffenen zuzustellen ist (§ 74 Abs. IV VwVfG)[141].

Als Regelzeit für das förmliche Verfahren gibt die Baden-Württembergische Verwaltungsvorschrift zur Beschleunigung von Planung und Verfahren im Verkehrswegebau einen Zeitraum von 24 Monaten an[142]. Doch trotz Beschleunigungsmaßnahmen im Rahmen des Verkehrswegebeschleunigungsgesetzes vom 16.12.1991, des Planvereinfachungsgesetzes vom 17.12.1993 sowie des Genehmigungsverfahrensbeschleunigungsgesetzes vom 12.9.1996 wird in der Praxis diese Regelzeit überschritten werden, zumal die zunehmenden europarechtlichen Vorgaben den Prüfungsumfang erweitern[143]. Je nach Problemlastigkeit ist mit einem Zeitaufwand zwischen einem und zehn Jahren zu rechnen.

III. Plansicherungsinstrumente

Zur Sicherung der Planung stellen einige Fachplanungsgesetze verschiedene Plansicherungsinstrumente zur Verfügung, wie die Veränderungssperre[144], das Vorkaufsrecht[145] sowie die Möglichkeit, vorläufige Anordnungen im sog. vorzeitigen Beginn zu erlassen[146].

In Folge einer Veränderungssperre dürfen wesentlich wertsteigernde oder die Planung erheblich erschwerende Veränderungen am Grundstück nicht vorgenommen werden. Nicht erfasst sind Vorhaben, die schon zuvor ge-

---

[141] im Massenverfahren kann die Zustellung durch öffentliche Bekanntmachung ersetzt werden, § 74 Abs. V VwVfG
[142] Verwaltungsvorschrift des Verkehrsministeriums [...] zur Beschleunigung von Planung und Verfahren im Verkehrswegebau vom 22.7.1993, GABl 93, S. 878 (886)
[143] Ronellenfitsch, BT-Protokoll 14/51//14/73, S. 56
[144] §§ 9 a FStrG; 28 a PBefG; 19 AEG; 4 MBPlG; 15 WaStrG; 8 a LuftVG; 9 g AtG
[145] §§ 9 a Abs. VI FStrG; 28 a Abs. III PBefG; 19 Abs. III AEG; 4 Abs. III MBPlG; 15 Abs. III WaStrG; 8 a Abs. III LuftVG
[146] z.B. §§ 14 Abs. II WaStrG; 33 KrW-/AbfG; 57 b BBergG

nehmigt wurden, bloße Unterhaltungsarbeiten, die Fortführung einer bisher ausgeübten und damit Bestandsschutz genießenden Nutzung sowie rechtliche Veränderungen wie die Belastung oder Veräußerung [147]. Letzteres hat in der Regel ein Vorkaufsrecht für den Vorhabenträger zur Folge.

Im Rahmen dieser Arbeit interessiert vor allem die zeitliche Geltungsdauer der Veränderungssperre. Die Veränderungssperre wird im Planfeststellungsrecht akzessorisch mit der Auslegung des Plans bzw. mit dem Zeitpunkt wirksam, zu dem den Betroffenen Gelegenheit gegeben wird den Plan einzusehen (vgl. § 9a Abs. I S. 1 FStrG). Zeitlich befristet mit der Folge des Außerkrafttretens ist die Veränderungssperre nur in den Fällen des § 36a WHG und § 9g AtG. In allen anderen Fällen hat der Fristablauf nur eine Entschädigungspflicht zur Folge (z.B. § 9a Abs. II FStrG). Die Veränderungssperre bleibt dann bis zur Übernahme der Flächen durch den Träger der Straßenbaulast bzw. bis zur Enteignung wirksam. Ein Außerkrafttreten ist allerdings bei Einstellung des Planfeststellungsverfahrens, bei Aufhebung des Planfeststellungsbeschlusses sowie bei Außerkrafttreten des Planfeststellungsbeschlusses denkbar[148].

Ist der sofortige Beginn der Bauarbeiten geboten, können außerdem z.B. nach § 14 II WaStrG vorläufige Anordnungen ergehen, in denen Teilmaßnahmen festgesetzt werden. Sie treten 6 Monate nach Erlass außer Kraft, wenn bis dahin nicht mit ihrer Durchführung begonnen wurde.

---

[147] Schlosser, in Marschall, BFStrG, § 9a/3; Aust/Jacobs, Die Enteignungsentschädigung, S. 311 f.
[148] Schlosser, in Marschall, BFStrG, § 9a/3

IV. Der Planfeststellungsbeschluss

1. Rechtsnatur

Der Planfeststellungsbeschluss ist nach einhelliger Auffassung ein rechtsgestaltender Verwaltungsakt im Sinne des § 35 VwVfG[149]. Da er Rechtswirkungen gegenüber dem Vorhabenträger, den Betroffenen sowie gegenüber der Allgemeinheit entfaltet, herrscht in der Literatur Streit, ob dem Planfeststellungsbeschluss ein dinglicher[150] oder personaler[151] Charakter zukommt. Damit hängt die Frage zusammen, ob es sich um eine Allgemeinverfügung gem. § 35 S. 2 VwVfG[152] oder um ein Bündel von an die Betroffenen gerichteten Verwaltungsakten im Sinne einer Sammelverfügung[153] handelt.

Angesichts der von dem Planfeststellungsbeschluss ausgehenden Wirkungen[154] ist von einer vermittelnden Ansicht auszugehen, die dem Verwaltungsakt der Planfeststellung eine dingliche und personale Seite zuspricht und somit einen Doppelcharakter annimmt[155]. Eine eindeutige Zuordnung zur dinglichen Allgemeinverfügung i. S. d. § 35 S. 2 VwVfG kann nicht erfolgen. Aufgrund der aus der Gestaltungs- und

---

[149] BVerwG, Urt. v. 3.6.1971, E 38, 152 (156); Fickert, Planfeststellung, B PlafeR Erl. Nr. 1, Anm. 12; Hoppe/Schlarmann, Rechtsschutz, Rd. 47; Ronellenfitsch, in Marschall, BFStrG, § 17/6 f.; ders., Planfeststellung, VerwArch 80 (1989), S. 92 (106); Kopp/Ramsauer, VwVfG, § 74/8; Laubinger, in Ule/Laubinger, VwVfR, § 41/41; Bonk, in Stelkens/Bonk/Sachs, VwVfG, § 74/19; Allesch/Häußler, in Obermayer, VwVfG, § 74/62; a.A.: Schotthöfer, Planfeststellung, BayVBl 68, S. 342 (345 f.)

[150] Allesch/Häußler, in Obermayer, VwVfG, § 74/62; Bonk, in Stelkens/Bonk/Sachs, VwVfG, § 74/19;

[151] Manner, Die rechtsstaatlichen Grundlagen..., S. 41

[152] Kopp/Ramsauer, VwVfG, § 74/8; Hoppe/Schlarmann, Rechtsschutz, Rd. 47; Bonk, in Stelkens/Bonk/Sachs, VwVfG, § 74/20; Allesch/Häußler, in Obermayer, VwVfG, § 74/62

[153] Laubinger, in Ule/Laubinger, VwVfR, § 41/41; Fickert, Planfeststellung, B PlafeR Erl. Nr. 1, Anm. 13, benützt dafür den Ausdruck „Gesamtverwaltungsakt"

[154] siehe hierzu oben S. 5 ff.

[155] Hoppe/Schlarmann, Rechtsschutz, Rd. 49; Ronellenfitsch, in Marschall, BFStrG, § 17/4; Fickert, Planfeststellung, B PlafeR Erl. Nr. 1, Anm. 12; Kügel, Der Planfeststellungsbeschluss, S. 83

Konzentrationswirkung folgenden Zusammenfassung von Einzelakten ist vielmehr von einer Sammel- bzw. Gesamtverfügung auszugehen[156].

Gleichzeitig ist der Planfeststellungsbeschluss unter dem Prinzip des „präventiven Verbots mit Planfeststellungsvorbehalt" einzustufen[157]. Das bestimmte (Planfeststellungs-)Vorhaben ist somit nicht generell verboten, muss sich aber vorweg einem Planfeststellungsverfahren mit all seinen formellen und materiellen Voraussetzungen unterziehen. Das bei einfachen Genehmigungsentscheidungen des Ordnungsrechts geltende „präventive Verbot mit Erlaubnisvorbehalt" wird dem Planfeststellungsrecht aufgrund seiner Besonderheiten[158] gegenüber einfachen Kontrollerlaubnissen nicht gerecht[159].

Daneben ist der Planfeststellungsbeschluss auch kein Verwaltungsakt mit Dauerwirkung[160]. Aufgrund seiner Gestaltungswirkung wirkt der Planfeststellungsbeschluss grundsätzlich nur so lange fort, bis der Plan erfüllt ist[161]. Dies ergibt sich u.a. aus der Regelung des § 75 Abs. II VwVfG, wonach mit Unanfechtbarkeit des Planfeststellungsbeschlusses grundsätzlich die Ausschlusswirkung eintritt und diese nur im Ausnahmefall des S. 2 durchbrochen werden kann.

---

[156] so auch: Fickert, Planfeststellung, B PlafeR Erl. Nr. 1, Anm. 13; Laubinger, in Ule/Laubinger, VwVfR, § 41/41; Kügel, Der Planfeststellungsbeschluss, S. 84 f.
[157] Ronellenfitsch, in Marschall, BFStrG, § 17/6
[158] siehe zu den Besonderheiten oben S. 6 ff.
[159] a.A.: BVerwG, Urt. v. 22.2.1980, DVBl 1980, S. 996; Urt. v. 15.1.1982, E 64, 325 (für fernstraßenrechtliche Planfeststellung); wobei nach der Interpretation von Wahl, Genehmigung, DVBl 82, S. 51 ff., das BVerwG hier trotz Verwendung der Ausdrucks „präventives Verbot mit Erlaubnisvorbehalt" die Planfeststellung nicht mit einer Kontrollerlaubnis gleichsetzen will; vielmehr soll es nur um die Verwendung eines „formalen Regelungsmodells, das die vorläufige Sperre zur Ermöglichung einer Kontrolle ausdrückt," gehen.
[160] BVerwG, Urt. v. 12.12.1967, E 28, 292; Urt. v. 14.2.1975, BauR 1975, 191
[161] anders nur bzgl. Auflagen; vgl. hierzu: Fickert, Planfeststellung, B PlafeR Erl. Nr. 1, Anm. 14; Dürr, in Kodal/Krämer, Straßenrecht, Kap. 34/18.4

2. *Inhalt*

Inhalt des Planfeststellungsbeschlusses ist zum einen gem. § 74 Abs. I S. 1 VwVfG die Feststellung des beantragten Planes, wobei über die Zulässigkeit bzgl. Art, Beschaffenheit, Lage und Ausführung des Vorhabens entschieden wird. Damit wird gleichzeitig bestimmt, welche Grundstücke für die Verwirklichung des Vorhabens benötigt werden. Der Planfeststellungsbeschluss wirkt daher insoweit auf privates Eigentum ein, als er die Grundlage für künftig mögliches Enteignungsverfahren bildet[162].

Des Weiteren beinhaltet der Planfeststellungsbeschluss die Entscheidung über Einwendungen (§ 74 Abs. II S. 1 VwVfG) sowie die Anordnung von Schutzmaßnahmen (§ 75 Abs. II S. 2 VwVfG). Ferner wird über die Auferlegung von Duldungspflichten und den Entzug von Abwehrrechten mit Bestandskraft des Planfeststellungsbeschlusses gem. § 75 Abs. II S. 1 VwVfG entschieden[163]. Darüber hinaus eröffnet § 74 Abs. III VwVfG die Möglichkeit eines Vorbehalts.

3. *Rechtsschutz*

Rechtsschutz können der Vorhabenträger sowie Planbetroffene begehren, wenn sie eine individuelle Betroffenheit geltend machen können (§ 42 Abs. II VwGO). Statthafte Klagearten sind die Verpflichtungs- und Anfechtungsklage. Ein Vorverfahren im Sinn der §§ 68 ff. VwGO ist gem. §§ 74 Abs. I S. 2 i.V.m. 70 VwVfG nicht erforderlich, soweit keine anderweitige fachgesetzliche Regelung eingreift. Zuständiges Gericht ist seit der Beschleunigungsgesetzgebung gem. § 48 Abs. I VwGO in der Regel das Oberverwaltungsgericht (bzw. der Verwaltungsgerichtshof). Einzelne

---

[162] siehe zur enteignungsrechtlichen Vorwirkung oben S. 8 f.
[163] siehe zu den spezifischen Wirkungen des Planfeststellungsbeschlusses oben S. 6 ff.

Fachgesetze sehen weitere Beschleunigungsregelungen vor: Der Kläger hat zum einen innerhalb einer Frist von sechs Wochen die zur Begründung seiner Klage dienenden Tatsachen und Beweismittel anzugeben[164]. Zum anderen fehlt einer Anfechtungsklage nach einigen Fachgesetzen die aufschiebende Wirkung[165].

Die Dauer der Rechtsschutzverfahren hat sich durch die Einführung der erstinstanzlichen Zuständigkeit der Oberverwaltungsgerichte deutlich verkürzt. Ein Verfahren vor den Oberverwaltungsgerichten dauert zwischen 1 ½ und 4 Jahren. Gegebenenfalls schließt sich ein Verfahren vor dem Bundesverwaltungsgericht mit einer Dauer von weiteren 3 bis 24 Monaten an[166].

V. Die Planverwirklichung

Mit Bestandskraft des Planfeststellungsbeschlusses erfolgt die Ausführungsphase, die weitere 3 bis 4 Jahre in Anspruch nimmt[167]. Neben der konkretisierten Regelung der Finanzierung des Vorhabens sind Ausführungsplanungen, die Ausschreibung, Prüfung der Ergebnisse und Vergabe von Bauarbeiten erforderlich. Ferner wird die Baufeldfreimachung sowie die evtl. Kontaktierung von Versorgungsunternehmen zur Leitungsverlegung, beispielsweise im Straßenbau, notwendig. Darüber hinaus hat vor der letztendlichen Bauausführung der Grunderwerb zu erfolgen, wobei Enteignungsverfahren notwendig werden, falls ein gütlicher Erwerb nicht möglich ist.

---

[164] §§ 20 Abs. VI AEG, 29 Abs. VII PBefG, 17 Abs. VI b FStrG, 19 Abs. III WaStrG, 10 VII LuftVG, 5 Abs. VI MBPlG
[165] §§ 29 Abs. VI PBefG, 5 Abs. V MBPlG, 20 Abs. V AEG, 17 Abs. VI a FStrG
[166] Quelle dieser Erfahrungswerte: Dolde, BT-Protokoll 14/51//14/73, S. 60
[167] Zillenbiller, Straßenplanung, S. 247

Ist jedoch die sofortige Durchführung des Vorhabens erforderlich, kann nach Maßgabe des jeweiligen Fachgesetzes eine vorzeitige Besitzeinweisung angeordnet werden[168]. Dadurch wird dem Berechtigtem der Besitz entzogen, wofür er -falls ihm dadurch Nachteile entstehen- entschädigt wird. Auch hier interessiert die Geltungsdauer einer solchen vorzeitigen Besitzeinweisung: Sie ist nicht befristet und tritt außer Kraft, wenn der Planfeststellungsbeschluss außer Kraft tritt[169]. Es liegt also wie bei der Veränderungssperre eine innere Abhängigkeit der Wirksamkeit der Besitzeinweisung von der Existenz des Planfeststellungsbeschlusses vor.

VI. Zeitaufwand im Ganzen

Soll der Zeitaufwand bestimmt werden, den ein Verfahren insgesamt bis zur Fertigstellung benötigt, kann angesichts der unterschiedlichen Fallgestaltungen und Problemlagerungen kein aussagekräftiger Durchschnittswert ermittelt werden. Anhand der oben aufgeführten Daten kann lediglich festgestellt werden, dass der Zeitaufwand im Ganzen in einem Rahmen von rund 7 bis 23 Jahren liegt.

---

[168] §§ 18 f FStrG; 29 a PBefG; 21 AEG; 6 MBPlG; 20 WaStrG; 65 FlurbG; 97 BBergG
[169] vgl. z.B. §§ 18 f Abs. VI FStrG; 29 a Abs. VI PBefG, wonach die vorzeitige Besitzeinweisung aufzuheben ist, wenn der Planfeststellungsbeschluss aufgehoben wird. Gleiches muss gelten, wenn der Planfeststellungsbeschluss aufgrund Zeitablaufs z.B. nach § 17 Abs. VII FStrG seine Wirksamkeit verliert.

Kapitel 2: Die Geltungsdauer von Planfeststellungsbeschlüssen

Die zeitlich begrenzte Umsetzungsmöglichkeit von Planfeststellungsbeschlüssen ist in § 75 Abs. IV VwVfG sowie in zahlreichen Fachgesetzen speziell geregelt. Zunächst sollen diese Normen und ihre historische Entwicklung genauer betrachtet und analysiert werden, um einzelne Strukturen und gesetzgeberische Intentionen herauszuarbeiten[170].

A) Analyse der bestehenden Gesetzeslage und ihre historische Entwicklung

I. Überblick über die einzelnen Befristungsregelungen und ihre historische Entwicklung

1. Verwaltungsverfahrensrecht - § 75 Abs. IV VwVfG

1.1. Gegenwärtige Gesetzeslage

Das Verwaltungsverfahrensgesetz des Bundes (VwVfG) in der Fassung vom 21.9.1998 regelt in seinem § 75 Abs. IV die zeitliche Geltungsdauer von Planfeststellungsbeschlüssen. Danach tritt dieser (und nicht der „Plan" wie es missverständlich der Wortlaut ausdrückt[171]) außer Kraft, wenn mit der Durchführung des Planes nicht innerhalb von fünf Jahren nach Eintritt der Unanfechtbarkeit begonnen wird. Folge des Fristablaufs ist somit das Außerkrafttreten des Planfeststellungsbeschlusses ipso iure. Die Rechtswirkungen des Planfeststellungsbeschlusses entfallen mit Wirkung für die

---

[170] im Folgenden soll der Begriff „Befristung" synonym für die zeitlich begrenzte Umsetzungsmöglichkeit des Planfeststellungsbeschlusses verwendet werden, ohne eine Befristung im Sinne des § 36 Abs. II Nr. 1 VwVfG zu meinen

[171] Kügel, in Obermayer, VwVfG, § 75/112; Kopp/Ramsauer, VwVfG, § 75/34

Zukunft. Ebenso erlöschen etwaige akzessorische Veränderungssperren und mit ihnen das Vorkaufsrecht. Aber auch vorläufige Anordnungen im vorzeitigen Beginn oder vorzeitige Besitzeinweisungen treten automatisch außer Kraft[172].

Die Länder haben diese Vorschrift in der Regel ohne Änderungen übernommen[173]. Eine Ausnahme bildet jedoch Bayern. Art. 75 Abs. IV des BayVwVfG ermöglicht die Verlängerung der Frist um (höchstens) weitere fünf Jahre.

Im Anwendungsbereich des § 75 Abs. IV VwVfG kann es über § 72 Abs. I, 1. HS VwVfG zur Konkurrenz zwischen Bundesrecht und Landesrecht sowie Spezialvorschriften in Fachplanungsgesetzen kommen. Die Lösung eines solchen Konkurrenzfalles richtet sich grundsätzlich nach den §§ 1 ff. VwVfG. Dies gilt auch für die bei Inkrafttreten des VwVfG schon vorhandenen Planfeststellungsverfahren[174]. Gegenüber den VwVfGen der Länder ist das VwVfG des Bundes zumeist durch § 1 Abs. III VwVfG ausgeschlossen, da alle Bundesländer ihre öffentlich-rechtliche Verwaltungstätigkeit durch ein eigenes Verwaltungsverfahrensgesetz -sei es durch ein Vollgesetz[175] oder durch Verweisung[176]- geregelt haben. Hinsichtlich abweichender Regelungen in Fachplanungsgesetzen sieht § 1 Abs. I a.E. VwVfG die Subsidiarität des VwVfG vor. Enthält eine fachplanerische Regelung keine zeitliche Begrenzung, muss jedoch untersucht werden, ob aufgrund einer Lücke im Gesetz auf das VwVfG zurückgegriffen oder das

---

[172] siehe hierzu schon oben S. 29 f. u. 34
[173] z.B. §§ 75 Abs. IV HessVwVfG; 75 Abs. IV BVwVfG; 75 Abs. IV VwVfG LSA; 75 Abs. IV VwVfG Bbg; 75 Abs. IV VwVfG NRW; 75 Abs. IV ThürVwVfG; § 75 Abs. IV BremVwVfG; § 75 Abs. IV VwVfG MVp; § 75 Abs. IV HamVwVfG; § 75 Abs. IV SaarVwVfG; § 142 Abs. IV VwVfG SH
[174] so in der Begründung vor § 68 Entwurf 73 zum VwVfG
[175] BW, Bay, Bdg, Brem, Ham, Hess, NW, Saar, LSA, Thür, SH, MVp
[176] NdS, RPf, Sachsen, Berlin

Schweigen des Gesetzes als eine eigenständige Regelung angesehen werden kann[177].

1.2. Geschichtliche Entwicklung

Seit der Einführung des VwVfG[178] im Jahre 1977 blieb diese Norm unverändert[179]. Der Anwendungsbereich des § 75 Abs. IV VwVfG hat sich im Laufe der Jahre jedoch erweitert. In der gegenwärtigen Gesetzeslage verweisen eine Reihe von Fachplanungsgesetze -direkt oder indirekt, ausdrücklich oder stillschweigend- auf diese Vorschrift[180].

Der Gesetzgeber begründete die Einführung dieser Bestimmung damit, durch die ausbleibende baldige Ausführung des Vorhabens könnten sich für die vom Plan betroffenen Gründstücke mittelbare Nachteile ergeben, z.B. Schwierigkeiten bei der Veräußerung, Vermietung oder Verpachtung[181].

2. Straßenrecht

2.1. Bundesfernstraßenrecht

a) Gegenwärtige Gesetzeslage

Die gegenwärtige Fassung des § 17 Abs. VII FStrG sieht eine Fünfjahresfrist ab Unanfechtbarkeit des Planfeststellungsbeschlusses vor. Das Erlöschen kraft Gesetzes tritt nicht ein, wenn vorher der Planfeststellungsbe-

---

[177] Dürr, in Knack, VwVfG, § 75/108
[178] Verwaltungsverfahrensgesetz des Bundes vom 25.5.1976, BGBl. I S. 1253
[179] früher enthielt § 71 Abs. IV VwVfG diese Regelung
[180] siehe dazu im Folgenden
[181] BT-Drucks. 7/910, S. 90

schluss um höchstens fünf Jahre verlängert oder mit der Durchführung des Plans begonnen wird. Für die Verlängerungsentscheidung sieht das Gesetz ein begrenzt förmliches Verfahren vor, wonach eine auf den Antrag begrenzte Anhörung nach Planfeststellungsrecht durchzuführen ist. Des Weiteren sind die Vorschriften über die Zustellung, Auslegung und die Anfechtung des Planfeststellungsbeschlusses entsprechend anzuwenden.

Ergänzt wird das FStrG durch die Richtlinie für die Planfeststellung nach dem Bundesfernstraßengesetz (Planfeststellungsrichtlinie 2002 –PlafeR 02-)[182]. Mangels formeller Voraussetzungen handelt es sich bei der Planfeststellungsrichtlinie nicht um eine allgemeine Verwaltungsvorschrift i.S.v. Art. 85 Abs. II S. 1 GG, sondern lediglich um eine kooperative Empfehlung zur Übernahme durch die obersten Straßenbaubehörden der Länder („Allgemeine Rundschreiben Straßenbau", ARS)[183]. In Bezug auf die Geltungsdauer des fernstraßenrechtlichen Planfeststellungsbeschlusses präzisiert Nr. 38 PlafeR 02 die gesetzliche Regelung. Der Durchführungsbeginn und das Verlängerungsverfahren werden erläutert[184].

b) Geschichtliche Entwicklung

Im Jahre 1953 erfolgte die Kodifizierung des Planfeststellungsrechts im Bundesfernstraßengesetz erstmals ausführlich[185]. § 17 Abs. VII FStrG (1953) sah schon eine Begrenzung der Geltungsdauer vor:

---

[182] VkBl. 2002, S. 802 ff.
[183] ausführlich zur Rechtsnatur und historischen Entwicklung der Planfeststellungsrichtlinie: Ronellenfitsch, in Marschall, BFStrG, § 17/27 ff.; Fickert, Planfeststellung, B PlanfeR Erl. Nr. 1, Anm. 19
[184] siehe hierzu im Einzelnen unten S. 75 sowie Fn. 310, 315, 328, 346, 359
[185] bis dahin gab es lediglich für Reichsautobahnen gesetzliche Vorschriften über die Planfeststellung; die §§ 7 ff. Reichsautobahngesetz vom 29.5.1941 (RGBl. I S. 313 f.) und §§ 10 ff. DVO z. RAutobG (RGBl. I S. 315 f.) enthielten jedoch keine Befristungsregelung

„Wird der Plan nicht innerhalb von **fünf** Jahren nach Rechtskraft **durchgeführt**, so tritt er außer Kraft, wenn er nicht von der Planfeststellungsbehörde auf weitere **fünf Jahre verlängert** wird. **Bei Verlängerung** können die vom Plan betroffenen Grundstückseigentümer verlangen, dass der Träger der Straßenbaulast ihre Grundstücke erwirbt. Kommt keine Einigung zustande, so können sie die Durchführung des Enteignungsverfahrens bei der Enteignungsbehörde beantragen. Im übrigen gilt § 19 (Enteignung)."[186]

Dem Wortlaut nach forderte diese Regelung die (vollständige) Durchführung des Plans innerhalb von fünf Jahren. Aufgrund der Schwierigkeiten, die bei der Planausführung auftreten können, wäre eine solche Beendigungsfrist jedoch zu knapp bemessen gewesen. Nach Literatur und Rechtsprechung musste daher lediglich innerhalb der fünf Jahre mit der Durchführung begonnen werden[187]. Spätere Gesetzesänderungen stellten dies durch Umgestaltung des Wortlauts klar[188].

Besonderheit dieser Regelung war, dass die betroffenen Grundstückseigentümer bei Verlängerung die Übernahme (bzw. Enteignung) ihrer Grundstücke verlangen konnten. Der Gesetzgeber begründete diese Bestimmung mit den Einschränkungen der wirtschaftlichen Verwertungsmöglichkeit, die betroffene Grundstückseigentümer erleiden müssten. Die Einschränkungen müssten zwar im Hinblick auf die Sozialgebundenheit des Eigentums über einen Zeitraum von fünf Jahren hingenommen werden, danach wirkten sie sich aber „wie eine Enteignungsmaßnahme" aus. Deshalb sei bei einer notwendigen Verlängerung der Grund und Boden der Betroffenen abzulösen[189].

---

[186] Fernstraßengesetz vom 6.8.1953, BGBl. I, S. 903
[187] Marschall, BFStrG, 1. Aufl., S. 230; OVG NW, Urt. v. 11.5.1981, -9 A 110/80-, S. 8 f. zu § 39 Abs. V LStrG NW (1961), der mit § 17 Abs. VII FStrG (1953) übereinstimmte.
[188] neuere Gesetzesfassungen sprechen von „Durchführungsbeginn"
[189] BT-Drucks. 1/4248, S. 25

Durch das 1. FStrÄndG[190] von 1961 wurde dieser Paragraph gestrichen. Parallel führte der Gesetzgeber in § 9 Abs. IX und in § 9a Abs. II FStrG (1961) Entschädigungsregelungen für den Fall ein, dass die Betroffenen einer Veränderungssperre Schaden erleiden. Die Eigentümer sollten nach vier Jahren Veränderungssperre für die dadurch entstandenen Vermögensnachteile eine Geldentschädigung fordern können. Zusätzlich wurde ihnen ermöglicht, die Übernahme ihrer betroffenen Grundstücke zu verlangen, falls es ihnen nicht mehr zuzumuten war, mit Rücksicht auf die Veränderungssperre die Grundstücke in der bisherigen oder einer anderen zulässigen Art zu nutzen.

Aufgrund dessen sah der Gesetzgeber die Begrenzung der Geltungsdauer von Planfeststellungsbeschlüssen als überflüssig an[191]. Die Nr. 51 PlafeR (1962)[192] verlangte jedoch die „Prüfung, ob nicht eine neue Planfeststellung deshalb erforderlich ist, weil sich die Verhältnisse seit der Planfeststellung entscheidend geändert haben", falls „mit der Durchführung des Plans -z.B. mangels der erforderlichen Geldmittel- erst nach längerer Zeit begonnen" werden kann. Die Änderungsmöglichkeit des festgestellten Planes sah Nr. 52 a) PlafeR (1962) vor.

Eine zeitliche Begrenzung erfuhr der fernstraßenrechtliche Planfeststellungsbeschluss wieder durch das 2. FStrÄndG[193] von 1974, wobei § 75 Abs. IV VwVfG als Vorbild fungierte, der damals im § 62 Abs. IV des Entwurfs zum VwVfG enthalten war. Ergänzend sah § 18 b Abs. II FStrG (1974) eine Verlängerungsmöglichkeit um weitere fünf Jahre vor, obwohl der Regierungsentwurf nur eine Verlängerungsmöglichkeit um weitere drei Jahre enthielt. Der 14. Ausschuss für Verkehr konnte sich damals mit der

---

[190] 1. Fernstraßenänderungsgesetz vom 1.7.1961, BGBl. I S. 877
[191] BT-Drucks. 3/2159, S. 10 f.
[192] ARS Nr. 1, VkBl. 1962, S. 178 (189 f.); eine solche Bestimmung enthielten schon Planfeststellungsrichtlinien aus der Zeit vor der Kodifizierung des Fernstraßengesetzes [Marschall, BFStrG, 1. Aufl. (1954), § 17/11]
[193] 2. Fernstraßenänderungsgesetz vom 1.10.1974, BGBl. I S. 2413

Forderung nach fünfjähriger Verlängerungsmöglichkeit durchsetzen[194]. Die Einführung einer Verlängerungsmöglichkeit wurde allgemein damit begründet, dass es „selbst bei bester Planung und Bauvorbereitung" möglich sei, dass sich der Baubeginn z.B. aus konjunkturellen oder haushaltsmäßigen Gründen verzögere. Es sei dann ein nicht vertretbarer Aufwand, deshalb ein neues Planfeststellungsverfahren durchführen zu müssen. Die Rechte der Betroffenen seien zudem durch die Verlängerung nicht betroffen, da sie über § 9a FStrG entschädigt würden[195]. Infolge dieser Begründung wertete die Literatur die Verlängerungsentscheidung damals teilweise nicht als Verwaltungsakt. Die Regelung sollte danach eine reine Ordnungsvorschrift darstellen[196]. Parallel wurde 1975 die PlafeR der Gesetzesänderung angepasst[197]. Sie enthielt daraufhin keine Prüfungspflicht mehr hinsichtlich Änderungen der Rechts- und Sachlage bei Durchführung „erst nach längerer Zeit". Die Änderungsmöglichkeiten des FStrG (1974) bzw. der PlafeR (1975) entsprachen denen des VwVfG. Seither waren damit nachträgliche Schutzauflagen i.S.v. § 75 Abs. II S. 2 VwVfG möglich (§ 17 Abs. VI S. 2 a.F. FStrG).

Durch das 3. Rechtsbereinigungsgesetz[198] von 1990 erhielt die Befristungsregelung ihre heutige Fassung, die auch nach dem 3. FStrÄndG von 1994 unverändert fortgilt. Die Beibehaltung der Verlängerungsmöglichkeit wurde wie folgt begründet: Die Erfahrung habe gezeigt, dass größere Bauvorhaben sich aus unvorhersehbaren Gründen, wie z.B. fehlender Haushaltsmittel, verzögern könnten. So sei es nicht vertretbar, nur deshalb -wenn sich also die Planungssituation in der Zwischenzeit nicht geändert hat- ein neues Planfeststellungsverfahren durchzuführen[199]. Hinzugefügt wurde ein

---

[194] BT-Drucks. 7/1828, S. 24
[195] BT-Drucks. 7/1265, S. 23 f.
[196] Schroeter, in Marschall, BFStrG, 4. Aufl., 1977, § 18b/6.5; a.A. Fickert, Planfeststellung, B PlafeR Erl. Nr. 32, Anm. 4
[197] ARS Nr. 1, VkBl. 1976, S. 32 (40 f.)
[198] 3. Rechtsbereinigungsgesetz vom 26.6.1990, BGBl. I S. 1221 (1228)
[199] BRat-Drucks. 510/88 (Gesetzesentwurf der Bundesregierung vom 4.11.1988 zum 3. Rechtsbereinigungsgesetz)

begrenzt förmliches Verlängerungsverfahren. Eine Übernahmeregelung wie es § 17 Abs. VII S. 2 FStrG (1953) vorsah, enthält der heutige § 17 Abs. VII FStrG nicht.

c) Gesetzesinitiative

Auf Initiative des Bundesrates soll § 17 Abs. VII FStrG nun folgende Fassung erhalten[200]:

„Wird mit der Durchführung des Plans nicht innerhalb von **zehn Jahren** nach Eintritt der Unanfechtbarkeit begonnen, so tritt er außer Kraft. Die Frist nach Satz 1 kann von der Planfeststellungsbehörde um höchstens **fünf Jahre** verlängert werden, wenn der **Antrag** des Trägers der Straßenbaulast **vor Fristablauf** bei der Planfeststellungsbehörde eingegangen ist; die Verlängerung ist auch nach Fristablauf zulässig. Als Beginn der Durchführung des Plans gilt jede erstmals **nach außen erkennbare Tätigkeit zur planmäßigen Verwirklichung** des Vorhabens; eine spätere **Unterbrechung** der Verwirklichung des Vorhabens **berührt** den Beginn der Durchführung **nicht**."

Begründet[201] wird die angestrebte Verlängerung der primären Frist damit, die bloße fünfjährige Frist werde der aktuellen Situation im Straßenbau nicht mehr gerecht. Durch mangelnde Finanzierungsmittel käme es zu Rückstauungen nicht vollziehbarer, planfestgestellter Vorhaben. Es drohten das Außerkrafttreten der Planfeststellungsbeschlüsse bzw. Verlängerungsverfahren in verstärktem Maße. Aus Gründen der Verwaltungsvereinfachung und zur Reduzierung des Planungs- und Kostenaufwands der öffentlichen Verwaltung gelte es dies zu verhindern. Taugliches Mittel hierfür sei die Verlängerung der gesetzlichen primären Frist von fünf auf zehn Jahre. Die Verlängerungsmöglichkeit um weitere fünf Jahre soll daneben

---

[200] BT-Drucks. 14/2994, S. 5
[201] siehe hierzu BT-Drucks. 14/2994, S. 6 ff.

weiter bestehen bleiben. Um unnötigen Zeitdruck zu vermeiden, soll es ausreichen, wenn der Antrag auf Verlängerung vor Fristablauf gestellt werde.

Ferner soll durch den Gesetzentwurf Rechtsklarheit hinsichtlich Durchführungsbeginn und -unterbrechung geschaffen werden. Nach erstmaligem Beginn soll der Planfeststellungsbeschluss unbefristete Geltung erlangen, damit eine schrittweise Planumsetzung entsprechend den jeweils verfügbaren Haushaltsmitteln ungehindert möglich ist.

Nach der Begründung des Gesetzentwurfs entstünden durch eine solche Änderung des FStrG keine unverhältnismäßigen Rechtsbeeinträchtigungen. Zum einen käme den betroffenen Grundstückseigentümern hinsichtlich unzumutbarer Beeinträchtigungen über § 9a Abs. II FStrG bzw. über § 9 Abs. IX, X FStrG eine Entschädigung zu. Zum anderen hätten die Beschleunigungsgesetze das Planfeststellungsverfahren gestrafft, so dass die Verlängerung der primären Frist um fünf Jahre de facto nur eine Verlängerung um etwa drei Jahre bewirke. Des Weiteren unterlägen Bebauungspläne, die einen Planfeststellungsbeschluss nach § 17 Abs. III FStrG ersetzen können, keiner Befristung. Zur Begründung der unbefristeten Geltung nach erstmaligem Durchführungsbeginn wird vorgebracht, der Einsatz öffentlicher Mittel dokumentiere die zielorientierte Realisierung des Vorhabens. Falls das Vorhaben dennoch später aufgegeben werde, greife § 77 VwVfG, so dass es einer Befristung für diesen Fall nicht bedürfe.

2.2. Landesstraßenrecht

a) Angleichung an die Vorschrift des FStrGes

Auf Landesebene haben die meisten Landesstraßengesetze heute die Vorschrift des FStrG sinngemäß übernommen[202]. Alle neuen Bundesländer führten, dem § 38 Abs. IX des Musterentwurfs für Landesstraßengesetze von 1991 folgend, eine einheitliche Regelung ein, die mit der des FStrG korrespondiert[203].

b) Sonderregelungen in der gegenwärtigen Gesetzeslage

Baden-Württemberg unterhält mit seinem § 38 Abs. II StrG BW bis heute eine gesonderte Regelung, die statt einer Fünfjahresfrist eine Achtjahresfrist plus möglicher Verlängerung um weitere fünf Jahre vorsieht[204]. Auch

---

[202] § 20 Abs. VII BerlStrG; § 39 Abs. VII StrWG NW; § 38 Abs. V Nr. 3 NdsStrG; § 6 Abs. VI RPf StrG; § 33 Abs. VI BremStrG; § 41 Abs. IX SH StrWG; § 40 Abs. I SaarlStrG (Verweis auf LVwVfG mit zusätzlicher fünfjähriger Verlängerungsmöglichkeit); Bayern hatte zwischenzeitlich durch das 2. BayStrWÄG 1968 wie auf Bundesebene seine Regelung zum zeitlichen Geltungsbereich im Art. 38 Abs. IV BayStrWG gestrichen, da auch in das BayStrWG Entschädigungsregelungen aufgenommen wurden. Heute verweist Art. 38 Abs. I BayStrWG auf Art. 75 Abs. IV BayVwVfG, der eine mit § 17 Abs. VII FStrG nahezu identische Regelung vorsieht; auch Nds, RP und SH hoben zwischenzeitlich aus demselben Grund die Befristungsregelungen auf

[203] § 39 Abs. V Bbg StrG, § 45 Abs. XI StrG Mecklenburg-Vorpommern; § 39 Abs. X Sächsisches StrG; § 37 Abs. X StrG LSA; § 38 Abs. IX ThürStrG; gesammelt nachzulesen in „Neue Länderstraßengesetze", Hrsg.: Willi Blümel und Martin Pfeil, Speyer 1993

[204] Landesstraßengesetz Baden-Württemberg vom 11.5.1992, GBl. S. 330; in der ursprünglichen Fassung vom 20.3.1964 (GBl. S. 127) enthielt das LStrG BW noch keine Befristung; § 39 Abs. IV gewährte jedoch den Grundstückseigentümern die Möglichkeit vom Vorhabenträger die Übernahme ihrer betroffenen Grundstücke zu verlangen, falls es ihnen mit Rücksicht auf die Planfeststellung oder der Durchführung des Plans wirtschaftlich nicht mehr zuzumuten war, die Grundstücke zu behalten bzw. zu nutzen. § 29 Abs. II (1964) enthielt zudem eine Geldentschädigungsregelung ab vierjähriger Dauer der Veränderungssperre. Erst mit dem StRÄG vom 15.6.1987 (GBl. S. 178) erhielt das StrG BW in seinem § 38 Abs. III (1987) eine Befristungsregelung, die lediglich sprachlich von der gegenwärtigen Fassung abwich („...ist ein Anhörungsverfahren durchzuführen. § 73 des LVwVfG findet entsprechende Anwendung mit der Maßgabe, dass sich die Einwendungsmöglichkeiten und die Erörterung auf die vorgesehene Verlängerung beschränken; hierauf ist in der Bekanntmachung hinzuweisen...."). § 39 IV a.F. wurde dagegen gestrichen und im Gegenzug die Entschädigungsregelung im Rahmen einer Veränderungssperre um die Möglichkeit eines Übernahmeverlangens in § 29 Abs. II StrG BW erweitert.

Hessen sieht in seinem § 34 Abs. V StrG eine abweichende Bestimmung vor:

„Wird mit der Durchführung des Planes nicht innerhalb eines Zeitraumes von **fünf** Jahren nach Eintritt der Rechtskraft **begonnen** und ist der Plan nicht spätestens **sechs** Jahre nach Eintritt der Rechtskraft **durchgeführt**, so tritt er außer Kraft, wenn er nicht vorher von der Planfeststellungsbehörde im Benehmen mit dem Regierungspräsidium um höchstens **fünf** Jahre **verlängert** wird. Nach Ablauf von **drei** Jahren nach Eintritt der Rechtskraft können von dem Plan betroffene Grundstückseigentümer verlangen, dass der Träger der Straßenbaulast ihre Grundstücke erwirbt. Kommt eine Einigung nicht zustande, so können die Grundstückseigentümer die Durchführung des Enteignungsverfahrens bei der Enteignungsbehörde verlangen."

Anders als § 17 Abs. VII FStrG (1953) enthält diese Regelung unzweideutig eine Beendigungsfrist. Die Übernahme der Grundstücke kann des Weiteren -im Gegensatz zur ersten Fassung des Fernstraßengesetzes- schon drei Jahre nach Eintritt der Rechtskraft verlangt werden und nicht erst bei Verlängerung der Frist.

c) Auffallend divergierende Regelungen der historischen Gesetzgebung

§ 39 Abs. V NW StrG (1961)[205] sah für straßenrechtliche Planfeststellungsbeschlüsse eine mit § 17 Abs. VII FStrG (1953) übereinstimmende Regelung vor. Letztere wurde jedoch im selben Jahr, aufgrund der Einführung einer Veränderungssperre mit Entschädigungsregelung, gestrichen. Dennoch führte Nordrhein-Westfalen die Befristungsregelung ein, obwohl auch das NW StrG (1961) Baubeschränkungen mit der Folge von Geldentschädigung enthielt (§§ 29 i.V.m. 25, 26).

---

[205] StrG von Nordrhein-Westfalen vom 28.11.1961, GVBl. S. 305

Nach dem saarländischen Straßengesetz von 1964 war nur eine Frist von vier Jahren mit einer Verlängerungsmöglichkeit um weitere vier Jahre vorgesehen (§ 43 Abs. I a.F. SaarStrG)[206]. Die Möglichkeit der Übernahme der Grundstücke sah das SaarStrG (1964) nicht vor.

3. Das Recht der Schienen- und Seilbahnen ohne Personenbeförderungsrecht

3.1. Gegenwärtige Gesetzeslage

§ 20 Abs. IV AEG entspricht wörtlich dem gegenwärtigen § 17 Abs. VII FStrG, so dass an dieser Stelle auf oben verwiesen werden kann. Für Magnetschwebebahnen enthält das spezielle Magnetschwebebahnplanungsgesetz (MBPlG)[207] aus dem Jahre 1994 in seinem § 5 Abs. IV eine ebenfalls mit § 17 Abs. VII FStrG wörtlich übereinstimmende Regelung zur Geltungsdauer des Planfeststellungsbeschlusses. Auch hier werden die Befristungsregelungen durch eine Planfeststellungsrichtlinie ergänzt[208].

Landeseisenbahngesetze schreiben heute nur noch vereinzelt ein Planfeststellungsverfahren vor, so beispielsweise § 14 Ham LEG und § 14 RPf LEG. Einzelheiten zum Planfeststellungsverfahren enthalten diese Bestimmungen nicht, so dass auf die jeweiligen LVwVfGe zurückzugreifen ist. Genauso verhält es sich mit Landesseilbahngesetzen, wie z.B. § 77 SeilbG BW[209]. Mangels gewollter Regelungslücke ist hier § 75 Abs. IV BW VwVfG anzuwenden.

---

[206] Saarländisches Straßengesetz vom 17.12.1964, ABl. S. 117
[207] Magnetschwebebahnplanungsgesetz vom 23.11.1994, BGBl. I S. 3486
[208] PlafeR für den Erlass planungsrechtlicher Zulassungsentscheidungen für Betriebsanlagen der Eisenbahn des Bundes nach § 18 AEG sowie Betriebsanlagen von Magnetschwebebahnen nach §§ 1, 2 MBPlG, Ausgabe 01/2002; nachzulesen bei: http://www.eisenbahn-bundesamt.de
[209] Landesseilbahngesetz vom 8.6.1995, GBl. S. 417 (426)

3.2. Geschichtliche Entwicklung der eisenbahnrechtlichen Bestimmungen

a) Bundesebene

Das Reichseisenbahngesetz (RBahnG)[210] von 1924 enthielt in seinem § 37 RBahnG keine Regelung zur Befristung des Planfeststellungsbeschlusses. Auch die nachfolgenden Änderungen von 1930 und 1939 führten nicht zu einer Begrenzung der Geltungsdauer und dies obwohl für derartige Hoheitsrechte nach damaligem Recht für den Einzelnen keine Rechtsschutzmöglichkeit gegeben war[211]. Der Planfeststellungsbeschluss war für jedermann auf Dauer bindend und konnte nur durch ein erneutes Planfeststellungsverfahren geändert werden[212].

Das Bundesbahngesetz (BBahnG)[213] von 1951 lehnte sich eng an die Regelungen des RBahnG von 1939 an und sah in seinem § 36 BBahnG keine Begrenzung der Geltungsdauer vor. Der Planfeststellungsbeschluss war auch hier grundsätzlich dauerhaft bindend.

Nr. 21 der Richtlinie zu § 36 BBahnG von 1955 sah dagegen eine mit Nr. 51 PlanfeR (1962) für fernstraßenrechtliche Planfeststellungsbeschlüsse[214] korrespondierende Regelung vor. Danach sollte eine Prüfung notwendig werden, ob nicht die Planfeststellung wegen wesentlich veränderter Verhältnisse zu wiederholen ist, falls die Ausführung des Plans -z.B. mangels der erforderlichen Geldmittel- nicht in „angemessener Zeit, etwa innerhalb eines Zeitraumes von fünf Jahren" in Angriff genommen wurde[215]. Die Richtlinie zum BBahnG konkretisierte somit den Zeitraum und setzte die-

---

[210] Reichsbahngesetz vom 30.8.1924, RGBl. II S. 272
[211] Gesetz zur Änderung des Reichsbahngesetzes vom 13.3.1930, RGBl. II S. 359; Reichsbahngesetz vom 4.7.1939, RGBl. I S. 1205
[212] siehe hierzu Blümel, Die Bauplanfeststellung, S. 158 ff.
[213] Bundesbahngesetz vom 13.12.1951, BGBl. I S. 955
[214] siehe Fn. 192
[215] Die Bundesbahn 1955, S. 762 (765 f.)

sen auf etwa fünf Jahre fest, während die Richtlinie zum FStrG mit dem Wortlaut „längere Zeit" sehr unbestimmt blieb.

Mit Einführung des VwVfG des Bundes im Jahre 1977 wurden die allgemeinen Regelungen des VwVfG auf das BBahnG übertragen, so dass § 75 Abs. IV bzw. § 77 Abs. IV a.F. VwVfG zur Anwendung kamen[216]. Mit Artikel 8 § 1 Nr. 2 und § 3 des Eisenbahnneuordnungsgesetzes[217] vom 27.12.1993 trat am 1.1.1994 das Bundesbahngesetz außer Kraft und wurde durch das Allgemeine Eisenbahngesetz ersetzt.

b) Landesebene

Auf Landesebene verhielt sich die Rechtslage uneinheitlich: § 11 Landeseisenbahngesetz (LEG) von Baden-Württemberg[218] aus dem Jahre 1951 sah keine Befristung vor. Davon Abweichendes regelte z.B. § 15 Abs. V LEBS RPf[219] von 1961:

„Wird der festgestellte Plan nicht innerhalb von **fünf** Jahren **durchgeführt** so tritt er außer Kraft. Die Frist kann bis zu **fünf** Jahren **verlängert** werden. **Wird die Frist verlängert**, können die vom Plan betroffenen Grundstückseigentümer verlangen, dass der Eisenbahnunternehmer ihre Grundstücke erwirbt. Kommt keine Einigung zustande, so können die Grundstückseigentümer die Durchführung des Enteignungsverfahrens beantragen. Im übrigen gilt § 16."

Neben der verlängerbaren Befristungsregelung mit der Folge des Außerkrafttretens des Planfeststellungsbeschlusses, sah diese Bestimmung die

---

[216] Finger, Kommentar zum BBahnG (1982), S. 240; Freise, Auswirkungen, DB 1977, S. 482 (489)
[217] Eisenbahnneuordnungsgesetze vom 27.12.1993, BGBl. I S. 2401
[218] Landeseisenbahngesetz Baden-Württemberg vom 6.7.1951, RegBl BW, S. 49
[219] Rheinland-pfälzischen Landesgesetz über Eisenbahnen, Bergbahnen und Seilschwebebahnen (LEBS) vom 13.3.1961, GVBl. S. 87

Möglichkeit für betroffene Grundstückseigentümer vor, die Übernahme ihrer Grundstücke durch den Unternehmer zu verlangen. Sie entsprach somit der Regelung des § 17 Abs. VII FStrG von 1953, obwohl diese im selben Jahr durch das 1. FStrÄndG aufgehoben wurde. Das LEBS RPf (1961) sah allerdings keine Veränderungssperre mit Entschädigungsregelungen vor, die im Fall des FStrG im Jahre 1961 zur Aufhebung der Befristungsregelung führte[220].

Gleiches regelten § 14 Abs. V NdS GEB[221] (1957) und § 15 Abs. V des Schleswig-Holsteinischen LEG[222] von 1956. In Nordrhein-Westfalen ließ der Gesetzgeber dagegen im § 13 Abs. VIII LEG NW[223] (1957) nur eine Verlängerungsmöglichkeit von 3 Jahren zu.

Die in den Landeseisenbahngesetzen enthaltenen Vorschriften über die Planfeststellung wurden mit der Neufassung des AEG zugunsten einer bundesweit einheitlichen Regelung größtenteils hinfällig[224].

4. Personenbeförderungsrecht

4.1. Geschichtliche Entwicklung

Das Personenbeförderungsgesetz[225] aus dem Jahre 1961 enthielt in seinem § 29 Abs. V folgende Befristungsregelung, die fast wörtlich mit der des FStrG von 1953 übereinstimmt:

---

[220] siehe dazu oben S. 39 ff.
[221] Niedersächsisches Gesetz über Eisenbahnen und Bergbahnen (GEB) vom 14.6.1957, GVBl. S. 39
[222] Schleswig-Holsteinisches LEG vom 8.12.1956, GVBl. S. 193
[223] Nordrhein-Westfälisches LEG vom 5.2.1957, GVBl. S. 11
[224] BT-Drucks. 12/5014, S. 21 u. 47
[225] Personenbeförderungsgesetz vom 21.3.1961, BGBl. I S. 241

„Wird der Plan nicht innerhalb von **fünf** Jahren nach Rechtskraft **durchgeführt**, so tritt er außer Kraft, wenn er nicht von der Planfeststellungsbehörde im Benehmen mit der höheren Verwaltungsbehörde auf weitere **fünf** Jahre **verlängert** wird. **Bei Verlängerung** können die vom Plan betroffenen Grundstückseigentümer verlangen, dass der Unternehmer ihre Grundstücke und Rechte insoweit erwirbt, als nach § 31 die Enteignung zulässig ist. Kommt keine Einigung zustande, so können sie die Durchführung des Enteignungsverfahren bei der Enteignungsbehörde beantragen. Im übrigen gilt § 31."

Auch hier wurde eine mit dem FStrG (1953) übereinstimmende Regelung erlassen, obwohl deren Vorbild im selben Jahr aufgehoben wurde. Das PBefG von 1961 sah allerdings noch keine Veränderungssperre vor. Selbige fügte der Gesetzgeber 1961 mit umfangreichen Entschädigungsregelungen in das FStrG ein, woraufhin die Beschränkung der Geltungsdauer von Planfeststellungsbeschlüssen für überflüssig erachtet wurde[226]. Das PBefG erhielt erst 1993 durch das Gesetz zur Vereinfachung der Planungsverfahren für Verkehrswege[227] in seinem § 28a PBefG eine Regelung zur Veränderungssperre, die ab 4 Jahren Dauer gem. § 28a Abs. II PBefG eine Geldentschädigung für Vermögensnachteile vorsieht.

Die Schaffung des § 29 Abs. V PBefG 1961 wurde -ähnlich wie beim FStrG von 1953- damit begründet, die Grundstückseigentümer seien durch den festgestellten Plan von tatsächlichen Beeinträchtigungen der wirtschaftlichen Verwertungsmöglichkeit betroffen, die ihnen im Hinblick auf Art. 14 GG nicht unbefristet zugemutet werden könnten[228].

---

[226] siehe dazu oben S. 39 ff.
[227] Planvereinfachungsgesetz vom 17.12.1993, BGBl. I S. 2123
[228] BT-Drucks. 3/255, S. 29

Im Wege der Rechtsvereinheitlichung wurde Abs. V des § 29 PBefG im Jahre 1990 durch das 3. Rechtsbereinigungsgesetz[229] gestrichen. Damit sollte das Personenbeförderungsrecht hinsichtlich einer Verlängerungsmöglichkeit an das Recht der Bundeswasserstraßen und der Bundeseisenbahnen angepasst werden[230]. Ferner begründete der Gesetzgeber die Änderung mit dem mangelnden praktischen Bedürfnis für eine solche Regelung im Straßenbahnbau[231].

4.2. Gegenwärtige Gesetzeslage

Die heutige Fassung des PBefG enthält keine Bestimmung zur zeitlichen Geltungsdauer des personenbeförderungsrechtlichen Planfeststellungsbeschlusses. Damit könnte § 75 Abs. IV VwVfG zur Anwendung kommen, wobei die jeweiligen landesrechtlichen Vorschriften einschlägig wären, da es sich um Landesverwaltung im Sinne des § 1 Abs. III VwVfG handelt. Angesichts eines fehlenden Verweises auf § 75 Abs. IV (L)VwVfG und der sonst recht detaillierten Bestimmungen über das Planfeststellungsverfahren in den §§ 28 ff. PBefG könnte hier aber auch eine gewollte Gesetzeslücke im Sinne einer eigenständigen Regelung vorliegen. Dies hätte eine unbegrenzte zeitliche Geltungsdauer personenbeförderungsrechtlicher Planfeststellungsbeschlüsse zur Folge. Gegen ein Schweigen mit Regelungscharakter spricht allerdings die oben beschriebene historische Entwicklung der §§ 28 ff. PBefG: § 29 Abs. V PBefG (1961) wurde im Wege des 3. Rechtsbereinigungsgesetzes gestrichen. Ziel dieses Gesetzes war es, vom VwVfG abweichende Sonderregelungen abzubauen und zur Rechtsvereinheitlichung beizutragen[232]. Es sollte dadurch nicht die Grundlage für weitere Abweichungen geschaffen werden. Dies geht auch aus der Geset-

---

[229] 3. Rechtsbereinigungsgesetz vom 26.6.1990, BGBl. I S. 1221
[230] im Bundeseisenbahnrecht wurde aber erst drei Jahre später eine fünfjährige Verlängerungsmöglichkeit eingeführt
[231] BT-Drucks. 11/4310, S. 136
[232] Bonk, in Stelkens/Bonk/Sachs, VwVfG, § 72/16

zesbegründung zum Entwurf des 3. Rechtsbereinigungsgesetzes hervor: Es sollte lediglich die von § 29 Abs. V PBefG (1961) vorgesehene Verlängerungsmöglichkeit fallen, nicht aber die zeitliche Begrenzung der Geltungsdauer an sich[233]. § 75 Abs. IV (L)VwVfG kommt somit zur Anwendung.

5. Wasserhaushaltsrecht

5.1. Geschichtliche Entwicklung

Aufgrund des rahmenrechtlichen Charakters des WHG[234] war dieses schon vor Einführung des VwVfG im Jahre 1977 auf die Ergänzung durch die Regelungen der jeweiligen Landeswassergesetze angelegt. Teilweise sahen sie, wie § 67 Abs. V des Wassergesetzes von Nordrhein-Westfalen (1974), folgende Bestimmung vor:

„Für **Beginn und Vollendung** des Ausbaues **können** Fristen gesetzt werden. Jede Frist kann um höchstens **fünf** Jahre **verlängert** werden. Wird die Frist für den Beginn nicht eingehalten, so **ist** die Planfeststellung oder die Genehmigung unwirksam. Wird die Frist für die Vollendung nicht eingehalten, so **kann** die zuständige Behörde den Plan oder die Genehmigung aufheben."

Das Nord-Westfälische Wassergesetz enthielt mithin keine fixe zeitliche Begrenzung der Geltungsdauer, sondern eine Befristung, die nicht nur in ihrer Länge samt Verlängerungsmöglichkeit im Ermessen der Behörde stand. Auch die Setzung einer Frist an sich stand im Ermessen der Behörde. Zudem konnte die Behörde nicht nur für den Beginn des Ausbaus, sondern auch für dessen Vollendung eine Frist anordnen. Baden-Württemberg hatte mit seinem § 64 Abs. VI WG (1976) eine ähnliche, knapper gefasste Regelung:

---

[233] BT-Drucks. 11/4310, S. 136
[234] Wasserhaushaltsgesetz vom 27.7.1957, BGBl. I S. 1110

„Für die Ausführung des Ausbauplans **sind** Fristen zu setzen. Wird der Ausbau nicht fristgemäß begonnen oder beendigt, so tritt der Plan **außer Kraft**. Ist mit Einwendungen nicht zu rechnen, so kann die Planfeststellungsbehörde die Fristen **verlängern**."

Zwar stand in diesem Wassergesetz auch die Länge der Frist im Ermessen der Behörde. Anders als im Nordrhein-Westfälischen Wassergesetz, verlangte aber das Baden-Württembergische Wassergesetz zwingend eine Frist[235]. Zudem war eine Verlängerung nicht ohne weiteres möglich. Im Fall von Einwendungen wird allerdings in der Praxis der Antrag auf Fristverlängerung in einen Antrag auf Änderung der Planfeststellung gem. §§ 99 ff. BW WG a.F. umgedeutet[236]. Häufiges Übersehen der rechtzeitigen Fristsetzung führte schließlich in der WG-Novelle von 1988 zur Aufhebung dieses Paragraphen. Die Rechtsprechung sah in ihm nicht nur eine Verfahrens- und Formvorschrift, so dass deren Verletzung zur Rechtswidrigkeit des gesamten Planfeststellungsbeschlusses führte[237]. Die Vorschrift sollte auch keine Nachholung der Fristsetzung durch die Wasserbehörde zulassen[238]. In der Folge mussten zahlreiche Planfeststellungsbeschlüsse wegen fehlender Fristsetzung aufgehoben werden.

5.2. Gegenwärtige Gesetzeslage

Die noch heute bei wasserhaushaltsrechtlichen Planfeststellungsbeschlüssen anwendbaren Landeswassergesetze enthalten nur noch teilweise gegenüber den LVwVfGen speziellere Regelungen. Wie im § 64 Abs. I BW WG verweisen die meisten LWGe auf die „allgemeinen Vorschriften" der

---

[235] so heute noch: § 54 Abs. V BWG; § 92 Abs. II BbgWG
[236] Bulling, WG für BW, 2. Aufl. (1981), § 64/28
[237] VGH Mannheim, Urt. v. 5.3.1979, ZfW 1980, S. 232
[238] Kibele, Die WG-Novelle von 1988, VBlBW 1988, S. 421 (424)

LVwVfGe. Beendigungsfristen, wie sie die alten LWGe vorsahen, sind gegenwärtig nur noch über § 36 Abs. II VwVfG möglich.

Einzig der Rechtsvereinheitlichung standgehalten hat bisher § 104 Abs. III WG NW (1995), der fast wörtlich mit dem oben erläuterten § 67 Abs. V WG NW (1974) übereinstimmt. Eine abweichende Regelung enthalten auch § 54 Abs. V BWG und § 92 Abs. II BbgWG, die eine Fristsetzungspflicht vorsehen. Während das Berliner WG jedoch ein automatisches Außerkrafttreten des Planfeststellungsbeschlusses bei Nichteinhaltung der Durchführungsfrist anordnet, steht das Aufheben des Planfeststellungsbeschlusses beim Brandenburger Wassergesetz in diesem Fall im Ermessen der Behörde. Das Brandenburger WG lässt zudem nur eine Verlängerungsmöglichkeit um maximal zwei Jahre zu.

6. Bundeswasserstraßenrecht

6.1. Geschichtliche Entwicklung

Das Bundeswasserstraßengesetz (BWaStrG)[239] von 1968 enthielt bis zu seiner Änderung durch das 3. Rechtsbereinigungsgesetz[240] von 1990 eine Regelung, welche die Geltungsdauer von bundeswasserstraßenrechtlichen Planfeststellungsbeschlüssen auf fünf Jahre begrenzte, ohne eine Verlängerungsmöglichkeit vorzusehen. Damit entsprach sie der Regelung des gegenwärtigen § 75 Abs. IV VwVfG. Das BWaStrG enthielt schon damals eine Vorschrift zur Veränderungssperre. § 15 Abs. II BWaStrG (1968) sah eine Geldentschädigung nach vier Jahren Dauer für entstandene Vermögensnachteile vor.

---

[239] Bundeswasserstraßengesetz vom 2.4.1968, BGBl. II S. 173
[240] 3. Rechtsbereinigungsgesetz vom 26.6.1990, BGBl. I S. 1221 (1239)

6.2. Gegenwärtige Gesetzeslage

In seiner heutigen Fassung enthält das BWaStrG keine Regelung zur Begrenzung der Geltungsdauer bundeswasserstraßenrechtlicher Planfeststellungsbeschlüsse. Mit der Streichung des § 21 Abs. IV BWaStrG (1968) sollte im Wege der Rechtsbereinigung eine überflüssige Spezialnorm abgebaut werden[241], so dass daraus trotz fehlenden direkten Verweises auf die Anwendbarkeit des § 75 Abs. IV VwVfG geschlossen werden kann[242].

7. Luftverkehrsrecht

7.1. Gegenwärtige Gesetzeslage

Das Luftverkehrsgesetz enthält in seinem § 9 Abs. IV LuftVG folgende auffallende Regelung:

„Wird der Plan nicht innerhalb von **fünf** Jahren nach Rechtskraft **durchgeführt**, so können die vom Plan betroffenen Grundstückseigentümer **verlangen**, dass der Unternehmer ihre Grundstücke und Rechte insoweit erwirbt, als nach § 28 die Enteignung zulässig ist. Kommt keine Einigung zustande, so können sie die Durchführung des Enteignungsverfahrens bei der Enteignungsbehörde beantragen. Im übrigen gilt § 28."

Der Ablauf der fünfjährigen Frist führt nicht etwa zur Unwirksamkeit des Planfeststellungsbeschlusses, sondern lediglich zur Möglichkeit für die Grundstückseigentümer vom Unternehmer die Übernahme ihrer betroffenen Grundstücke zu verlangen. Dem Wortlaut nach muss die Durchführung des Vorhabens innerhalb von fünf Jahren beendet sein. Angesichts

---

[241] BRat-Drucks. 510/88 zum Gesetzentwurf der Bundesregierung vom 4.11.1988
[242] aufgrund bundeseigener Verwaltung nach Art. 87 GG i.V.m. Art. 89 GG kommt hier das Bundesverwaltungsverfahrensgesetz zur Anwendung

des Umfangs eines Flugplatzbaus wäre eine solche Frist jedoch zu knapp bemessen, zumal keine Verlängerungsmöglichkeit vorgesehen ist. So wird -wie bei § 17 Abs. VII FStrG (1953)- „durchgeführt" dahingehend ausgelegt, dass mit der Durchführung innerhalb der Frist lediglich begonnen sein muss. Da § 9 Abs. IV LuftVG die von der enteignungsrechtlichen Vorwirkung betroffenen Grundstückseigentümer schützen soll, ist als Beginn der für den Flugplatzbau erforderliche Grunderwerb anerkannt[243]. Dieser muss innerhalb der fünf Jahre erfolgt sein, andernfalls kommt es zur beschriebenen Rechtsfolge.

§ 9 Abs. IV LuftVG stellt somit keine Begrenzungsregelung für die Geltungsdauer von Planfeststellungsbeschlüssen dar. Fraglich ist, ob daher § 75 Abs. IV VwVfG ergänzend anwendbar ist. Teilweise wird dies in der Literatur mit der Begründung vertreten, niemand dürfe mit einer Flugplatzplanung belastet werden, die nicht in angemessener Zeit verwirklicht werde[244]. Eine parallele Anwendung der Vorschriften macht aber nur Sinn, wenn das jeweilige LVwVfG eine Verlängerungsmöglichkeit vorsieht -was derzeit nur in Bayern der Fall ist. Denn die Übernahme der Grundstücke erfülle keinen Zweck, trete gleichzeitig der Planfeststellungsbeschluss automatisch außer Kraft[245]. Ob im Fall des BayVwVfG, dessen Art. 75 Abs. IV daneben anwendbar ist, also das LuftVG eine kompensationsfähige Gesetzeslücke hinsichtlich des Außerkrafttretens enthält, kann an dieser Stelle noch nicht beantwortet werden. Hierfür bedarf es zunächst der eingehenden Beleuchtung von Sinn und Zweck der hier besprochenen Regelungen.

---

[243] Giemulla, in Giemulla/Schmidt, LuftVG, § 9/13; Grabherr, in Hoffmann/Grabherr, LuftVG, § 9/106
[244] Grabherr, in Hofmann/Grabherr, LuftVG, § 9/105; a.A.: Giemulla, in Giemulla/Schmidt, LuftVG, § 9/13
[245] dies erkennt letztlich auch Grabherr, in Hofmann/Grabherr, LuftVG, § 9/105

7.2. Geschichtliche Entwicklung

Das Institut der Planfeststellung ist in das heute knapp achtzigjährige Luftverkehrsrecht erst im Zuge der LuftVÄndGe von 1958 und 1965 eingeführt worden[246]. § 9 Abs. IV LuftVG blieb dabei über die Jahre hinweg unverändert und hielt bisher der Rechtsbereinigung stand. Das LuftVG erwarb erst im Wege des Planvereinfachungsgesetzes[247] von 1993 eine Bestimmung zur Veränderungssperre, die gem. § 8a Abs. II LuftVG ab einer Dauer von 4 Jahren eine Geldentschädigung für entstandene Vermögensnachteile vorsieht.

8. Abfallrecht

Das abfallrechtliche Planfeststellungsverfahren war ursprünglich in den §§ 20 – 29 AbfG[248] von 1972 geregelt, die im Wesentlichen mit den Vorschriften des fünf Jahre später erlassenen VwVfG übereinstimmten. So enthielt § 26 Abs. II AbfG (1972) eine dem heutigen § 75 Abs. IV VwVfG entsprechende Regelung. Durch das 1. Gesetz zur Bereinigung des Verwaltungsverfahrensgesetzes von 1986 wurden diese Vorschriften aufgehoben[249]. Infolgedessen musste auf die Vorschriften der Landesabfallgesetze bzw. LVwVfGe zurückgegriffen werden. Mangels Spezialvorschrift und gewollter Regelungslücke im Baden-Württembergischen AbfG[250] von 1990 kam dort beispielsweise § 75 Abs. IV BW VwVfG zur Anwendung.

---

[246] Luftverkehrsgesetz vom 22.10.1965, BGBl. I S. 1729; Luftverkehrsänderungsgesetz vom 5.12.1958, BGBl. I S. 899
[247] Planvereinfachungsgesetz vom 17.12.1993, BGBl. I S. 2123
[248] Abfallgesetz vom 7.6.1972, BGBl. I S. 873
[249] 1. Gesetz zur Bereinigung des Verwaltungsverfahrensgesetzes vom 18.2.1986, BGBl. I S. 265; Abfallgesetz vom 27.8.1986, BGBl. S. 1410
[250] Baden-Württembergisches Abfallgesetz vom 8.1.1990, GBl. S. 1

Durch das Investitionserleichterungs- und Wohnbaulandgesetz (IWG)[251] von 1993 und die Einführung des KrW-/AbfG[252] im Jahre 1994 erhielt das abfallrechtliche Planfeststellungsverfahren wieder eine bundeseinheitliche Regelung. § 34 Abs. I KrW-/AbfG verweist nun direkt auf die Verfahrensvorschriften des (Bundes!-)VwVfG und somit auch auf § 75 Abs. IV VwVfG.

9. Recht der Flurbereinigung

Seit Erlass des Flurbereinigungsgesetzes[253] im Jahre 1953 spielt das Verfahren nach § 41 FlurbG eine Sonderrolle unter den Planfeststellungsverfahren. Lange Zeit war umstritten, ob es sich überhaupt um ein echtes Planfeststellungsverfahren handelt[254]. Mit der Novelle von 1976 entschied sich dann der Streit zugunsten der Befürworter[255]. Auch heute noch weicht das Verfahren in einigen Punkten von anderen Planfeststellungsverfahren ab. Beispielsweise ergeben sich Einwendungsmöglichkeiten erst im Anhörungstermin (vgl. im Gegensatz dazu § 73 Abs. IV VwVfG). Zudem sind im Gegensatz zu den bisher besprochenen Planfeststellungsverfahren die „betroffenen Grundstückseigentümer" hier Teilnehmer und nicht „Betroffene" des Verfahrens. Ein Anhörungsverfahren, wie es § 73 VwVfG vorsieht, könnte hier nicht seinen Zweck erfüllen, da es nicht um die Wahrung individueller Schutzgarantien geht[256].

Da § 41 FlurbG keine Befristungsregelung vorsieht, stellt sich somit die Frage, ob § 75 Abs. IV LVwVfG[257] ohne weiteres auf das flurbereini-

---

[251] Investitionserleichterungs- und Wohnbaulandgesetz (IWG) vom 22.4.1993, BGBl. I S. 466
[252] Kreislaufwirtschaft- und Abfallgesetz vom 27.9.1994, BGBl. I S. 2705
[253] Flurbereinigungsgesetz vom 14.7.1953, BGBl. I S. 591
[254] Zum Streit siehe Blümel/Ronellenfitsch, Die Planfeststellung in der Flurbereinigung, Hiltrup 1975
[255] Novelle zum Flurbereinigungsgesetz vom 15.3.1976, BGBl. I S. 533
[256] Deppen, Beteiligungsrechte, S. 75
[257] Landesverwaltungsverfahrensgesetze deshalb, weil es sich um einen Fall der Länderverwaltung i.S.d. § 1 Abs. III VwVfG handelt

gungsrechtliche Planfeststellungsverfahren übertragbar ist. Es könnte hier auch ein Schweigen des Gesetzes vorliegen, dem eigenständige Bedeutung zukommt. Für die Anwendbarkeit des § 75 Abs. IV VwVfG spielt es dabei -wie oben schon erwähnt- keine Rolle, dass das VwVfG erst nach dem FlurbG in Kraft trat[258]. Ob hier § 75 Abs. IV LVwVfG anwendbar ist[259], kann an dieser Stelle noch nicht beantwortet werden. Wie im Fall des LuftVG, muss auch hier zunächst Sinn und Zweck der Befristungsregelungen näher beleuchtet werden.

10. Atomrecht

Das Atomgesetz[260] von 1959 ordnete in seiner ursprünglichen Fassung noch kein Planfeststellungsverfahren an. Erst mit der Neufassung des Atomgesetzes[261] im Jahre 1976 sah es ein Planfeststellungsverfahren für die Endlagerung radioaktiver Abfälle vor. Bezüglich der Verfahrensvorschriften wurde auf die §§ 21 – 29 AbfG verwiesen, so dass § 26 Abs. II AbfG (1972) zur Anwendung kam. In der heute geltenden Fassung verweist § 9 b Abs. V direkt auf § 75 (Bundes!-)VwVfG.

11. Bergrecht

Das BBergG von 1980 enthält erst seit 1990 Regelungen über ein Planfeststellungsverfahren für Rahmenbetriebspläne[262]. Diese sind zwar recht detailliert, lassen eine Befristungsregelung aber vermissen. Ob

---

[258] siehe oben S. 38
[259] so der Arbeitskreis aus Vertretern des BML und der Landwirtschaftsministerien der Länder mit einer Liste über die anwendbaren Vorschriften der Verwaltungsverfahrensgesetze, abgedruckt bei Quadflieg, Recht der Flurbereinigung, Einleitung, Rd. 258
[260] Atomgesetz vom 23.12.1959, BGBl. I S. 814
[261] Atomgesetz vom 31.10.1976, BGBl. I S. 3053
[262] Bundesberggesetz vom 13.8.1980, BGBl. I S. 1310; Änderungsgesetz vom 12.2.1990, BGBl. I S. 215

diesbezüglich eine Regelungslücke gewollt ist, oder ob auf § 75 Abs. IV LVwVfG[263] zurückgegriffen werden kann, ist anhand der Gesetzesmaterialien zu ermitteln:

Die Begründung zur Änderung des BBergG von 1990 stellt die Absicht heraus, ein Planfeststellungsverfahren „nach dem Vorbild anderer Gesetze" einzuführen[264]. Dabei sollten die spezifischen Besonderheiten des bergrechtlichen Verfahrens berücksichtigt werden, ohne ein eigenständiges von dem in den Verwaltungsverfahrengesetzen abweichendes Verfahren zu entwickeln. Insgesamt kann daraus geschlossen werden, dass der Gesetzgeber seinen Willen nicht durch Schweigen bekunden, sondern lediglich die Besonderheiten gegenüber den allgemeinen Regelungen der VwVfGe herausstellen wollte. Sollte der bergrechtliche Planfeststellungsbeschluss unbefristet gelten, hätte dies der Gesetzgeber als Besonderheit gegenüber dem VwVfG ausdrücklich hervorgehoben. Es gilt hier also § 75 Abs. IV VwVfG.

12. Entwurf-UGB I

§ V 25 des Entwurfs des Bundesministeriums für Umwelt, Naturschutz und Reaktorsicherheit mit Stand vom 15.04.1999 enthält folgende Regelung zur Geltungsdauer der sog. „Vorhabengenehmigung", die das Rechtsinstitut Planfeststellung im geplanten einheitlichen Umweltgesetzbuch ersetzten soll:

---

[263] LVwVfG trotz § 5 BBergG -der auf das (Bundes-)VwVfG verweist- deshalb, weil dadurch gleichzeitig § 1 Abs. III VwVfG zur Anwendung kommt und damit hier die LVwVfGe
[264] BT-Drucks. 11/4015; abgedruckt auch in ZfB 131 (1990), S. 89 ff.

„(1) Die Vorhabengenehmigung erlischt, wenn
1. innerhalb einer **von der Genehmigungsbehörde gesetzten Frist**, die **höchstens drei Jahre** betragen darf, nicht mit der Durchführung des Vorhabens **begonnen** oder
2. die Durchführung des Vorhabens seit mehr als drei Jahren eingestellt worden ist.

(2) Die Genehmigungsbehörde kann auf Antrag die Fristen nach Abs. I **aus wichtigem Grund verlängern**, wenn hierdurch der **Zweck** des Gesetzbuches nicht gefährdet wird."

Die Behörde ist danach zu einer Fristsetzung verpflichtet, wobei die Länge der Frist in ihrem Ermessen steht, nach oben aber auf drei Jahre begrenzt ist. Dagegen ist der Verlängerungszeitraum offen gehalten. Er unterliegt keiner Höchstgrenze. Dafür ist dieser jedoch an einen „wichtigen Grund" gebunden und darf nicht dem Zweck des jeweiligen Fachgesetzes widersprechen.

In der Begründung zu § 100 UGB-KomE, der dem § V 25 E-UGB I (1999) entspricht, heißt es, durch diese Bestimmung solle eine Harmonisierung zwischen den Befristungsregelungen „einfacher" Genehmigungen wie § 18 BImSchG und § 27 GenTG und denen für Planfeststellungsbeschlüsse hergestellt werden. Des Weiteren heißt es, eine zeitlich begrenzte Verlängerung sei deshalb nicht vorgesehen, weil damit die nötige Flexibilität geschaffen werden könne, um auf die unterschiedlichen Vorhabentypen angemessener reagieren zu können. Dadurch könnten die mit einer Verkürzung der Geltungsdauer verbundenen Nachteile abgewendet werden.

13. Sonstiges

Zwei weitere Befristungsregelungen innerhalb des Planfeststellungsrechts sollen hier noch erwähnt sein: zum einen § 5 VersuchsanlagenG. Dieser enthält zwar keine eigene Regelung zur Begrenzung der Geltungsdauer des Planfeststellungsbeschlusses, doch verweist er auf die Vorschriften des FStrG von 1974. Hier soll demnach § 18 b Abs. II a.F. FStrG zur Anwendung kommen. Da sich dieser jedoch von der gegenwärtigen Fassung insoweit unterscheidet, als dass ein begrenzt förmliches Verfahren für die Verlängerung der Geltungsdauer noch nicht vorgesehen war, stellt sich die Frage, ob tatsächlich die alte Fassung zum Einsatz kommen soll. Denkbar ist neben einem solchen statischen auch ein dynamischer Verweis auf die jeweils geltende Fassung des Gesetzes[265].

Obwohl das VersuchsanlagenG dem spurgeführten Verkehr dient und damit an sich dem Eisenbahnrecht näher steht als dem Fernstraßenrecht, sollten die Regelungen des zuletzt genannten Rechtsgebiets gelten, da diese in der damaligen Fassung ausführliche Bestimmungen zur Planfeststellung enthielten. Dagegen enthielt das BBahnG, wie oben angeführt, keine Befristungsregelung[266]. Das VwVfG war zudem noch nicht in Kraft getreten, so dass sich das FStrG dem Gesetzgeber für einen Verweis als am geeignetsten erwies. Auf einen Willen des Gesetzgebers, die Fassung des FStrG von 1974 solle fortdauernd in ungeänderter Form für das VersuchsanlagenG Geltung erlangen, kann daraus aber nicht geschlossen werden. Vielmehr ist § 5 VersuchsanlagenG dergestalt auszulegen, dass die jeweils geltende Fassung zur Anwendung kommen soll, so dass heute § 17 Abs. VII n. F. FStrG im Versuchsanlagenrecht Geltung erlangt[267].

Als weiteres Beispiel soll hier -unabhängig von der Frage seiner Rechtmäßigkeit- das umstrittene Landesmessegesetz zur Errichtung einer Landesmesse auf der Gemarkung der Stadt Leinfelden-Echterdingen in Baden-

---

[265] zur Unterscheidung zwischen dynamischem und statischem Verweis siehe: Marburger, Die Regeln der Technik im Recht, 1979, S. 379 ff., 408 ff.; BVerfG, Beschl. v. 16.10.1984, E 67, 348 (363)
[266] siehe oben S. 48 f.
[267] so auch Kunz, Eisenbahnrecht, Bd. I, A 7.5, S. 8

Württemberg erwähnt werden[268]. § 3 Abs. VII LMesseG enthält eine mit § 38 Abs. II StrG BW übereinstimmende Regelung und sieht danach eine primäre Frist von acht Jahren und eine Verlängerungsmöglichkeit um weitere fünf Jahre vor.

II. Schlussfolgerungen – Erkennbares System in Begründung und Ausgestaltung?

Nach der vorangegangenen, fachspezifischen und historischen Untersuchung stellt sich die Frage, ob möglicherweise Regelmäßigkeiten zu erkennen sind, die zu einem System in Begründung und Ausgestaltung der Befristungsregelungen führen.

1. Analyse der historischen Entwicklung der Befristungsregelungen in der Gesamtschau

1.1. § 17 Abs. VII FStrG (1953) als Ursprung der Befristungsnormen

Zunächst ist festzuhalten, dass § 17 Abs. VII FStrG (1953) als erste Regelung zur Begrenzung der Geltungsdauer von Planfeststellungsbeschlüssen die Ursprungsnorm bildet, an der sich Landesstraßengesetze[269] sowie einige Landeseisenbahngesetze[270] in der Vergangenheit orientierten. Das PBefG von 1961 übernahm sie fast wörtlich. Heute enthält nur noch das Hessische StrG eine derartige Bestimmung. Dagegen richten sich fast alle aktuellen Landesstraßengesetze -mit Ausnahme von Hessen und Baden-

---

[268] Landesmessegesetz vom 10.12.1998, GBl. BW 98, S. 666 ff.; umstritten ist vor allem die Frage, ob im Falle eines Messebaus der Bedarf für einen solchen gesetzlich festgelegt werden kann, so dass die Planfeststellungsbehörde bei der Prüfung des Bedarfs im Rahmen der Planrechtfertigung an die gesetzliche Festlegung gebunden ist.
[269] z.B.: NW StrG (1961); HessStrG bis zur heutigen Fassung
[270] LEBS RPf (1961); NdS GEB (1957); SH LEG (1956); LEG NW (1957)

Württemberg- nach der heutigen Fassung des FStrGes. Die Befristungsnorm des FStrGes (1990/94) wurde außerdem vom AEG (1994) und MBPlG wörtlich übernommen.

1.2. Tendenz zur Rechtsvereinheitlichung

Die überwiegende Mehrheit der neueren Gesetzesfassungen halten sich jedoch an die Bestimmungen der Verwaltungsverfahrensgesetze[271]. Seit ihrer Einführung Ende der Siebziger Jahre bzw. mit den Gesetzgebungsvorhaben im Rahmen der Rechtsvereinheitlichung verweisen diese Gesetze ausdrücklich oder stillschweigend auf die Verwaltungsverfahrensgesetze, wobei lediglich im Rahmen des AtGes, des KrW-/AbfGes und des WaStrGes das (Bundes-) VwVfG zur Anwendung kommt. Anhand von Gesetzestext respektive Historie kann jedoch nicht geklärt werden, ob § 75 IV VwVfG auch auf das LuftVG und das FlurbG anwendbar ist[272].

Durch das Gesetzesvorhaben eines einheitlichen Umweltgesetzbuches sollte eine über das Planfeststellungsrecht hinausgehende Harmonisierung stattfinden, *§ V 25 E-UGB I (1999)*.

Ausnahmen bilden die Bestimmungen einzelner LWGe[273], die sich bisher nicht an den vorgenannten Vorschriften orientieren.

---

[271] WHG (bzw. LWGe), WaStrG, FlurbG, AtG, KrW-/AbfG, PBefG, BBergG
[272] siehe oben S. 57 u. 60
[273] heute noch die WGe von Berlin, Brandenburg und Nordrhein-Westfalen

1.3. Gesetzesbegründungen – Zusammenhang zur Veränderungssperrenentschädigung?

Da die Gesetzesbegründungen für die Einführung einer Befristungsregelung ausschließlich das Argument der unzumutbaren Belastung betroffener Grundstückseigentümer durch die unbefristete Geltungsdauer des Planfeststellungsbeschlusses anführen, stellt sich die Frage, ob es möglicherweise einen Zusammenhang zwischen den Befristungsregelungen und Entschädigungsregelungen im Rahmen der akzessorischen Veränderungssperre gibt.

Aus der Zusammenschau von Befristungsregelungen mit der Anordnung von Veränderungssperren ergibt sich zunächst, dass Normen zur Begrenzung der Geltungsdauer von Planfeststellungsbeschlüssen auch dann erlassen wurden, wenn keine Benutzungsbeschränkungen in Form einer Veränderungssperre vorgesehen waren[274]. Vielmehr führte gerade die Einführung solcher Nutzungsbeschränkungen zur Aufhebung der Befristungen. Argument hierfür waren die gleichzeitig eingefügten Entschädigungsbestimmungen im Fall einer -i.d.R. länger als vier Jahre- andauernden Veränderungssperre[275]. Dagegen wurden aber auch vereinzelt Befristungsregelungen eingeführt, obwohl es solche Bestimmungen zur Veränderungssperrenentschädigung gab. Jedoch fällt auf, dass in diesen Fällen lediglich eine Geldentschädigung vorgesehen war und nicht die Möglichkeit der Eigentümer, die Übernahme ihrer betroffenen Grundstücke zu verlangen[276].

Ungeachtet der zeitweiligen Aufhebung der Befristungsregelungen aufgrund der beschriebenen Situation, kam es dennoch wieder im Wege der Rechtsangleichung zu einer Begrenzung der Geltungsdauer, da mit Einfüh-

---

[274] FStrG (1953): Veränderungssperre seit 1961; PBefG (1961): Veränderungssperre seit 1993; so auch das LuftVG (1965), wobei es sich jedoch hier nicht um eine Norm zur Begrenzung der Geltungsdauer handelt

[275] so im Rahmen des 1. FStrÄndG von 1961 sowie in einzelnen LStrG (Bay, NdS, RP, SH; siehe FN. 202)

[276] NW StrG (1961), BWaStrG (1968)

rung des VwVfG eine allgemeine Befristungsregelung geschaffen wurde, die als Vorbild vieler neuer Gesetze oder Gesetzesfassungen fungierte. Teilweise enthielten diese allerdings zusätzlich Verlängerungsmöglichkeiten, zu deren Zulässigkeit es in der amtlichen Begründung zum 2. FStrÄndG von 1974 beispielsweise heißt, sie hätten aufgrund der Entschädigungsregelungen im Rahmen der Veränderungssperre keinen Einfluss auf die Rechte der Betroffenen. Wenn schon nicht die Befristung selbst, so sollte demnach zumindest die Länge der Frist von der Existenz der Entschädigungsregelungen im Rahmen der Veränderungssperre abhängig sein[277].

Nach heutiger Gesetzeslage bestehen demnach auch dann Begrenzungsregelungen, wenn Bestimmungen bei akzessorischer Veränderungssperre eine Entschädigung -sowohl als Geldentschädigung, als auch in Form eines Übernahmeverlangens- vorsehen[278]. Sieht jedoch auch die Befristungsregelung die Möglichkeit vor, die Übernahme der Grundstücke zu verlangen[279], enthalten die Entschädigungsregelungen im Rahmen der Veränderungssperre keine derartige Bestimmung. Es kann somit eine begrenzte innere Abhängigkeit zwischen einer Veränderungssperrenentschädigung i.w.S. und der Ausgestaltung der Befristungsregelung festgestellt werden.

1.4. Gesetzesbegründungen – Zusammenhang zur Einführung Bestandskraft durchbrechender Regelungen?

Das in Literatur und Rechtsprechung gängige Argument der nachträglichen potentiellen Änderung der Rechts- und Sachlage als Begründung für die

---

[277] so auch die Begründung zur aktuellen Gesetzesinitiative im Fernstraßenrecht, siehe oben S. 43 f.
[278] vgl. § 9a FStrG, § 26 BW StrG, Art. 27b BayStrWG, § 19 AEG, § 28a PBefG, 36a WHG (i.V.m. z.B. § 64a WG BW), § 15 WaStrG, § 8a LuftVG, § 11 AbfG BW, § 9g AtG, § 4 MBPlG
[279] HessStrG, LuftVG

Begrenzung der Geltungsdauer des Planfeststellungsbeschlusses[280], findet keine Stütze in den Gesetzesbegründungen. Gleichwohl könnte ein Zusammenhang zwischen der Einführung der Befristungsregelungen und solcher Normen, die nachträgliche Änderungen des Planfeststellungsbeschlusses trotz Bestandskraft ermöglichten, gesehen werden.

Für einen solchen Zusammenhang könnte beispielsweise die Existenz von Richtlinien sprechen, die eine Überprüfung der Zulassungsvoraussetzungen vorschreiben, falls nicht nach einem gewissen Zeitrahmen mit der Umsetzung des Plans begonnen wird[281]. Die jeweiligen dazugehörigen Gesetze schrieben in einem solchen Fall in der Regel keine Befristung vor[282]. Mit Streichung dieser Richtlinienbestimmungen sahen die Gesetze dann wieder eine Befristung vor.

Einer näheren Analyse kann dieser Zusammenhang jedoch nicht standhalten. Die Streichung der Überprüfungsbestimmungen in den Richtlinien erfolgte nämlich zum einen erst im Anschluss an die Einführung von Befristungsregelungen. Zum anderen war Grund für die Streichung nicht die Befristung der Planfeststellungsbeschlüsse, sondern die Angleichung an die Vorschriften des VwVfG, die ein spezifisches Regelungssystem hinsichtlich nachträglicher Änderungen vorsahen. Ein Zusammenhang zwischen der Einführung bzw. Aufhebung von Befristungsregelungen und der Einführung oder Aufhebung von Bestimmungen, die eine nachträgliche Änderung des Planfeststellungsbeschlusses ermöglichten, kann somit nicht festgestellt werden.

---

[280] dazu unten ausführlich S. 164 ff.
[281] Nr. 51 PlafeR (1962) für fernstraßenrechtliche Planfeststellungsbeschlüsse (Fn. 192); Nr. 21 der Richtlinie zu § 36 BBahnG (Fn. 208)
[282] FStrG (1961); BBahnG (1951)

2. Schlussfolgerungen aus der aktuellen Gesetzeslage - Modalitätenhäufigkeit

2.1. Fristsetzung und Fristbeginn

In fast allen Bestimmungen zur Geltungsdauer ist eine Frist gesetzlich bestimmt. Nur nach dem Nordrhein-Westfälische Landeswassergesetz steht es im Ermessen der Behörde, ob sie überhaupt eine Frist anordnet. Das Berliner WG und das Brandenburger WG ordnen dagegen eine Fristsetzungspflicht an[283]. Gleiches regelt § V 25 E-UGB I, begrenzt die Länge der Frist aber auf drei Jahre. Fast einheitlich setzen die Befristungsregelungen die Unanfechtbarkeit des Planfeststellungsbeschlusses voraus[284].

2.2. Fristlänge

Die Befristungsregelungen sehen heute fast einheitlich eine Fristlänge von fünf Jahren vor[285]. Ist eine Verlängerungsmöglichkeit vorgesehen beträgt diese in allen Fällen weitere fünf Jahre, wobei es sich hierbei um eine Höchstgrenze handelt. Der konkrete Verlängerungszeitraum im Einzelfall steht daher im Ermessen der Behörde[286].

In den Landeswassergesetzen steht die Fristlänge und teilweise auch der Verlängerungszeitraum im Ermessen der Behörde, ohne dass dabei eine

---

[283] selbiges ordnete schon das WG BW (1976) an
[284] nur einzelne Wassergesetze machen hierzu keine Angaben: § 104 Abs. III WG NW; § 54 Abs. V BWG; § 92 Abs. II Bbg WG; aber auch hier ist in Anlehnung an die ständige Rechtsprechung zu § 64 a.F. BW WG von der Voraussetzung der Unanfechtbarkeit des Planfeststellungsbeschlusses auszugehen, vgl. VGH Urt. v. 1.10.1975, ZfW 1976, S. 363; VGH Urt. v. 5.3.1979, ZfW 1980, S. 232; VGH Beschl. v. 4.3.1982, ZfW 1983, S. 48; so auch Bulling/Finkbeiner, WG BW, 2. Aufl. (1981), § 64/27
[285] BW StrG enthält eine achtjährige Frist; § V 25 E-UGB I sicht nur eine Frist von drei Jahren vor
[286] Lorenz, LStrG BW, § 38/55; Dürr, in Kodal/Krämer, Straßenrecht, Kap. 35/21.4

Höchstgrenze vorgesehen ist[287]. Dies trifft bzgl. des Verlängerungszeitraumes auch auf § V 25 E-UGB I zu.

Sieht das Gesetz die Möglichkeit eines Übernahmeverlangens der betroffenen Grundstücke durch den Unternehmer vor, so ist diesbezüglich die Fristlänge unterschiedlich. Während frühere Gesetze das Übernahmeverlangen „bei Verlängerung" -also i.d.R. frühestens nach fünf Jahren- zuließen[288], sehen die heutigen Bestimmungen eine Frist von drei[289] oder fünf[290] Jahren ab Rechtskraft des Planfeststellungsbeschlusses vor.

2.3. Fristlaufunterbrechung

Die Rechtsfolge aufgrund Fristablaufs tritt in der Regel nicht ein, wenn mit der Durchführung des Vorhabens begonnen wurde. Nach dem Wortlaut einiger Gesetze ist außerdem die rechtzeitige Beendigung des Vorhabens notwendig[291]. Im Fall des LuftVG wird der Begriff „durchgeführt" allerdings dahingehend ausgelegt, dass es ausreicht mit der Durchführung begonnen zu haben, um den Fristlauf zu unterbrechen[292]. Nur in den Landeswassergesetzen von Berlin, Brandenburg und Nordrhein-Westfalen sowie im Hessischen Landesstraßengesetz handelt es sich um selbständige Beendigungsfristen neben den Fristen zum Durchführungsbeginn.

---

[287] WG NW; BWG; Bbg WG
[288] FStrG (1953); NW StrG (1961); NdS GEB (1957); SH LEG (1956); LEBS RPf (1961); LEG NW (1957); PBefG (1961)
[289] Hess StrG
[290] LuftVG
[291] LuftVG; WG NW; BWG; Bbg WG; HessStrG; so auch schon: FStrG (1953); NW StrG (1961); SaarStrG (1964); LEBS RPf (1961); NdS GEB (1957); SH LEG (1956); NW StrG (1957); PBefG (1961); BW WG (1976)
[292] siehe oben S. 56

Eine Verlängerungsmöglichkeit der Frist sehen heute nicht nur die sich am FStrG orientierenden Gesetze vor[293], sondern auch die WGe von Berlin, Brandenburg und Nordrhein-Westfalen[294]. Ferner ermöglicht Bayern in seinem Verwaltungsverfahrensgesetz die Verlängerung. Auch der Entwurf zum UGB I sieht für die planerische Vorhabengenehmigung eine Verlängerungsmöglichkeit ihrer Geltungsdauer vor. Gesetzliche Ausführungen zum Verlängerungsverfahren selbst enthält lediglich das FStrG (1990/94), die vom AEG, dem MBPlG und den meisten LStrGen übernommen wurden[295].

2.4. Rechtsfolgen des Fristablaufs

Ist das Außerkrafttreten des „Plans" angeordnet, wird mit fruchtlosem Fristverstreichen der Planfeststellungsbeschluss mit all seinen Rechtswirkungen ipso iure unwirksam[296]. Eine solche Erledigung i.S.d. § 43 Abs. II VwVfG stellt die häufigste Rechtsfolge der Befristungsregelungen dar. Be-

---

[293] LStrGe; AEG; MBPlG; früher schon die LEGe und das PBefG (1961)
[294] so früher fast alle LWGe
[295] Danach erfordert die Verlängerung einen Antrag des Vorhabenträgers. Die Planfeststellungsbehörde entscheidet dann nach einer auf den Antrag begrenzten Anhörung nach den für die Planfeststellung vorgeschriebenen Verfahren über die Verlängerung. Hinsichtlich Zustellung, Auslegung und Anfechtung sollen die Bestimmungen über den Planfeststellungsbeschluss entsprechend gelten. Abweichend:
(1) Nordrhein-Westfalen sieht eine mit dem FStrG weitgehend übereinstimmende Regelung vor, verlangt jedoch in seinem § 39 Abs. VII einen „begründeten Antrag"
(2) Hessen's § 34 StrG macht lediglich eine Angabe zur Zuständigkeit: die Planfeststellungsbehörde im Benehmen mit dem Regierungspräsidenten (gleiches regelte das PBefG von 1961)
(3) Niedersachsen verlangt in § 38 Abs. V Nr. 3 S. 2 StrG ausdrücklich die öffentliche Bekanntmachung der Verlängerung, enthält sonst jedoch (neben der Zuständigkeit der Planfeststellungsbehörde) keine Angaben zum Verlängerungsverfahren (so auch schon SaarStrG § 43 Abs. I S. 2 von 1964)
(4) Rheinland-Pfalz weicht in § 6 Abs. VI StrG nur sprachlich von der Regelung im FStrG ab (so auch § 38 Abs. III a.F. BW StrG; siehe dazu Fn. 204)
(5) Bayern sieht in Art. 75 BayVwVfG keine Verfahrensvorschriften zum Verlängerungsverfahren vor
(6) auch die wassergesetzlichen Regelungen von NW, Bbg und Berlin machen keine Angaben zum Verfahren (nur Bbg schreibt vage: „die zuständige Behörde")
[296] zu den Rechtswirkungen siehe oben S. 6 ff., wobei auch akzessorische Veränderungssperren u.ä. erlöschen

sonderheiten stellen diejenigen Gesetze dar, deren Regelungen das Außerkrafttreten in das Ermessen der Behörde stellen; so in den Landeswassergesetzen von Nordrhein-Westfalen und Brandenburg, allerdings nur für den Fall der nicht rechtzeitigen Beendigung des Vorhabens.

Eine Ausnahme unter den Befristungen stellt § 9 Abs. IV LuftVG dar, der nicht das Erlöschen des Planfeststellungsbeschlusses zur Folge hat, sondern lediglich die Möglichkeit für betroffene Grundstückseigentümer vom Unternehmer den Erwerb ihrer Grundstücke zu verlangen. Diese Regelung ist somit kein Fall einer Begrenzung der Geltungsdauer von Planfeststellungsbeschlüssen.

Es bleibt daher festzustellen, dass es nicht nur Befristungen mit Erlöschensfolge für den Planfeststellungsbeschluss gibt.

III. Offene, vom Gesetz nicht beantwortete Anwendungsfragen

Neben den schon oben erwähnten Auslegungsproblemen im Hinblick auf die sachliche Anwendbarkeit des VwVfG auf die Planfeststellungsvorschriften des LuftVG und des FlurbG, werden weitere Fragen vom Gesetz nicht, oder nicht eindeutig beantwortet. Soweit damit Meinungsstreitigkeiten in Literatur und Rechtsprechung korrespondieren, werden diese im Folgenden dargestellt. Eine eigene Stellungnahme soll jedoch erst nach sich anschließender Untersuchung der Erforderlichkeit einer Befristung und ihrer notwendigen Ausgestaltung erfolgen.

1. Zeitlicher Anwendungsbereich – Problem sogenannter Altfälle

In Bezug auf Planfeststellungsbeschlüsse, die vor Inkrafttreten von Befristungsregelungen erlassen wurden, stellt sich die Frage, ob diese unter die zeitliche Begrenzung fallen oder unbefristete Geltungsdauer genießen. Denkbar sind diese Fälle im Anwendungsbereich des Fernstraßengesetzes und des VwVfG. Auch heute sind solche „Altfälle" noch möglich, wie aktuelle Rechtsstreitigkeiten aus der Praxis zeigen[297]. Für solche Fallvarianten müssten die Planfeststellungsbeschlüsse im Fernstraßenrecht zwischen den FStrÄGe von 1961 und 1974, im Bundesbahnrecht und Flurbereinigungsrecht dagegen vor dem Inkrafttreten des VwVfG am 1.1.1977 erlassen worden sein. Entsprechende Fallvarianten lassen sich auf Landesebene konstruieren.

Da weder das FStrG noch das VwVfG eine spezielle Übergangsregelung bieten, werden in der Literatur verschiedene Meinungen zu diesem Problem vertreten. Nach einer Position soll die „neue" Regelung auf keine der Altfälle anwendbar sein[298]. Abgestellt wird auf den rechtsändernden Charakter einer solchen Vorschrift, die nach einer Übergangsvorschrift verlange. Eine andere Ansicht will dagegen -zumindest in dem behandelten Fall öffentlicher Trägerschaft- uneingeschränkt die Befristung auch auf alte Planfeststellungsbeschlüsse anwenden, wobei auf den Sinn und Zweck der Regelung abgestellt wird[299]. So sei auch in diesen Fällen die Verhinderung von Vorratsplanfeststellung angebracht und eine Befristung wegen „einschneidender" Wirkungen des Planfeststellungsbeschlusses erforderlich. Eine differenzierende Meinungen, die gleichzeitig die herrschende bildet, will den Fristlauf erst mit Inkrafttreten der Neuregelung in Gang setzen, da andernfalls von einer möglicherweise eingeräumten Verlängerungsmög-

---

[297] z.B. der Planfeststellungsbeschluss für die Verlegung der B 38 zwischen Anschlussstelle Rheingönheim und Rheinbrücke Altrip von 1967, der nur teilweise verwirklicht wurde
[298] Dürr, in Knack, VwVfG, § 75/108 und Bonk/Neumann, in Stelkens/Bonk/Sachs, VwVfG, § 75/77a
[299] Kukk, Nicht durchgeführte Planfeststellungsbeschlüsse, NuR 2000, S. 492 (493 f.)

lichkeit kein Gebrauch gemacht werden könne[300]. Nach einer weiter differenzierenden Ansicht soll eine Verlängerung nicht mehr möglich sein, wenn der Planfeststellungsbeschluss schon länger als zehn Jahre vor der Neuregelung in Kraft war[301]. Zur Begründung wird angegeben, eine darüber hinausgehende Geltungsdauer entspräche nicht der Ratio des Gesetzgebers.

2. Fristbeginn und Fristberechnung

Das Gesetz selbst gibt dabei keinen Aufschluss darüber, wann Unanfechtbarkeit im Einzelnen anzunehmen ist. Nach allgemeinen Regeln tritt Unanfechtbarkeit, d.h. formelle Bestandskraft, eines Verwaltungsaktes ein, wenn die Rechtsmittelfristen fruchtlos verstreichen (gegebenenfalls mit Rücksicht auf § 58 Abs. II VwGO), erhobene Klagen rechtskräftig gerichtlich abgewiesen sind, auf Rechtsmittel verzichtet wird oder Rechtsmittel verwirkt sind[302].

Aufgrund der Vielzahl der Betroffenen in einem Planfeststellungsverfahren stellt sich die Frage, ob Unanfechtbarkeit gegenüber allen Betroffenen eintreten muss, um den Fristlauf in Gang zu setzen. So könnte beispielsweise Unanfechtbarkeit i.S. der Befristungsregelungen schon dann vorliegen, wenn die Rechtsmittelfristen derjenigen Betroffenen verstreichen, gegenüber denen der Planfeststellungsbeschluss ordnungsgemäß zugestellt wurde. Unanfechtbarkeit in diesem Sinne könnte aber auch dann anzunehmen sein, wenn nur eine von mehreren rechtshängigen Klagen gegen den Planfeststellungsbeschluss rechtskräftig abgewiesen wurde, da gegenüber diesem Betroffenen der Planfeststellungsbeschluss in formelle

---

[300] Fickert, Planfeststellung, PlafeR Erl. Nr. 32, Anm. 7; Tiedemann, in Obermayer, VwVfG, § 96/10; Clausen, in Knack, VwVfG, § 96/3; Kopp/Ramsauer, VwVfG, § 96/10; Stelkens, in Stelkens/Bonk/Sachs, VwVfG, § 96/14
[301] Schroeter, in Marschall, BFStrG (4. Aufl., 1977), § 18b/6
[302] Sachs, in Stelkens/Bonk/Sachs, VwVfG, § 43/21

Bestandskraft erwächst. Aufschluss über diese Frage bietet nur in Grenzen Nr. 38 Abs. I S. 2 PlafeR 02, der für fernstraßenrechtliche Planfeststellungsbeschlüsse bestimmt, dass Unanfechtbarkeit dann gegeben ist, wenn der Planfeststellungsbeschluss innerhalb der Rechtsmittelfristen nicht angefochten worden ist oder wenn im Fall der Anfechtung eine rechtskräftige Entscheidung vorliegt. Aus letzterem Halbsatz wird allerdings nicht deutlich, ob die Rechtskraft *eines* Urteils für die Annahme der Unanfechtbarkeit ausreichen soll oder ob alle erhobenen Klagen in Rechtskraft erwachsen sein müssen.

Einigkeit in Literatur und Rechtsprechung besteht insoweit, als dass *grundsätzlich* gegenüber allen Betroffenen die Unanfechtbarkeit eingetreten sein muss und zwar sowohl hinsichtlich des Verstreichens der Rechtsmittelfristen, als auch hinsichtlich rechtskräftig abgewiesener Klagen[303]. Begründungen lassen sich hierzu in Literatur oder Rechtsprechung kaum finden[304]. Nach einer Meinung sollen jedoch diejenigen Betroffenen ausgenommen werden, gegenüber denen die Rechtsmittelfrist wegen nicht ordnungsgemäßer Zustellung nicht zu laufen beginnt, da andernfalls der Fristbeginn nicht eindeutig bestimmbar sei und damit der Zweck der Regelung, Rechtssicherheit zu gewähren, nicht zur Geltung käme[305]. Eine Mindermeinung will des Weiteren eine Ausnahme machen, wenn die sofortige Vollziehbarkeit angeordnet ist. In diesem Fall soll die Frist im Zeitpunkt

---

[303] Ronellenfitsch, in Marschall, BFStrG, § 17/242; Meyer/Borgs-Maciejewski, VwVfG, § 75/22; Fickert, StrR NW, § 39/26; Kopp/Ramsauer, VwVfG, § 75/34; König/Meins, BayVwVfG, Art. 75/38; Kügel, in Obermayer, § 75/112; Friesecke, BWaStrG, § 14/73; Kunz, Eisenbahnrecht, A 16.2/6; Böhm/Neumeyer, HessStrG, § 34/zu Abs. V; so auch OVG NW, Urt. v. 9.2.1987, -9 A 2149/85-, S. 6; Walprecht/Cosson, StrWG NW, 2. Aufl. (1986), § 39/388; wohl auch Zeitler, in Sieder/Zeitler, WHG, Bd. II, § 31/399, der sich mit „Anfechtungs<u>möglichkeit</u>" jedoch unglücklich ausdrückt; es könnte daraus geschlossen werden, dass Unanfechtbarkeit gegenüber <u>allen</u> Betroffenen nur hinsichtlich des Verstreichens von Rechtsmittelfristen vorliegen muss, nicht jedoch bzgl. der rechtskräftigen Abweisung von Anfechtungsklagen

[304] Lediglich Walprecht/Cosson, StrWG NW, § 39/388, schreiben, es könne nicht auf die Unanfechtbarkeit gegenüber den einzelnen Betroffenen ankommen, da andernfalls mehrere Verlängerungsbeschlüsse zeitlich aufeinander folgend erlassen werden müssten (Anm.: die Alternative der individuellen Fristberechnung hat bislang keiner ernsthaft in Betracht gezogen)

[305] Kopp/Ramsauer, VwVfG, § 75/34; Böhm/Neumeyer, HessStrG, § 34/zu Abs. V; Kügel, in Obermayer, § 75/112

der Zustellung des Beschlusses zu laufen beginnen, da andernfalls auch die „mutwilligste Klage" für die „einsichtigen Grundstückseigentümer" einen unzumutbaren Schwebezustand zur Folge hätte[306].

Im Übrigen errechnet sich die Frist nach den §§ 31 Abs. I VwVfG i.V.m. 187 Abs. I BGB. Wiedereinsetzung in den vorigen Stand gem. § 32 VwVfG ist nach ganz h.M. nicht möglich, da diese dem Sinn und Zweck der Regelung widerspräche und daher über § 32 Abs. V VwVfG ausgeschlossen sei[307].

3. Fristlaufunterbrechung

3.1. Durchführungsbeginn

Um den Fristlauf zu unterbrechen, muss mit der „Durchführung des Plans begonnen" worden sein. Strittig ist, welche Voraussetzungen daran zu knüpfen sind. Da das Gesetz nicht den Ausdruck „Beginn der Bauarbeiten" oder „Beginn der Errichtung der Anlage", wie es bei § 18 Abs. I Nr. 1 BImSchG der Fall ist, vorsieht, kommt es nach ganz herrschender Meinung nicht auf konkrete Bauarbeiten, wie Baggerarbeiten, Anschüttungen oder Abgrabungen oder auf eine Veränderung der Umwelt durch Abbruch von Gebäuden, Verlegung von Versorgungsleitungen oder Freilegung der Trasse durch Einschlag des Baumbestandes an. Auch Verwaltungstätigkeiten seien denkbar[308]. Begründet wird dies nicht nur mit dem Wortlaut der Be-

---

[306] Böhm/Neumeyer, HessStrG, § 34/zu Abs. V
[307] Kopp/Ramsauer, VwVfG, § 75/35; Bonk/Neumann, in Stelkens/Bonk/Sachs, VwVfG, § 75/75
[308] Ronellenfitsch, in Marschall, BFStrG, § 17/245; Kopp/Ramsauer, VwVfG, § 75/36; Kunz, Eisenbahnrecht, A 16.2/6; OVG NW Urt. v. 9.2.1987, -9 A 2149/85-, S. 6; Zeitler, in Sieder/Zeitler, WHG, Bd. II, § 31/400; Dürr, in Kodal, StraßenR, Kap. 35/21.1; ders. in Knack, VwVfG, § 75/107; Kügel, in Obermayer, VwVfG, § 75/114; Paetow, in Kunig/Paetow, KrW-/AbfG, § 34/46; Laubinger, in Ule/Laubinger, VwVfG, § 43/7; offen gelassen von Fickert, Planfeststellung (1978), B Erl. 32 PlafeR, Anm. 2 a.E.; a.A. Steinberg, Fachplanung, § 5/24; Wigginghaus, Rechtsstellung, S. 110

fristungsreglungen, sondern auch mit den umfangreichen Vorarbeiten der meisten Vorhaben[309]. Die Tätigkeit müsse jedoch nach außen erkennbar sein[310], um den Zweck der Vorschrift, Rechtssicherheit zu gewähren, zu erfüllen[311]. Nur nach vereinzelten Ansichten reichen auch „nicht sichtbare" Handlungen aus[312]. Dies wird zum einen mit dem Wortlaut der Befristungsregelung begründet[313] und zum anderen mit dem Zweck einer solchen, der lediglich darin bestünde, das Vorhaben voranzutreiben[314].

Ferner habe diese Maßnahme der Verwirklichung des Vorhabens zu dienen[315], wobei ein derartiger ernstlicher Wille, das Vorhaben umzusetzen, objektiv feststellbar sein müsse[316]. Symbolische Maßnahmen oder Maßnahmen bloß zum Zweck der Fristwahrung sollen somit nicht ausreichen[317]. In der Literatur klingt dabei vereinzelt an, die Maßnahmen hätten

---

[309] Dürr, in Kodal, Straßenrecht, Kap. 34/21.1
[310] Fickert, Planfeststellung (1978), B Erl. 32 PlafeR, Anm. 2, der erstmals von Erkennbarkeit und Evidenz spricht; Bonk/Neumann, in Stelkens/Bonk/Sachs, § 75/76; Dürr, in Knack, VwVfG, § 75/107; ders., in Kodal, Straßenrecht, Kap. 35/21.1; Kopp/Ramsauer, VwVfG, § 75/36; Zeitler, in Sieder/Zeitler, WHG, Bd. II, § 31/400; Paetow, in Kunig/Paetow, KrW-/AbfG, § 34/46; Steinberg, Fachplanung, § 5/24; so auch Nr. 38 Abs. I S. 1 PlafeR 02 für fernstraßenrechtliche Planfeststellungsbeschlüsse (Fn. 182); ebenso Nr. 30 Abs. I PlafeR (2002) für das AEG und MBPlG (http://www.eisenbahn-bundesamt.de)
[311] Dürr, in Kodal, Straßenrecht, Kap. 35/21.1
[312] König//Meins, BayVwVfG, Art. 75/38; OVG RP, Urt. v. 2.10.1984, DVBl. 1985, S. 408 (409) zu § 6 Abs. II StrG RP
[313] OVG RP, Urt. v. 2.10.1984, DVBl. 1985, S. 408 (409)
[314] König//Meins, BayVwVfG, Art. 75/38
[315] Bonk/Neumann, in Stelkens/Bonk/Sachs, § 75/76; Ronellenfitsch, in Marschall, BFStrG, § 17/245; Kopp/Ramsauer, VwVfG, § 75/36; Kunz, Eisenbahnrecht, A 16.2/6; Kügel, in Obermayer, VwVfG, § 75/114 spricht von einem „ins Werk setzen"; Paetow, in Kunig/Paetow, KrW-/AbfG, § 34/46; Laubinger, in Ule/Laubinger, VwVfG, § 43/7; so auch die in Fn. 182 u. 208 genannten PlafeRen
[316] Paetow, in Kunig/Paetow, KrW-/AbfG, § 34/46; Kunz, Eisenbahnrecht, A 16.2/6; Kopp/Ramsauer, VwVfG, § 75/36 verlangt ein „verbindliches" Vorgehen; Dürr, in Knack, VwVfG, § 75/107 geht sogar weiter, wenn er verlangt, die Maßnahmen dürften nicht rückgängig zu machen sein; Nr. 30 Abs. I PlafeR für das AEG und MBPlG spricht von Tätigkeiten „von mehr als nur geringfügiger Bedeutung" (siehe Fn. 208)
[317] Dürr, in Knack, VwVfG, § 75/107; ders., in Kodal, Straßenrecht, Kap. 34/21.1; Laubinger, in Ule/Laubinger, VwVfG, § 43/7; Zeitler, in Sieder/Zeitler, WHG, Bd. II, § 31/400; Meyer/Borgs-Maciejewski, VwVfG (1982), § 75/22; Kopp/Ramsauer, VwVfG, § 75/36; Kügel, in Obermayer, VwVfG, § 75/114; Eckardt/Kibele, WG BW (1989), vor § 107/108; Böhm, HessStrG, § 34/zu Abs. V; Stüer, Handbuch, Rd. 2219

„planmäßig" zu erfolgen[318]. Daraus kann geschlossen werden, dass Abweichungen vom Planfeststellungsbeschluss nicht ausreichen sollen. Ferner verknüpfen einige Autoren die Voraussetzungen mit einem Zeitmoment. Es müsse erkennbar sein, dass das Vorhaben in absehbarer Zeit realisiert sein werde[319].

Trotz dieser reichhaltigen Definitionselemente ist es im Einzelnen umstritten, welche konkreten Maßnahmen darunter zu subsumieren sind. Zum Teil wird zwischen Vorarbeiten und bloßen Vorbereitungshandlungen unterschieden[320], wobei nicht immer deutlich ist, welche Maßnahmen von welchem Begriff erfasst sein sollen. Während beispielsweise das Einrichten der Baustelle bei Friesecke unter Vorarbeiten fällt und damit nach seiner Ansicht den Durchführungsbeginn auslösen kann[321], stellt eben diese bei Zeitler eine Vorbereitungshandlung dar und kann danach den Fristlauf nicht unterbrechen[322]. Ein weiteres Beispiel ist Fickert, der unter Vorarbeiten nur solche im Sinne des § 16 a FStrG versteht[323], die jedoch schon begrifflich ausscheiden, weil damit nur Vorarbeiten der Planung und nicht Vorarbeiten der Plan*durchführung* gemeint sind.

---

[318] Paetow, in Kunig/Paetow, KrW-/AbfG, § 34/46; Bonk/Neumann, in Stelkens/Bonk/Sachs, VwVfG, § 75/76; Ronellenfitsch, in Marschall, BFStrG, § 17/245; a.A. Stüer, Handbuch, Rd. 2219; zumindest in Bezug auf „zeitweilige" und „gebilligte" Abweichungen: BVerwG, Beschl. v. 9.7.1997, -11 B 24.97-, S. 3 f.

[319] Laubinger, in Ule/Laubinger, VwVfG, § 43/7; Dürr, in Knack, VwVfG, § 75/107; Paetow, in Kunig/Paetow, KrW-/AbfG, § 34/46; Kügel, in Obermayer, VwVfG, § 75/114; auch Bonk/Neumann, in Stelkens/ Bonk/ Sachs, § 75/76, die von einer „nachhaltigen" Umsetzung sprechen.

[320] Dürr, in Knack, VwVfG, § 75/107; Fickert, StrR NW, § 39/26; ders., Planfeststellung (1978), B Erl. 32 PlafeR, Anm. 2; Zeitler, in Sieder/Zeitler, WHG, Bd. II, § 31/400; Kopp/Ramsauer, VwVfG, § 75/36; Böhm, HessStrG, § 34/zu Abs. V; Stüer, Handbuch, Rd. 2219; Steinberg, Fachplanung, § 5/24; a.A.: OVG NW, Urt. v. 9.2.1987, -9 A 2149/85-, S. 6; Kunz, Eisenbahnrecht, A 16.2/6; Ronellenfitsch, in Marschall, BFStrG, § 17/245; Friesecke, BWaStrG, § 14/73; Eckardt/ Kibele, WG BW (1989), vor § 107/108; Kunig/Paetow, KrW-/AbfG, § 34/46; unklar bei Laubinger, in Ule/Laubinger, VwVfG, § 43/7

[321] Friesecke, BWaStrG, § 14/73; für die Einrichtung der Baustelle als Durchführungsbeginn auch Kunz, Eisenbahnrecht, A 16.2/6

[322] Zeitler, in Sieder/Zeitler, WHG, Bd. II, § 31/400

[323] Fickert, Planfeststellung, B Nr. 32 PlafeR, Anm. 2; zu solchen Vorarbeiten vgl. auch Blümel, Planfeststellung II, S. 392 ff.

Im Einzelnen kann jedoch festgestellt werden, dass als fristlaufunterbrechende Maßnahmen nach verbreiteter Ansicht der freihändige Grunderwerb sowie das Enteignungsverfahren anerkannt sind. Der Grunderwerb muss jedoch planmäßig und zur Verwirklichung des Vorhabens erfolgen[324]. Einzelne Ansichten benennen auch schon die Grunderwerbsverhandlungen als Durchführungsbeginn[325]. Weitgehend ungeklärt ist, ob die Antragsstellung auf vorzeitige Besitzeinweisung ausreicht[326]. Genauso verhält es sich mit der Ausschreibung der Bauarbeiten, der Bauvergabe und dem Abschluss von Bauverträgen[327]. Bei der Sicherstellung der Finanzierung soll es darauf ankommen, ob diese auf verbindliche Regelungen und Vereinbarungen basiert[328].

3.2. Folge einer Durchführungsunterbrechung

Die Bestimmungen zur Begrenzung der Geltungsdauer regeln nicht den Fall einer Durchführungsunterbrechung. Literatur und Rechtsprechung wollen daher teilweise für diese Situation die Befristungsregelungen analog anwenden, so dass bei Unterbrechung der Durchführung die Frist von

---

[324] Laubinger, in Ule/Laubinger, VwVfG, § 43/7; König//Meins, BayVwVfG, Art. 75/38; Wendrich, StrG NdS, § 38/21; OVG NW, Urt. v. 9.2.1987, -9 A 2149/85-, S. 6; OVG RP, Urt. v. 2.10.1984, DVBl. 1985, S. 408 (409); Kunz, Eisenbahnrecht, A 16.2/6; Zeitler, in Sieder/Zeitler, WHG, Bd. II, § 31/400; Ronellenfitsch, in Marschall, BFStrG, § 17/245; Kunig/Paetow, KrW-/AbfG, § 34/46; so auch Nr. 38 Abs. I S. 1 PlafeR 02 für fernstraßenrechtliche Planfeststellungsbeschlüsse (Fn. 182); a.A.: Fickert, Straßenrecht NW, § 39/26; Steinberg, Fachplanung, § 5/24

[325] Ronellenfitsch, in Marschall, BFStrG, § 17/245; Wendrich, StrG NdS, § 38/21; OVG NW, Urt. v. 9.2.1987, -9 A 2149/85-, S. 6

[326] bejahend Kunz, Eisenbahnrecht, A 16.2/6; letztlich offen gelassen von Fickert, Planfeststellung (1978), B Erl. 32 PlafeR, Anm. 2

[327] verneinend bzgl. der Ausschreibung: Dürr, in Knack, VwVfG, § 75/107; König//Meins, BayVwVfG, Art. 75/38; verneinend bzgl. Auftragsvergabe: Steinberg, Fachplanung, § 5/24; beides bejahend: Wendrich, StrG NdS, § 38/21; Ronellenfitsch, in Marschall, BFStrG, § 17/245; Paetow, in Kunig/Paetow, KrW-/AbfG, § 34/46; nach Dürr, in Knack, VwVfG, § 75/107, Kopp/Ramsauer, VwVfG, § 75/36 und Bonk/Neumann, in Stelkens/Bonk/Sachs, § 75/76 soll der Abschluss von Bauverträgen nur bei fester Terminvereinbarung ausreichen.

[328] Kopp/Ramsauer, VwVfG, § 75/36; nach Dürr, in Knack, VwVfG, § 75/107 reicht die Bereitstellung der Mittel im Haushaltsplan wegen Unverbindlichkeit nicht aus; nach Nr. 38 Abs. I S. 1 PlafeR 02 für fernstraßenrechtliche Planfeststellungsbeschlüsse (Fn. 182) reicht die Einstellung in die Finanzplanung allein nicht aus

neuem zu laufen beginnt[329]. Der Durchführungsbeginn würde demnach eine Unterbrechung im Sinne von §§ 208, 217 BGB[330] darstellen. Wann genau von einer Unterbrechung der Durchführungsarbeiten gesprochen werden kann, wird nur teilweise beantwortet[331]. Begründet wird die entsprechende Anwendung mit dem Sinn und Zweck der Regelungen: Verhinderung von Vorratsplanfeststellung, Gewährung von Rechtssicherheit für alle Betroffenen (vor allem für Grundstückseigentümer) sowie die Berücksichtigung von nachträglichen Änderungen. Diese Argumente sollen auch im Fall der Durchführungsunterbrechung eine Befristung erfordern.

Die Gegenmeinung besteht dagegen auf der unbefristeten Geltung des Planfeststellungsbeschlusses, wenn einmal mit der Durchführung begonnen wurde[332]. Sie beruft sich neben dem eindeutigen Wortlaut auf die Regelung des § 77 VwVfG, der die Aufhebungsverpflichtung des Planfeststellungsbeschlusses im Fall der endgültigen Aufgabe des Vorhabens vorsieht. Diese Vorschrift genüge den Interessen, wenn einmal mit der Durchführung begonnen worden sei.

Eine vereinzelte Mindermeinung will weder einer Unterbrechung i.S.v. §§ 208, 217 BGB noch einer unbefristeten Geltung zustimmen, sondern sieht im Baubeginn eine bloße Hemmung des Fristlaufs i.S.v. §§ 202, 205 BGB,

---

[329] Kügel, in Obermayer, VwVfG, § 75/115; Lorenz, LStrG BW, § 38/52; Kopp/Ramsauer, VwVfG, § 75/36; Stüer, Handbuch, Rd. 2219; VGH BW, Urt. v. 15.12.1987, VBlBW 88, S. 299 (301); VG Karlsruhe, Urt. v. 27.2.1980, DöV 81, S. 232; Kunz, Eisenbahnrecht, A 16.2/6; Wendrich, NdS StrG, § 38/21; Dürr, in Kodal, Straßenrecht, Kap. 34/18.31; Kukk, Nicht durchgeführte Planfeststellungsbeschlüsse, NuR 00, S. 492 (494)

[330] BGB in der Fassung des alten Schuldrechts

[331] bei Kunz (Fn. 329), ist zu lesen, eine Unterbrechung, die einen neuen Fristlauf auslöse, liege vor, wenn die Arbeiten ausgesetzt oder eingestellt werden; nach Wendrich (Fn. 327), dürfen die Bauarbeiten nicht nur „vorübergehend" eingestellt werden; Kukk (Fn. 327), stellt lediglich auf eine „deutlich mehr als fünf(jährige)" Unterbrechung ab

[332] Dürr, in Knack, § 75/107; Fickert, StrR NW, § 39/26; OVG NW, Urt. v. 9.2.1987, -9 A 2149/85-, S. 5; Zeitler, in Sieder/Zeitler, WHG, § 31/401; Meyer-Borgs-Maciejewski, VwVfG, § 75/22; OVG RP, Urt. v. 2.10.1984, DVBl. 1985, S. 408 (409) jedoch mit Einschränkung der Verhältnismäßigkeit; Walprecht/Cosson, StrWG NW, § 39/388; wohl auch Bonk/Neumann, in Stelkens/Bonk/Sachs, VwVfG, § 75/77, der zwar von Unterbrechung i.S.v. § 217 BGB spricht (Rd. 76), aber dennoch keinen neuen Fristlauf bei Unterbrechung der Durchführung annehmen will (Rd. 77)

so dass die ursprüngliche Frist bei Stilllegung des Baus für eine längere Zeit -„ohne dass sachliche Gründe, wie ungünstige Witterung" vorliegen- weiter laufe[333].

Ein gesondertes Problem in diesem Rahmen spielen die Fälle des sog. gestuften Baus des geplanten Vorhabens, wie es vor allem im Straßenrecht vorkommt. Dabei wird ein Planfeststellungsbeschluss in Stufen verwirklicht. Hiervon zu unterscheiden ist die sog. abschnittsweise Planung, der mehrere Planfeststellungsbeschlüsse zugrunde liegen. In diesem Fall ist es ganz unstreitig, dass für jeden Planfeststellungsbeschluss und damit für jeden Abschnitt eine eigene Frist läuft[334]. Beim gestuften Bau dagegen werden drei verschiedene Meinungen vertreten. Nach der weitesten Auffassung wird die Frist für das gesamte planfestgestellte Vorhaben schon mit dem Durchführungsbeginn der ersten Stufe gewahrt[335]. Danach kommt es nicht mehr darauf an, ob sich der Ausbau der zweiten Stufe verzögert. Begründet wird diese Auffassung mit der Rechtssicherheit. Zudem sei es wenig sinnvoll, den Vorhabenträger zu zwingen, zugleich an mehreren Stellen mit dem Bau zu beginnen[336].

Nach einer anderen Ansicht beginnt mit Fertigstellung der ersten Baustufe die Frist erneut zu laufen, so dass der Fristlauf mit Durchführungsbeginn der ersten Stufe nur i.S.d. §§ 208, 217 BGB unterbrochen wird[337]. Dies sei aus Gründen des Sinn und Zwecks der Befristungsregelungen, wie im Fall einer „normalen" Unterbrechung, auch bei gestufter Umsetzung erforderlich[338]. Die engste Auffassung vertritt, alle planfestgestellten Baustufen müssten innerhalb der ersten (und einzigen) Frist begonnen werden, unab-

---

[333] König/Meins, BayVwVfG, Art. 75/38
[334] Zeitler, in Sieder/Zeitler, WHG, § 31/400
[335] Kunz, Eisenbahnrecht, A 16.2/6; Dürr, in Kodal, Straßenrecht, Kap. 34/21.11
[336] Kunz, Eisenbahnrecht, A 16.2/6
[337] VGH BW, Urt. v. 15.12.1987, VBlBW. 1988, S. 299 ff.; Lorenz, Straßenrecht BW, § 38/52
[338] VGH BW, Urt. v. 15.12.1987, VBlBW. 1988, S. 299 ff.

hängig davon wie viel Zeit die erste Stufe in Anspruch nehme[339]. Diese Auffassung wurzelt in einem Urteil des Bundesverwaltungsgerichts von 1989, in dem das Gericht dem Prognosezeitraum bzgl. der Realisierbarkeit im Rahmen der Planrechtfertigung den (verlängerten) Zeitrahmen des § 18 b Abs. II a.f. FStrG zugrundelegte[340]. Zum Zeitpunkt der Planfeststellung sollte danach feststehen, dass alle Baustufen innerhalb dieses Zeitrahmens verwirklicht werden können. Das Bundesverwaltungsgericht ließ es aber letztlich offen, ob einer solchen engen Auffassung zu folgen ist, da es für die vorliegende Entscheidung nicht von Bedeutung war. Das Gericht ließ außerdem ausdrücklich offen -im Gegensatz zum vorinstanzlichen Urteil des Verwaltungsgerichtshofs Mannheim[341]-, ob und in welcher Hinsicht ein gestufter Bau gemäß § 18 b Abs. II a.F. FStrG tatsächlich zeitlich zu verwirklichen sei[342]. Das Urteil befasste sich lediglich mit dem Prognosezeitraum, nicht mit dem Realisierungszeitraum eines gestuften Baus[343]. Es ist deshalb für die Begründung einer engen Sicht zur zeitlichen Umsetzung eines gestuften Baus nur begrenzt aussagekräftig.

3.3. Verlängerungsverfahren und –entscheidung

Die Verlängerungsentscheidung hat nach heute allgemeiner Ansicht die Rechtsform eines Verwaltungsaktes i.S.d. § 35 VwVfG[344]. Das ergibt sich im Fall öffentlicher Vorhabenträgerschaft aus dem für Betroffene außenwirksamen Regelungscharakter der Verlängerungsentscheidung. Die Verfahrens- und Formvoraussetzungen sind dabei im Fall einer gesetzlichen

---

[339] Dürr, in Knack, VwVfG, § 75/106 (die Divergenz zur Meinung von Dürr in Kodal erklärt sich durch die Neuauflage; 6. Aufl. wurde noch von Busch kommentiert)
[340] BVerwG, Urt. v. 24.11.1989, DVBl. 1990, S. 424 ff.
[341] VGH BW, Urt. v. 15.12.1987, VBlBW. 1988, S. 299 ff.
[342] BVerwG, Urt. v. 24.11.1989, DVBl. 1990, S. 424 (425, 1. Spalte, unten)
[343] so auch in zwei neueren Entscheidungen: BVerwG, Urt. v. 20.5.1999, NVwZ 2000, S. 555; VGH Mannheim, Urt. v. 10.6.1998, NuR 1999, S. 281; zum Prognosecharakter siehe oben S. 18 ff.
[344] siehe zu diesem überkommenen Streit: Blümel, Grundrechtsschutz, S. 47, Fn. 146

Regelung weitgehend unstreitig[345]. Hinsichtlich des nicht ausdrücklich geregelten Zeitpunktes einer möglichen Verlängerung wird fast einhellig vertreten, der Antrag auf Verlängerung müsse schon so früh vor Ablauf der Frist gestellt werden, dass ein Erlöschen noch mit positiver Entscheidung verhindert werden könne[346].

Macht das jeweilige Gesetz aber keine oder nur unvollständige Angaben zum Verlängerungsverfahren, sind weiterhin die formellen Voraussetzungen streitig. Art. 75 Abs. IV BayVwVfG schweigt beispielsweise völlig zum Verlängerungsverfahren. Fraglich ist in diesen Fällen, ob die allgemeinen Vorschriften des VwVfG oder die des förmlichen Verfahrens der §§ 72 ff. VwVfG zur Anwendung kommen. Einigkeit besteht insoweit, als dass das Verlängerungsverfahren kein förmliches Verfahren i.S.d. §§ 72 ff. VwVfG darstellen soll[347], da Zweck der Verlängerung die Erleichterung gegenüber einem neuen Planfeststellungsverfahren sei[348]. Teilweise sollen diese Vorschriften jedoch entsprechend angewendet werden[349], wie z.B. § 28 VwVfG für den Fall der Anhörung[350]. Nach einer Mindermeinung soll dagegen eine Anhörung überhaupt nicht erforderlich sein[351]. Ferner ist unklar, ob eine öffentliche Bekanntgabe ausreicht oder sogar zusätzlich er-

---

[345] bis zur Einführung des begrenzt förmlichen Verfahrens in § 17 VII FStrG und der darauf folgenden Anpassung in den LStrGe sowie vor der Rechtsvereinheitlichung im Wasserrecht, PBefG und Eisenbahnrecht war heftig umstritten welche formellen Anforderungen an die Verlängerung zu stellen sind; dazu ausführlich: Blümel, Grundrechtsschutz, S. 46 ff.

[346] Dürr, in Kodal, Straßenrecht, Kap. 35/21.5; König/Meins, BayVwVfG, Art. 75/39; Ronellenfitsch, in Marschall, BFStrG, § 17/247; Sieder/Zeitler, WHG, § 31/402; vgl. auch Nr. 38 Abs. II S. 2 PlafeR 02 für FStrG (Fn. 182) sowie Nr. 30 Abs. III S. 1 PlafeR (2002) für AEG und MBPlG (http://www.eisenbahn-bundesamt.de); Kügel, in Obermayer, VwVfG, § 75/128 verlangt darüber hinaus, der Antrag dürfe auch nicht zu früh gestellt werden, da andernfalls eine Prognose für den Verlängerungszeitraum nur eingeschränkt möglich sei

[347] OVG NW, Urt. v. 11.5.1981, -9 A 1100/80-; Steinberg, Fachplanung, § 5/25; Kügel, in Obermayer, VwVfG, § 75/126; Zeitler, in Sieder/Zeitler, WHG, § 31/402; Wendrich, NdS StrG, § 38/21; König/Meins, BayVwVfG, Art. 75/40; Laubinger, in Ule/Laubinger, VwVfR, § 43/8

[348] Kügel, in Obermayer, VwVfG, § 75/126

[349] Kügel, in Obermayer, VwVfG, § 75/124 bzgl. Zustellung; a.A. Zeitler, in Sieder/Zeitler, WHG, § 31/402, der § 41 VwVfG entsprechend anwenden will.

[350] Laubinger, in Ule/Laubinger, VwVfR, § 43/8; König/Meins, BayVwVfG, Art. 75/40; Wendrich, NdS StrG, § 38/21; Zeitler, in Sieder/Zeitler, WHG, § 31/402

[351] Fickert, StrR NW, § 39/27; Walprecht, StrG NW, § 39/388

forderlich ist[352], wenn das Gesetz eine solche nicht ausdrücklich legitimiert.

Völlig offen und in der Literatur und Rechtsprechung ungeklärt ist die Frage, welche materiellen Anforderungen an die Verlängerungsentscheidung zu stellen sind. Während weitgehend der Behörde planerische Gestaltungsfreiheit gewährt wird[353], ist der Prüfungsumfang unklar. Einigkeit besteht insoweit, als dass die Behörde die Interessen an der Erhaltung mit den Interessen am Außerkrafttreten des Planfeststellungsbeschlusses abzuwägen hat. Dabei habe sie zu prüfen, ob die Verlängerung noch notwendig ist, was nicht der Fall sein soll, wenn zwischenzeitlich das Vorhaben aufgegeben wurde. Ferner sei mit in die Abwägungsentscheidung aufzunehmen, ob der Vorhabenträger u.U. den Umsetzungsbeginn schuldhaft verzögert hat[354].

Umstritten ist jedoch, ob sie die materiellen Voraussetzungen des Planfeststellungsbeschlusses erneut überprüfen muss. Zweierlei Formen sind dabei denkbar: zum einen die komplette Neuprüfung in Form einer Abwägung der Interessen für und gegen das geplante Vorhaben mit Überprüfung der Planrechtfertigung. Zum anderen die Prüfung der Rechtmäßigkeit des Planfeststellungsbeschlusses im Hinblick auf eingetretene Änderungen der Rechts- und Sachlage seit Unanfechtbarkeit (Frage: „Könnte unter diesen geänderten Umständen der Planfeststellungsbeschluss heute noch in konkreter Form rechtmäßig erlassen werden?"). Im letzteren Fall ist zudem zu fragen, ob der Behörde eine Ermittlungspflicht obliegt oder ob sie sich auf offenkundige Änderungen beschränken kann. Des Weiteren ist die Frage

---

[352] dazu Blümel, Grundrechtsschutz, S. 48, Fn. 150; Ronellenfitsch, in Marschall, BFStrG, § 17/248
[353] König/Meins, BayVwVfG, Art. 75/40; Ronellenfitsch, in Marschall, BFStrG, § 17/248; VG Karlsruhe, Urt. v. 27.2.1980, DöV 81, S. 232
[354] diese Vorgehensweise geht zurück auf das Urteil vom OVG RP, v. 2.10.1984, DVBl. 85, S. 408; ebenso: Dürr, in Kodal, Straßenrecht, Kap. 35/21.2; König/Meins, BayVwVfG, Art. 75/40; Kügel, in Obermayer, VwVfG, § 75/127

zu klären, ob der Behörde ein Ermittlungsrecht zusteht[355]. Ebenfalls offen ist die Rechtsfolge, die bei festgestellter beachtlicher Änderung eintreten soll. Muss die Verlängerung pauschal verweigert und der Vorhabenträger unabhängig von der Wesentlichkeit der Änderung auf ein neues Planfeststellungsverfahren verwiesen werden? Oder reicht bei unwesentlichen Änderungen eine Planänderung nach § 76 Abs. II VwVfG? Ist der Fristlauf während dessen gehemmt, unterbrochen oder keines von beidem?[356]

Diese für die Praxis relevanten Fragen, beantwortet die Literatur und Rechtsprechung meist nur ansatzweise und z.T. uneinheitlich. Eine umfassende Neuprüfung der materiell-rechtlichen Voraussetzungen des Planfeststellungsbeschlusses wird jedoch nur noch dort vertreten, wo das Gesetz auch in verfahrensrechtlicher Hinsicht schweigt[357]. In den Fällen, in denen das Gesetz ein nur auf den Antrag begrenztes Anhörungsverfahren vorsieht, wird dies nicht mehr vertreten. Auch eine Ermittlungspflicht wird in diesen Fällen nicht mehr angenommen, da dies angesichts des eingeschränkten Verfahrens nicht mehr möglich sei[358]. Das Gesetz lasse in diesen Fällen vielmehr deutlich die Tendenz erkennen, sowohl formell als auch materiell die Verlängerung des Planfeststellungsbeschlusses gegenüber der Neubescheidung zu erleichtern. Der materielle Inhalt des Planfeststellungsbeschlusses soll nicht Gegenstand des Verfahrens sein[359], sondern lediglich die möglichen Änderungen seit Unanfechtbarkeit[360]. Dies wird

---

[355] so VG Karlsruhe, Urt. v. 27.2.1980, DöV 1981, S. 232
[356] Nr. 30 Abs. II PlafeR (2002) für AEG und MBPlG (http://www.eisenbahn-bundesamt.de) bestimmt dazu: „Bloße Planänderungen i.S.v. § 76 VwVfG bewirken keine Verlängerung der Geltungsdauer."
[357] Zeitler, in Sieder/Zeitler, WHG, § 31/402 verlangt die Prüfung, ob die Voraussetzungen noch in gleicher Weise gegeben sind
[358] Dürr, in Kodal, Straßenrecht, Kap. 35/21.21
[359] Ronellenfitsch, in Marschall, BFStrG, § 17/248; Lorenz, LStrG BW, § 38/55; vgl. auch Nr. 38 Abs. II S. 4 PlafeR 02 für FStrG (Fn. 182) sowie Nr. 30 Abs. IV S. 1 PlafeR (2002) für AEG und MBPlG (http://www.eisenbahn-bundesamt.de)
[360] OVG RP, Urt. v. 2.10.1984, DVBl. 1985, S. 408; Kügel, in Obermayer, VwVfG, § 75/127; Wendrich, StrG NdS, § 38/21; Steinberg, Nachbarrecht, Rd. 92; König/Meins, BayVwVfG, Art. 76/40; Fickert, StrR NW, § 39/27 f., will Änderungen zumindest bzgl. UVP und geänderten Umweltstandards prüfen.

mit dem Argument als rechtens angesehen[361], eine umfassende Prüfung habe schon im Planfeststellungsverfahren stattgefunden und zum Zeitpunkt der Verlängerung läge schließlich ein bestandskräftiger Planfeststellungsbeschluss vor. Eine erneute Überprüfung bedeute zudem einen übermäßigen Verwaltungsaufwand, der im Vergleich mit einer Neubescheidung keine Erleichterung brächte. Damit aber wäre der Zweck einer Verlängerungsmöglichkeit verfehlt[362]. Ferner wird vertreten, nur solche offensichtliche Änderungen seien zu berücksichtigen, die ein Festhalten am Plan als unzweckmäßig erscheinen lassen[363].

4. Rechtsschutz

Rechtsschutz kommt sowohl im Hinblick auf das Außerkrafttreten des Planfeststellungsbeschlusses, als auch in Bezug auf die Verlängerungsentscheidung in Betracht. Da letztere -wie oben dargestellt- ein Verwaltungsakt i.S.d. § 35 VwVfG ist, können Drittbetroffene mit einer Anfechtungsklage gem. § 42 Abs. I, 1. Var. VwGO dagegen vorgehen. Aufgrund des nichtförmlichen Charakters der Verlängerungsentscheidung ist zuvor i.d.R. ein Widerspruchverfahren i.S.d. §§ 68 ff. VwGO zu durchlaufen. Dem Vorhabenträger steht dagegen die Möglichkeit einer Verpflichtungsklage nach § 42 Abs. I, 2. Var. VwGO offen, falls er die unrechtmäßige Versagung der Verlängerung behauptet.

---

[361] für verfassungswidrig befunden von Blümel, Grundrechtsschutz, S. 49 f., der hierfür eine Entscheidung des BVerwG, Urt. v. 18.12.1979, DöV 80, S. 645 f. zu § 35 Abs. I S. 4 WaffG heranzieht; ein Vergleich mit dieser Vorschrift erscheint jedoch fragwürdig, da § 35 WaffG zum einen nur schwerlich mit dem Fachplanungsrecht vergleichbar ist und zum anderen § 35 Abs. I S. 3 WaffG nicht das Erlöschen aufgrund Nichtgebrauchs anordnet, sondern die allgemeine Befristung des Waffenscheins.
[362] Ronellenfitsch, in Marschall, BFStrG, § 17/248, Fickert, StrR NW, § 39/27; VG Karlsruhe, Urt. v. 27.2.1980, DöV 1981, S. 232
[363] Dürr, in Kodal, Straßenrecht, Kap. 35/21.21

Derartige Klagearten scheiden dagegen hinsichtlich des bloßen Außerkrafttretens des Planfeststellungsbeschlusses aus, da der Planfeststellungsbeschluss nicht aufgrund einer Verwaltungsentscheidung, sondern kraft Gesetzes außer Kraft tritt. Vorhabenträger und Drittbetroffene können jedoch das Fortbestehen oder Außerkrafttreten des Planfeststellungsbeschlusses im Wege einer Feststellungsklage gem. § 43 VwGO klären lassen. Drittbetroffene haben darüber hinaus i.d.R. die Möglichkeit einer Unterlassungsklage gem. § 43 Abs. II i.V.m. § 40 Abs. I VwGO, falls das Vorhaben trotz Außerkrafttretens ausgeführt wird[364].

B) Rechtsstaatliche und individualrechtliche Erforderlichkeit einer Befristung mit *pauschaler* Erlöschensfolge bei Umsetzungsverzögerungen

Im Folgenden soll nunmehr zunächst isoliert nach der Verhältnismäßigkeit einer Befristung mit Außerkrafttreten des Planfeststellungsbeschlusses als Rechtsfolge sowie der Erforderlichkeit gerade eines *pauschalen* Erlöschens gefragt werden. Erst im Anschluss wird dann -im Fall der Bejahung- nach der verhältnismäßigen Ausgestaltung einer solchen Frist hinsichtlich Länge, Ansatzpunkt etc. zu fragen sein.

Um der praktischen Relevanz dieser Frage Nachdruck zu verleihen, sei schon an dieser Stelle festgehalten, dass Umsetzungsschwierigkeiten mit entsprechenden Verzögerungen bei planfestgestellten Vorhaben nicht die Ausnahme bilden. Wie schon in der Einleitung gezeigt, sind dies bei straßenrechtlichen Vorhaben vor allem finanzielle Probleme. Aber auch Grunderwerbs- und Vergabeschwierigkeiten sind nicht selten. Hinzu

---

[364] siehe zum Ganzen: Fickert, Planfeststellung, B PlafeR Erl. Nr. 32, Anm. 6; Kügel, in Obermayer, VwVfG, § 75/119 ff.

kommen unvorhergesehene Schwierigkeiten bei der baulichen Umsetzung. Erst nachträglich erkannte Wasseradern oder Gesteinsschichten können den Bau verzögern.

Bevor die Frage gestellt werden kann, wer das Risiko solcher Umsetzungsschwierigkeiten zu tragen hat, muss untersucht werden, ob es überhaupt schutzwürdige Interessen an einer Sanktionierung der Verzögerungen gibt. Stellen sich solche Interessen heraus, kann eine Risikoverteilung stattfinden, falls die betroffene Rechtsposition eine Abhängigkeit von möglichen Umsetzungsverzögerungen erkennen lässt. Ergibt die Risikoverteilung keine eindeutige Zuordnung, hat eine Abwägung der betroffenen Interessen und Rechtspositionen stattzufinden. Vorab sollen demnach -nach einer kurzen Beleuchtung der Situation außerhalb des Planfeststellungsrechts- die Interessen an der Planerhaltung dargestellt werden, um diese dann im Anschluss mit den gegenläufigen Positionen zur Abwägung bringen zu können.

I. Zeitlich begrenzte Umsetzungsmöglichkeit einer Genehmigungsentscheidung als allgemeine Rechtsfigur

Bei näherer Betrachtung des besonderen Verwaltungsrechts wird deutlich, dass es durchaus geläufig ist, Genehmigungsentscheidungen in ihrer Wirkungsdauer zeitlich zu begrenzen, falls nicht innerhalb eines bestimmten Zeitraumes von ihnen Gebrauch gemacht wird[365]. Im Gewerberecht kann sogar von einer allgemeinen Rechtsfigur der Befristung gesprochen wer-

---

[365] z.B. § 49 GewO, § 8 GaststättenG, §§ 21 Abs. II, 26 PBefG, § 3 Nr. 4 ApothekenG, § 11 Abs. V GSG, § 11 SprengstoffG, § 10 Abs. II WaffG; § 35 Abs. I KWG, § 18 Abs. I BImSchG, § 27 GenTG (einige der Gesetze sehen auch das Außerkrafttreten nach längerer Nutzungsunterbrechung vor); § 17 Abs. III Nr. 1 AtG sieht dagegen nur eine Aufhebungsmöglichkeit durch die Behörde vor.

den[366]. „Mutter" dieser Begrenzungsregelungen ist § 49 GewO von 1869, nach dessen Abs. I S. 2 die Genehmigung für bestimmte Gewerbe kraft Gesetzes erlöschen sollte, wenn nicht innerhalb eines Jahres mit der Umsetzung begonnen wurde. Eine Verlängerung der Fristen war gem. Abs. II möglich, soweit erhebliche Gründe nicht entgegenstanden[367].

Aber auch außerhalb des Gewerberechts sind solche Befristungen zu finden. Im Baurecht beispielsweise ist die Umsetzung von Baugenehmigungen befristet[368]. Sämtliche Befristungsregelungen werden in der Regel zum einen mit dem Argument möglicher nachträglicher Änderungen der Rechts- und Sachlage und zum anderen mit dem Argument der Verhinderung sog. „Vorratsgenehmigungen", wegen faktischer Hemmung von Konkurrenz und Verschonung der Verwaltungskapazitäten, begründet[369]. Der Grundsatz der unbeschränkten Wirkungsdauer eines Verwaltungsaktes, der in § 43 Abs. II VwVfG zum Ausdruck kommt, soll daher nicht gelten, wenn nicht innerhalb eines bestimmten Zeitraumes von der Konzession Gebrauch gemacht wird.

---

[366] Heß, in Friauf, GewO, Bd. II, § 49/26

[367] die heutige Fassung sieht Fristen von nur noch jeweils einem Jahr vor sowie die Verlängerungsmöglichkeit „aus wichtigem Grund"

[368] LBO: § 62 BW; § 97 Brem; § 71 Ham; § 99 Hess; § 77 NdS; § 72 NW; § 71 RP; § 71 SH; Art. 84 Bay

[369] zu § 18 BImSchG: Jarass, BImSchG, § 18/2; ders., WirtVerwR, §9/78; Feldhaus, BImSchR, § 18 BImSchG, S. 3; Hansmann, in Landmann/Rohmer, UmweltR Bd. I, § 18 BImSchG, Rd. 2
zu LBOen: Schlotterbeck/von Arnim, LBO BW, § 61/6; Schlez, LBO BW, § 62/2; Sauter, LBO BW, § 62/1;
Gädtke, LBO NW, § 72/1 u. 5; Simon, Bay BauO, Art. 84/1; BVerwG, Urt. v. 22.2.1991, NVwZ 1991, S. 984 (986) zu § 88 RP BauO (1961)
zu § 49 GewO: Heß, in Friauf, GewO, Bd. II, § 49/4; Odenthal, Erlöschen, GewArch 1994, S. 48 (49); Ambs, in Erbs/Kohlhaas, Strafr. NGe, G 59, § 49/1; so schon Gesetzesbegründung zur Gewerbeordnung für den norddeutschen Bund vom 21.6.1869 (BGBl. S. 245), StB III 120, StB I 438, StB II 1091 ff.; abgedruckt auch bei: Landmann, Kommentar zur Gewerbeordnung, Band I, 6. Aufl., München 1911
zu § 10 WaffG: Steindorf, in Erbs/Kohlhaas, Strafr. NGe, W 12, § 10/6
zu § 8 GaststättenG: Michel/Kienzle, GaststättenG, § 8/1; BVerwG, Beschl. v. 26.5.1987, NVwZ 1987, S. 1081 = GewArch, 1987, S. 272
zu § 3 Nr. 4 ApG: BVerwG, Urt. v. 20.6.1972, BVerwGE 40, 153 (155 f.)

Da diese Argumentationsstruktur -zwar nicht in den Gesetzesbegründungen[370], jedoch in Literatur[371] und Rechtsprechung[372]- auch zu den Befristungsregelungen im Planfeststellungsrecht fast durchgängig zu finden ist und sich offensichtlich um eine weit verbreitete Figur im Verwaltungsrecht handelt, stellt sich die Frage, ob nicht allein aufgrund dessen solche Befristungsregelungen auf das Planfeststellungsrecht übertragbar sind. Dies ist zu verneinen. Der bloße Verweis darauf, eine Reihe von Genehmigungsentscheidungen seien befristet und deshalb müsse auch der Planfeststellungsbeschluss befristet sein, kann im Hinblick auf die Differenziertheit der jeweils genehmigten Vorhaben, Anlagen, Einrichtungen, Nutzungen o.ä. nicht glücken. Denn selbst innerhalb des Gewerberechts ist nicht jede Konzession nach § 49 GewO befristet, sondern nur solche auf die oben genannte Argumentation zutrifft. In der heutigen Fassung sind dies nur Privatkrankenanstalten i.S.v. § 30 GewO, die gewerbsmäßige Zurschaustellung von Personen gem. § 33 a GewO und Spielhallen und deren ähnliche Gewerbe gem. § 33 i GewO. Alle drei Gewerbearten wirken sich besonders auf Nachbarrechte aus und bieten Gefahren für ihr Umfeld[373].

Es ist vielmehr zu untersuchen, ob die im Gewerberecht vorherrschende allgemeine Rechtsfigur überhaupt auf das Planfeststellungsrecht uneingeschränkt und mit gleicher Begründungstruktur übertragbar ist. So unterscheidet sich die Planfeststellung von der „einfachen" Gewerbekonzession nicht nur durch ihren Planungscharakter[374], sondern auch durch ihre

---

[370] siehe oben S. 66
[371] z.B. Dürr, in Knack, VwVfG, § 75/105; Laubinger, in Ule/Laubinger, VwVfR, § 43/7; Kopp/Ramsauer, VwVfG, § 75/34; ausführlich dazu noch unten, S. 111 ff.
[372] z.B. BVerwG, Urt. v. 24.11.1989, DVBl. 1990, S. 424 (426); BVerwG, Beschl. v. 23.12.1992, DöV 1993, S. 433 (436); VGH Mannheim, Urt. v. 10.6.1998, NuR 1999, S. 281; ausführlich dazu noch unten, S. 111 ff.
[373] Heß, in Friauf, GewO, Bd. II, § 49/4
[374] siehe zur Planungsentscheidung: Jarass, WirtVwR, § 9/17; Wahl, Genehmigung, DVBl. 82, S. 51 ff.; Hoppe, Planung und Pläne, in BVerfG-FG, S. 663 (688).; ders., HdStR, Bd. III, § 71/1ff.; ders., Die Zusammenstellung des Abwägungsmaterials, DVBl. 1977, S. 136 (143); Stern, Staatsrecht, Bd. II, S. 704; dazu auch schon oben S. 18 ff.

Mehrdimensionalität[375]. Zwar können auch bei einer Gewerbekonzession, wie beispielsweise einer Genehmigung nach § 4 BImSchG, neben den Interessen des Anlagenbetreibers und der Allgemeinheit, Individualinteressen Dritter betroffen sein, doch bleibt es hier bei einem „Interessendreieck"[376]. Im Recht der Planfeststellung können Dritte sowohl begünstigt als auch betroffen sein: begünstigt durch den Gemeinwohlbezug des Vorhabens, betroffen durch seine schädlichen Auswirkungen. Im Planfeststellungsrecht ist daher der Ausgleich eines Interessengeflechts erforderlich, dem in der Regel eine Vielzahl von mehrpoligen Interessen zugrunde liegt. Es handelt sich um ein polygonales Verwaltungsrechtsverhältnis[377].

Ferner kommt dem Planfeststellungsbeschluss im Gegensatz zur Gewerbekonzession und Baugenehmigung eine enteinungsrechtliche Vorwirkung zu. Auch diese Eigenschaft erfordert eine differenzierte Betrachtung. Einer einfachen Handhabung widerspricht des Weiteren der Aufwand für ein Planfeststellungsverfahren. Er ist mit dem einer Baugenehmigung nicht vergleichbar. Genauso verhält es sich mit der Durchführung der Vorhaben.

Eine Begrenzung der Geltungsdauer eines Planfeststellungsbeschlusses kann somit nicht mit der Existenz einer solchen im Gewerberecht und Bauordnungsrecht begründet werden. Diese Erkenntnis wird durch zahlreiche Gegenbeispiele anderer weiträumiger Planungsentscheidungen unterstützt, die keiner Befristung unterliegen. So ist z.B. ein Bebauungsplan unbefristet wirksam. Zwar ist die Rechtmäßigkeit dessen im Rahmen der Erforderlichkeit an die Voraussetzung „sobald" gem. § 1 Abs. III BauGB

---

[375] Gaentzsch, Bemerkungen zur Planerhaltung, DVBl. 00, S. 741 (743)
[376] Wahl/Hermes/Sach, Genehmigung, in Wahl, Prävention und Vorsorge, S. 217 (221); Wahl, Neues Verfahrensrecht, in Blümel/Pitschas, Reform des VwVfR, S. 83 (98), der zwar auch von „Mehrdimensionalität" spricht, aber dabei nur das Rechtsdreieck vom herkömmlichen Zweierverhältnis Staat/Bürger abgrenzen will; eine weitere Differenzierung nach Begünstigung und Belastung nimmt Wahl dagegen nicht vor.
[377] Schmidt-Aßmann, Verwaltungsverantwortung und Verwaltungsgerichtsbarkeit, VVDStRL 34 (1976), S. 221 (226); Steinberg, Komplexe Verwaltungsverfahren, DöV 82, S. 619 (620)

gebunden, doch wird dieser Zeitrahmen nicht mit einer Befristung sanktioniert. Es bleibt bei einer zeitlichen Begrenzung auf der Ebene der Erforderlichkeit, die sich nicht im konkreten Realisierungszeitraum widerspiegelt. Auch Bedarfspläne, Sanierungs- und Entwicklungssatzungen erfahren keine zeitliche Begrenzung ihrer Geltungskraft. Letztere sind zwar an eine „zügige Durchführung" gebunden. Eine Befristung der Satzungen ist dagegen nicht vorgesehen[378]. Ebenfalls unbefristet ist ein den Planfeststellungsbeschluss ersetzendes Gesetz[379].

Auch beim Vergleich des Rechts der Planfeststellung mit den angeführten Gegenbeispielen müssen mögliche Unterschiede Beachtung finden: Auch wenn ein Bebauungsplan im Einzelfall einen Planfeststellungsbeschluss ersetzen kann[380], so unterscheiden sich beide Rechtsfiguren in mehrerer Hinsicht. Zum einen ist eine Bebauungsplansatzung statt auf „Umsetzung" vielmehr auf „Geltung" angelegt[381]. Ein Bebauungsplan wird von der planenden Gemeinde auch nicht „durchgeführt". Die Gemeinde ist anders als der Vorhabenträger auf die Mitwirkung der jeweiligen Grundstückseigentümer angewiesen, die entsprechende Baugenehmigungen beantragen müssen, um das dem Bebauungsplan zugrundeliegende Fernziel zu verwirklichen. Durchführung wie auch Finanzierung unterscheiden sich daher vom Planfeststellungsrecht[382]. Zum anderen kommt dem Bebauungsplan i.d.R. keine enteignungsrechtliche Vorwirkung zu[383]. Zwar sind Baubeschränkungen über eine (nicht

---

[378] vgl. z.B. §§ 136 Abs. I, 146 Abs. III, 165 Abs. III Nr. 4 BauGB
[379] dazu: Isensee, HdStR IX, § 202/198 ff.; Blümel, Fachplanung durch Bundesgesetz (Legalplanung), DVBl. 1997, S. 205 ff.; Ronellenfitsch, Maßnahmegesetze, DöV 91, S. 771 ff.; Wolff/Bachof, VerwR, Bd. II, § 62/213 ff.; BVerfG, Beschl. v. 17.7.1996, NJW 97, S. 383 ff. zur Südumfahrung Stendal
[380] z.B. § 17 Abs. III FStrG, § 28 Abs. III PBefG; allgemein dazu: Fickert, Planung von Straßen – BB oder Planfeststellung?, Vortrag; Steinberg, Fachplanung, § 5/64 ff.; Kühling, Fachplanungsrecht, Rd. 223 ff.
[381] zu den Unterschieden: Stüer, Querschnitte, in Blümel-FS, S. 565 ff.; Dolde, Städtebauliche Enteignung, Sendler-FS, S. 236 ff.
[382] vgl. Neuhausen, in Brügelmann, BauGB, Bd. 5, § 144/10 b
[383] BVerfG, Beschl. v. 22.2.1999, NVwZ 99, S. 979 f.; BVerwG, Beschl. v. 11.3.1998, NVwZ 98, S. 845 f.; BVerwG, Beschl. v. 25.8.1997, NVwZ-RR 98, S. 483 f.; BVerwG, Urt. v. 21.2.1991,

akzessorische) Veränderungssperre nach § 14 BauGB möglich, doch unterliegen diese der zeitlichen Begrenzung nach § 17 BauGB.

Ähnlich verhält es sich mit Bedarfsplänen[384]. Auch sie sind raumbezogene Planungsentscheidungen, die in ihrer Geltungskraft keiner Befristung unterliegen. Doch fehlt ihnen neben der enteignungsrechtlichen Vorwirkung zusätzlich die Außenwirkung[385]. Auch der Vergleich mit einem den Planfeststellungsbeschluss ersetzenden Gesetz kann nicht fruchten, da die der Befristung zugrundeliegende Problemlage hier nicht gegeben ist: Eine Planung durch Gesetz erfolgt gerade aufgrund besonderer Eilbedürftigkeit des Vorhabens. Nur aus diesem Grund ist dieses beschleunigende Mittel der Planung durch Gesetz überhaupt mit dem Grundgesetz vereinbar. Verzögerungen in der Umsetzung bewegen sich daher hier eher im Bereich des Theoretischen. Einer Planung durch Gesetz fehlt es mithin schon am Bedarf nach einer Befristung ihrer Geltungsdauer.

Anders stellt sich die Situation bei Sanierungs- und Entwicklungssatzungen nach §§ 142 ff. bzw. §§ 165 ff. BauGB dar, auf die im Folgenden noch näher einzugehen sein wird. Zwar entfalten auch diese keine enteignungsrechtliche Vorwirkung, doch unterliegen die betroffenen Grundstückseigentümer weitgehenden Nutzungsbeschränkungen aus § 144 bzw. §§ 169 Abs. I Nr. 3 i.V.m. 144 BauGB. Weder diese Nutzungsbeschränkungen noch die Satzungen selbst sind jedoch in ihrer Geltungskraft zeitlich begrenzt. Genauso verhält es sich mit Umlegungsbeschlüssen, die gem. § 51 BauGB ebenfalls zeitlich unbegrenzt umfassend Nutzungsbeschränkungen auslösen.

NVwZ 1991, S. 873; dazu auch: Breuer, in Schrödter, BauGB, § 40/4; Dolde, Städtebauliche Enteignung, in Sendler-FS, S. 225 (226) m.w.N.; Stadler, Enteignung, S. 62 ff.

[384] Bedarfspläne gibt es für fernstraßen- und eisenbahnrechtliche Planungen
[385] BVerwG, Urt. v. 8.6.1995, E 98, 339; BVerwG, Urt. v. 20.5.1999, NVwZ 2000, S. 555, (556); BVerfG, Beschl. v. 8.6.1998, 1 BvR 650/97, Absatz-Nr. 1-22 (16), http://www.bverfg.de/; VGH Mannheim, Urt. v. 15.12.1987, VBlBW 1988, S. 299 (300)

Insgesamt kann somit festgehalten werden, dass sich ein pauschaler Rückschluss von der Befristetheit anderer Verwaltungsentscheidungen auf Planfeststellungsbeschlüsse verbietet. Wenn im Folgenden bei Einzelfragen auf diese anderen Konstellationen zurückzukommen sein wird, soll diese Grundaussage nicht in Frage gestellt werden. Vielmehr sollen Unterschiede und mögliche partielle Gemeinsamkeiten am speziellen Einzelproblem nochmals dargestellt werden, um Sinn und Zweck einer Befristung im Planfeststellungsrecht herauszuarbeiten.

II. Schutzwürdige Interessen und Rechtspositionen, die gegen eine Befristung mit pauschaler Erlöschensfolge sprechen

1. Erhaltungsinteresse des privaten Vorhabenträgers

An sich bedarf es keiner weiteren Erläuterung, dass der Vorhabenträger ein Interesse am Erhalt des Planfeststellungsbeschlusses auch bei Umsetzungsverzögerungen hat. Diesem Interesse käme in einer -möglicherweise notwendigen- Abwägung jedoch größeres Gewicht zu, wenn subjektiv-öffentliche Rechte des (privaten) Vorhabenträgers berührt sind.

Auch wenn der Vorhabenträger keinen Anspruch auf Erlass eines Planfeststellungsbeschlusses hat, so verleiht dieser ihm doch im Wege der Genehmigungswirkung das Recht, das planfestgestellte Vorhaben entsprechend der Zulassungsentscheidung zu verwirklichen[386]. Dem Vorhabenträger wird also ein subjektiv-öffentliches Recht verliehen, dessen Aufhebung an rechtsstaatliche Grundsätze gebunden ist. Dabei müssen vor allem Vertrauensgesichtspunkte berücksichtigt werden.

---

[386] Kopp/Ramsauer, VwVfG, § 75/5; Kügel, in Obermayer, VwVfG, § 75/10; Laubinger, in Ule/Laubinger, VwVfR, § 41/21

Unabhängig von der Frage, ob der Vertrauensschutz des Eigentümers bei Art. 14 GG oder dem Rechtstaatsprinzip gem. Art. 20 Abs. I, 28 Abs. I GG anzusiedeln ist[387], stellt sich das Problem, ob der Vorhabenträger überhaupt im Fall einer gesetzlichen Befristung des Durchführungsbeginns oder der vollständigen Durchführung auf den Bestand des Planfeststellungsbeschlusses vertrauen kann. Ein schutzwürdiges Vertrauen könnte erst dann anzunehmen sein, wenn das Vorhaben innerhalb der Frist begonnen bzw. ausgeführt wurde. Die Befristung könnte demnach dem Planfeststellungsbeschluss von vornherein immanent sein[388], so dass jegliches Vertrauen bis zur Erfüllung der Voraussetzungen ausgeschlossen ist. Dem steht allerdings die regelmäßige Funktion der Planfeststellung, einem Dauerzweck zu dienen, entgegen[389]. Im Unterschied zu einer befristeten Genehmigungsentscheidung, d.h. einer Genehmigung, die nur auf Zeit erteilt wird, bei der Investitionen nicht im Vertrauen auf dauerhaften Bestand der Genehmigung getätigt werden können, soll die Planfeststellung einen Dauerzustand schaffen. Investitionen zur Umsetzung dieser Vorhaben erfolgen mithin immer im Vertrauen auf deren dauerhaften Bestand. Eine Ausnahme ist nur dann zu machen, wenn die Investition erst knapp vor Ablauf der Frist getätigt wird, obwohl die Fristsäumnis schon absehbar ist. In der Regel werden diese Fälle jedoch die Ausnahme bilden.

Unabhängig von Vertrauensgesichtspunkten ist das Erlöschen des Planfeststellungsbeschlusses in jedem Fall an das aus dem Rechtsstaatsprinzip resultierende Übermaßverbot gebunden[390]. Ein weiteres Gewicht im Rahmen einer Abwägung käme den Interessen des Vorhabenträgers dann zu, wenn darüber hinaus Grundrechte des Vorhabenträgers betroffen sind.

---

[387] dazu: Leibholz/Rinck, GG, Art. 14/21 u. 20/1546; Wendt, in Sachs, GG, Art. 14/74 m.w.N.
[388] vgl. Papier, in Maunz/Dürig, GG, Art. 14/105
[389] Zeitler, in Sieder/Zeitler, WHG, § 31/397
[390] i. Allg. so auch: Herzog, in Maunz/Dürig, GG, Art. 20, Abschn. VII, Rd. 72; Sachs, GG, Art. 20/146 m.w.N.

1.1. Vorhabenträger als Grundstückseigentümer - Eingriff in die von Art. 14 Abs. I S. 1 GG geschützte Baufreiheit?

Wegen seiner Bedeutung für die menschliche Existenz kommt der Eigentumsgarantie elementare Bedeutung zu. Sie hat dem Einzelnen einen Freiraum im vermögensrechtlichen Bereich zu sichern, um ihm eine eigenverantwortliche Gestaltung des Lebens zu ermöglichen[391]. Die Eigentumsgarantie ist mithin durch Privatnützigkeit gekennzeichnet, so dass dem Eigentümer grundsätzlich eine umfassende eigentumsmäßige Handlungsfreiheit zukommt[392]. Zu dem verfassungsrechtlich gewährleisteten Eigentum i.S.d. Art. 14 Abs. I S. 1 GG gehört auch das Grundeigentum[393] mit dem essentiellen Bestandteil der baulichen Nutzbarkeit[394]. Diese sog. Baufreiheit ist jedoch nicht grenzenlos gewährleistet. Aus Art. 14 Abs. I S. 2 GG ergibt sich die „Normgeprägtheit" des Schutzbereichs[395]. Grundsätzlich sind nur solche Nutzungen des Grundeigentums geschützt, die sich im Rahmen des materiellen Baurechts bewegen[396].

Auch der Vorhabenträger, der zugleich Eigentümer des für das Vorhaben beplanten Grundstücks ist, genießt demnach Baufreiheit. Es fragt sich jedoch, ob die Baufreiheit auch gerade eine solche Nutzung, nämlich die Errichtung eines planfeststellungsbedürftigen Vorhabens, mit umfasst. Gegen eine solche Annahme könnten die von dem Vorhaben betroffenen wichtigen Gemeinschaftsgüter sprechen. So ist zumindest dort die Baufreiheit zu verneinen, wo einzelne Grundstücksnutzungen vom Schutzbereich des Eigentums zugunsten einer eigenständigen öffentlich-rechtlichen Benutzungsordnung ganz ausgeschlossen sind, wie beispielsweise im Wasser-

---

[391] BVerfG, Beschl. v. 16.3.1971, E 30, 292 (334)
[392] vgl. BVerfG, Beschl. v. 7.7.1971, E 31, 229 (239); Beschl. v. 19.6.1985, E 70, 191 (201); Beschl. v. 25.5.1993, E 88, 366 (377)
[393] BVerfG, Beschl. v. 19.6.1985, E 70, (191) 199; BVerfG, Beschl. v. 8.4.1998, E 98, 17 (35)
[394] Papier, in Maunz/Dürig, Art. 14/58
[395] Schoch, Rechtliche Konsequenzen, in Boujong-FS, S. 655 (659)
[396] Nüßgens/Boujong, Eigentum, S. 22 u. 24; allgemein: BVerfG, Beschl. v. 17.11.1966, E 20, 351 (356); Urt. v. 18.12.1968, E 24, 367 (369)

recht[397]: Nach § 1 a Abs. III Nr. 2 WHG ist der hier interessierende Gewässerausbau nach § 31 WHG nicht von der Eigentumsfreiheit erfasst. Genauso verhält es sich im Bergrecht bzgl. bergfreier Bodenschätze i.S.v. § 3 Abs. III BBergG. In Bezug auf andere wichtige Gemeinschaftsgüter wie Boden oder Luft[398] sind gesetzlich festgeschriebene Ausklammerungen nicht zu verzeichnen. Ein derart reduziertes Grundeigentum wäre im Hinblick auf Art. 19 Abs. II GG auch bedenklich, da aufgrund regelmäßig notwendigen Umweltbezugs das Grundeigentum in die Nähe der Funktionslosigkeit geriete[399]. Die essentielle Baufreiheit befände sich in einem nahezu verfassungsfreien Raum[400]. Trotz Beeinträchtigung wichtiger Gemeinschaftsgüter ist die Baufreiheit somit m.E. zu bejahen, zumal i.d.R. erst der Betrieb die Gemeinschaftsgüter berührt. Zwar kann der Betrieb selbst nicht als von der Baufreiheit gedeckt angesehen werden[401], jedoch grds. die Errichtung einer planfeststellungspflichtigen Anlage. Dem widerspricht auch nicht, dass der Vorhabenträger nur einen Anspruch auf fehlerfreie Ermessensausübung hat und keinen Anspruch auf Erlass des Planfeststellungsbeschlusses. Dieser Umstand korrespondiert mit eben den wichtigen Gemeinschaftsgütern und Belangen Dritter, die durch ein derartiges Vorhaben berührt werden. Ist dies ausnahmsweise nicht der Fall, reduziert sich das Ermessen der Behörde jedoch auf Null, um der Baufreiheit des Vorhabenträgers genüge zu tun[402]. Seine Eigentümerbelange sind demnach zwar im Vergleich zu einer einfachen Baugenehmigung engeren Schranken unterworfen, doch sind diese nicht völlig unbeachtlich, wie dies im Wasserrecht der Fall ist.

---

[397] BVerfG, Beschl. v. 15.7.1981, E 58, 300 (339 u. 345)
[398] zur Diskussion der „Luftbenutzung" im Immissionsschutzrecht vgl.: Friauf, Bestandsschutz, WiVerw 89, S. 121 (134 f.); Zitzelsberger, Verfassungsrechtliche Fragen, GewArch 90, S. 153 (160); Schenke, Problematik des Bestandsschutzes, NuR 89, S. 8 (11); Jarass, BImSchG, 1. Aufl. (1983), vor § 4/5
[399] vgl. Friauf, Bestandsschutz, WiVerw 89, S. 121 (135)
[400] vgl. Leisner, in HdStR VI, § 149/104
[401] Engel, Planungssicherheit, S. 86
[402] BVerwG, Urt. v. 24.11.1994, DVBl. 95, S. 238; Groß, Anmerkung, DVBl. 95, S. 468; Laubinger, in Ule/Laubinger, VwVfR, § 41/18; Kopp/Ramsauer, VwVfG, § 72/41

Sind somit planfeststellungsbedürftige Vorhaben grds. von der Baufreiheit gedeckt, stellt eine Regelung über das Außerkrafttreten des Planfeststellungsbeschlusses -wie die Vorschriften über die Zulassungsbedingungen selbst- als actus contrarius eine Inhalts- und Schrankenbestimmung der Eigentumsfreiheit dar[403]. Nach der Regelung des Art. 14 Abs. I S. 2 GG ist die Eigentumsfreiheit grundsätzlich Beschränkungen durch den Gesetzgeber unterlegen. Um dem Rechtsstaatsgebot zu genügen, bedarf die Beschränkung jedoch einer verhältnismäßigen Rechtfertigung durch überwiegende öffentliche Interessen. Die Einschränkung muss ein ausgewogenes Verhältnis zwischen öffentlichen und privaten Belangen widerspiegelt, damit die Belastungen letztlich zumutbar sind. Dabei müssen die Gründe für einen Eingriff um so schwerer wiegen, je stärker sich der Eingriff auf die Eigentumspositionen auswirkt[404].

1.2. Substrat der Zulassungsentscheidung als Eigentumsobjekt – Abgrenzung Bestands- und Vertrauensschutz

Einen weitergehenden Schutz könnte dem Vorhabenträger zukommen, wenn schon die *geplante* Anlage als Substrat der Zulassungsentscheidung den Schutz des Art. 14 Abs. I S. 1 GG in der Eigenschaft eines Sacheigentums genießen würde. Die Eigentumsgarantie schützt jedoch nur bestehendes, nicht zukünftiges Eigentum[405]. Solange die Errichtung wie vorliegend nicht erfolgt ist, scheidet dahingehend ein Eingriff in Art. 14 Abs. I S. 1 GG aus.

Zu Fragen bleibt jedoch, ab wann ein Bestandsschutz genießendes Sacheigentum vorliegt. Erst mit Vollendung der Anlage, oder schon mit nur teil-

---

[403] vgl. BVerwG, Urt. v. 22.2. 1965, NJW 65, S. 1195 (1196)
[404] BVerfG, Beschl. v. 12.1.1967, E 21, 73 (86); Beschl. v. 14.7.1981, E 58, 137 (148); Beschl. v. 10.2.1987, E 74, 203 (213 f.)
[405] BVerfG, Urt. v. 20.4.1966, E 20, S. 31 (34); BVerfG, Urt. v. 18.5.1988, E 78, S. 205 (211)

weiser Ausführung? Wäre Letzteres der Fall, könnte mit Beginn der Ausführung dem Eigentumsschutz des Vorhabenträgers größeres Gewicht zukommen, da die schon errichteten Teile Bestandsschutz genießen würden. Das aufgrund einer Genehmigungsentscheidung Geschaffene kann nur dann in eine Eigentumsposition erwachsen, wenn es entsprechend der Genehmigung errichtet wird. Dies begründet sich aus der Baufreiheit als Ursprung des Bestandsschutzes[406]. Diese ist an das materielle Recht gebunden. Ein „aliud" kann demnach genauso wenig eigentumsrechtlichen Bestandsschutz genießen wie ein bloßer „Gebäudetorso". Denn genehmigt ist nur das vollständige Vorhaben[407]. Bestandsschutz tritt somit nach ständiger Rechtsprechung erst ein, wenn das Vorhaben entsprechend der Zulassungsentscheidung „im Wesentlichen" fertiggestellt ist und seine Nutzung möglich ist[408]. Nimmt der Vorhabenträger zwischenzeitlich von Teilen seines Vorhabens Abstand, ist ein Antrag auf Planänderung nach § 76 VwVfG zu stellen. Teilausführungen genießen mithin noch keinen Bestandsschutz, so dass sich der Vorhabenträger bis zur Vollendung zunächst nur auf die Verletzung seiner Baufreiheit berufen kann.

Zu einem anderen Ergebnis könnte die Figur der eigentumskräftig verfestigten Anspruchsposition führen[409]. Der Begriff der eigentumskräftigen Verfestigung wird verschiedentlich verwendet[410]. Während vereinzelt Baugenehmigungen selbst darunter subsumiert werden[411], sehen andere eine Verfestigung in der Tätigung wirtschaftlich relevanter Positionen *aufgrund*

---

[406] Friauf, Bestandsschutz, WiVerw 89, S. 121 (129)
[407] vgl. dazu BVerwG, Beschl. v. 22.2.1965, NJW 65, S. 1195 f.
[408] BVerwG, Urt. v. 22.1.1971, BRS 24, Nr. 193; BVerwG, Beschl. v. 22.2.1965, NJW 65, S. 1195 f.; OVG Münster, Urt. v. 2.12.1987, NVwZ 88, S. 942 (943 f.); vgl. auch Kimminich, in BK, Art. 14/83, wonach ein Gewerbebetrieb erst nach deren Einrichtung Bestandsschutz genießt, da andernfalls eine bloße, von Art. 14 Abs. I S.1 GG nicht erfasste Aussicht vorläge.
[409] BVerwG, Urt. v. 27.1.1967, E 26, 111 (116 f.); Urt. v. 14.11.1975, DöV 1976, S. 204 (205); BVerwG, Urt. v. 16.4.1980, S. 181 (182); dazu auch: Nüßgens/Boujong, Eigentum, Rd. 54 ff.; Papier, in Maunz/Dürig, GG, Art. 14/87 ff.
[410] vgl. die Aufzählung bei Heinze, Entschädigung, in Blümel-FS, S. 155 (160)
[411] z.B. Ortloff, Zur Bindungswirkung, NVwZ 1983, S. 705 (708)

einer Genehmigung[412]. Der Ursprung dieser Figur liegt allerdings im Vorfeld einer Genehmigung. So kann sich nach der Rechtsprechung unter bestimmten Vorraussetzungen[413] ein bloßer, bisher nicht geltend gemachter Genehmigungs*anspruch* auf eine Eigentumsausübung selbst eigentumsrechtlich verfestigen. Im Hinblick auf die Baufreiheit soll demnach nicht jede eröffnete, aber (noch) nicht genutzte Eigentumsausübung wieder ohne weiteres entzogen werden können[414]. Gedacht ist hierbei vor allem an Festsetzungen in einem Bebauungsplan[415].

Ob ein solcher Ansatz auf die Genehmigung und deren Ausnutzung übertragen werden kann, erscheint zumindest im Rahmen einer von der Baufreiheit getragenen Zulassungsentscheidung zweifelhaft: Der ersten Ansicht ist entgegenzuhalten, dass die Baugenehmigung lediglich die Konkretisierung der schon von Verfassungs wegen gewährleisteten Baufreiheit darstellt[416]. Diese muss nicht erst einfachrechtlich verliehen werden[417]. Auch ist diese nicht nur eine potentielle Größe[418], die durch eine Baugenehmigung erst an Gewicht gewinnt. Die Baugenehmigung kann dem Inhaber mithin keine eigentumsrelevante Rechtsposition vermitteln, die er nicht sowieso über die von Art. 14 Abs. I S. 1 GG gewährleistete Baufreiheit schon innehat.

---

[412] so Kutscheidt, in Landmann/Rohmer, UmweltR I, 1 Vor § 4/28 mit Verweis auf Korbmacher, Ausgleich von Schäden, DöV 1974, S. 552 (558 f.), der allerdings wasserrechtliche Erlaubnisse und Bewilligungen behandelt, für die hinsichtlich ihrer eigentumskräftigen Verfestigung -wie noch im Folgenden zu zeigen sein wird- anderes gilt; darüber hinaus spricht Korbmacher von der „ausgenutzten" Nutzungsbefugnis !

[413] die fragliche Nutzung muss „in der Situation des Grundstücks in einer Weise angelegt sein, dass sie sich der darauf reagierenden Verkehrsauffassung als angemessen aufdrängt" [BVerwG, Urt. v. 14.11.1975, DöV 76, S. 204 (205)]

[414] das ergibt sich wie Papier, in Maunz/Dürig, GG, Art. 14/87, zurecht anmerkt schon aus der von Verfassungs wegen gewährleisteten Baufreiheit; eine Einstufung als „eigentumskräftig verfestigte Anspruchsposition" kann somit nur zur Folge haben, dass eine Aufhebung dann entschädigungsrechtlich anders zu bewerten ist (ob dabei wie Papier von einer Enteignung oder besser von einer ausgleichspflichtigen Inhalts- und Schrankenbestimmung auszugehen ist, kann hier dahinstehen)

[415] vgl. Wendt, Verfassungsmäßigkeit, DVBl. 78, S. 356 (358 ff.); Sachs, GG, Art. 14/45

[416] so die ganz herrschende Ansicht, wie z.B.: Wendt, in Sachs, GG, Art. 14/46; Nüßgens/Boujong, Eigentum, Rd. 39; Papier, in Maunz/Dürig, GG, Art. 14/58

[417] so die überholte Ansicht von Breuer, Bodenhaftung, S. 158 ff. u. 162 ff.

[418] so z.B. von Bryde, in von Münch/Kunig, GG, Art. 14/14

Die zweite Ansicht, die eine Verfestigung nach Investitionen aufgrund der Genehmigung annimmt, verkennt dagegen den eben erläuterten Zeitpunkt des Eintritts des Bestandsschutzes. Dieser ist erst in der wesentlichen Vollendung des genehmigten Vorhabens zu sehen und würde ausgehebelt, genügten wirtschaftlich relevante Positionen im Vorfeld -wie den Abschluss von Bauverträgen oder das Bestellen von Maschinen-, um eine eigentumskräftige Verfestigung anzunehmen. Sicherlich können Investitionen im Vorfeld -gerade im Fall der Planfeststellung- einen beträchtlichen Umfang einnehmen, doch ist kein Grund zu sehen, warum deshalb dem Genehmigungsinhaber hinsichtlich Art. 14 Abs. I S. 1 GG eine verstärkte Rechtsposition zukommen soll. Eine andere Ansicht liefe auf einen reinen, von der Eigentumsfreiheit nicht erfassten Vermögensschutz hinaus. Vielmehr sind solche Umstände im Rahmen der Verhältnismäßigkeit eines Außerkrafttretens zu berücksichtigen, falls die Investitionen in einem schutzwürdigen Vertrauen auf den Bestand des Verwaltungsaktes getätigt wurden. Bestandsschutz und bloßer Vertrauensschutz sind somit auseinander zu halten[419]. Zwar kann auch Bestandsschutz von Vertrauen auf das durch die Eigentumsausübung Geschaffene geprägt sein, doch Eigentumsschutz widerfährt dem Genehmigungsinhaber hier nicht aufgrund des Vertrauens, sondern ausschließlich aufgrund der geschaffenen Eigentumssubstanz -sei es Sacheigentum oder der eingerichtete und ausgeübte Gewerbebetrieb[420]. Erst durch die Schaffung einer selbstständigen Eigentumssubstanz kann ein über die Baufreiheit hinausgehender Schutz i.S.d. Art. 14 Abs. I S. 1 GG entstehen. Diese Ansicht vertreten letztlich auch solche Autoren, die in diesem Zusammenhang missverständlicherweise von einem „ins Werk setzen" sprechen[421]. Ein solches ist -im Gegensatz zum Begriff des

---

[419] vgl. Kutschera, Bestandsschutz, S. 171; Müller, Aufhebung, S. 86
[420] im Ergebnis so auch Kutschera, Bestandsschutz, S. 171
[421] z.B. Breuer, Bodennutzung, S. 184, der nach dem Zeitpunkt des „ins Werk setzen" offen lässt, ob eigentumsrechtliches Schutzobjekt die Genehmigung oder der *eingerichtete und ausgeübte Gewerbebetrieb* ist; auch Stober, Handbuch, S. 509, spricht von einer eigentumskräftigen Verfestigung der Genehmigung, wenn das Vorhaben „ins Werk gesetzt" ist, schreibt aber gleichzeitig, dass eine *noch nicht realisierte* Genehmigung keinen Schutz aus Art. 14 GG genieße und nur an den Vertrauenstatbestand gebunden sei; genauso Papier, in Maunz/Dürig, GG, Art. 14/417 („ins

Gebrauchmachens i.S.d. § 49 Abs. II Nr. 4 VwVfG- nicht schon in ersten Ausführungshandlungen zu sehen, sondern erst durch die Schaffung Bestandsschutz genießender Eigentumssubstanzen, sei es das konkret Geschaffene oder -wie auch vertreten wird- die ausgeübte Nutzbarkeit als solche[422]. Vorher erfährt der Genehmigungsinhaber lediglich Vertrauensschutz. Dieses Ergebnis entspricht auch den gesetzlichen Rücknahme- und Widerrufsregelungen der §§ 48 ff. VwVfG.

1.3. Der Planfeststellungsbeschluss als ein von Art. 14 Abs. I S. 1 GG geschütztes subjektiv öffentliches Recht?

Des Weiteren könnte der Planfeststellungsbeschluss selbst in den Schutzbereich des Art. 14 Abs. I S. 1 GG fallen. Die Notwendigkeit einer solchen Überlegung stellt sich jedoch -nach der hier vertretenen Ansicht- nur in den Fällen, in denen die Baufreiheit nicht betroffen ist[423]. Dies ist der Fall, wenn z.B. der Vorhabenträger nicht Eigentümer des beplanten Grundstückes ist oder die beabsichtigte Nutzung des Grundstücks, wie beim Gewässerausbau, nicht in den Schutzbereich des Art. 14 Abs. I S. 1 GG fällt. Aber auch hinsichtlich einer evtl. mitenthaltenen Betriebserlaubnis stellt sich diese Frage. Damit dies bejaht werden kann, müsste der Planfeststellungsbeschluss als ein subjektiv-öffentliches Recht in den Schutzbereich des Art. 14 Abs. I S. 1 GG fallen. Es sei vorausgeschickt, dass nur eine eingeschränkte Abhandlung erfolgen kann, da eine eingehende Behandlung dieses heftigst umstrittenen Problems den Rahmen dieser Arbeit sprengen würde.

Werk gesetzt...realisiert"); gleichzeitig wird im Rahmen von § 49 Abs. II Nr. 4 VwVfG von einem „ins Werk setzen" gesprochen: z.B. Kopp/Ramsauer, VwVfG, § 49/52

[422] ob sich der Bestandsschutz nach Ausübung auf das konkret Geschaffene oder die Nutzung als solche bezieht ist umstritten, kann im vorliegenden Zusammenhang jedoch offen bleiben; siehe dazu: Papier, Maunz/Dürig, GG, Art. 14/403 m.w.N.

[423] vgl. die Ausführungen auf S. 96 ff.

Während eine Mindermeinung die Einbeziehung von subjektiv-öffentlichen Rechten in den Schutzbereich des Art. 14 Abs. I S. 1 GG uneingeschränkt annimmt[424], verlangt die herrschende Ansicht, das Recht müsse ein Äquivalent eigener Leistung sein[425]. Zunächst erscheint auf den ersten Blick kein sachlicher Grund vorzuliegen, subjektiv-öffentliche Rechte im Unterschied zu privaten Rechtspositionen vom Eigentumsschutz des Art. 14 GG auszunehmen. Beide besitzen Vermögenswert; auch ein Planfeststellungsbeschluss, der nicht nur knappe Umweltressourcen zuteilt, sondern darüber hinaus dem Vorhabenträger gestattet in Rechte Dritter einzugreifen. Fielen aber jegliche subjektiv-öffentlichen Rechte in den Eigentumsschutz, wäre damit quasi eine Lähmung staatlichen Handelns verbunden. Mit jedem Genehmigungserlass beschränke sich der Staat selbst und könnte damit seiner Aufgabenerfüllung nur noch begrenzt nachkommen. Letztlich wäre er in einem „selbstgeschaffenen Geflecht eingeschnürt"[426]. Es müssen somit besondere Kriterien hinzukommen, damit einem subjektiv-öffentlichen Recht Eigentumsschutz nach Art. 14 Abs. I S. 1 GG zukommen kann.

Die Rechtsprechung stellt dabei vor allem auf zweierlei Kriterien ab: zum einen müsste der Rechtsposition Eigentumsqualität zukommen[427], und zum anderen müsste sich diese als Äquivalent eigener Leistung darstellen, wobei eine Mischleistung ausreiche, solange die Eigenleistung des Privaten nicht unerheblich sei[428]. Eigentumsqualität könnte dem Planfeststellungsbeschluss aufgrund seiner enteignungsrechtlichen Vorwirkung zukommen.

---

[424] Rittstieg, in AK, Art. 14/118; Feldhaus, Bestandsschutz, WiVerw 1986, S. 67; Dolde, Bestandsschutz, NVwZ 1986, S. 873 (874)

[425] Leitentscheidung des BVerfG, Urt. v. 11.10.1962, E 14, 288 (294); BSG, Urt. v. 19.3.1957, E 5, 40; Dürig, Der Staat, in Apelt-FS, S. 13ff; Weber, Öffentlich-rechtliche Rechtsstellungen, AöR 91 (1966), S. 382 ff.; Maurer, Allg. VerwR, § 26/44; Kutscheidt, in Landmann/Rohmer, UmweltR I, 1 Vor § 4/25; Ossenbühl, Staatshaftungsrecht, S. 155 ff.

[426] BVerfG, Urt. v. 1.7.1953, E 2, 380 (402); Friauf, Bestandsschutz, WiVerw 1989, S. 121 (133); Breuer, Bodennutzung, S. 181

[427] BVerfG, Beschl. v. 21.7.1955, E 4, 219 (241); Beschl. v. 23.6.1970, E 29, 22 (30); Beschl. v. 8.6.1977, E 45, 142 (170)

[428] BVerfG, Beschl. v. 8.6.1977, E 45, 142 (170); Urt. v. 6.6.1978, E 48, 346 (358); Urt. v. 28.2.1980, E 53, 257 (291)

Der Vorhabenträger könnte -als sei er Eigentümer des beplanten Grundstücks- befugt sein, auf das Grundstück zuzugreifen. Allerdings gestattet die von einem Planfeststellungsbeschluss ausgehende enteignungsrechtliche Vorwirkung gerade nicht den Zugriff, solange kein Enteignungsverfahren durchgeführt oder zumindest die vorzeitige Besitzeinweisung erfolgt ist.

Das Bundesverfassungsgericht begründete das Merkmal „Äquivalent eigener Leistung" mit dem Argument, entscheidendes Merkmal des Eigentumsbegriffs sei die eigenverantwortliche Leistung[429]. Hauptanwendungsfälle dieser Rechtsprechung sind Ansprüche sozialrechtlicher Natur, wobei hier zusätzlich auf die existenzielle Angewiesenheit abgestellt wird[430]. Unter der Voraussetzung der Eigenleistung muss im Fall öffentlich-rechtlicher Genehmigungen oder Erlaubnisse jedoch eine Äquivalenz verneint werden. Denn eigene Leistungen werden grds. erst *aufgrund* der Genehmigungsentscheidung erbracht. Einfache Genehmigungen und Erlaubnisse fallen demnach entsprechend der herrschenden Ansicht nicht unter Art. 14 Abs. I S. 1 GG[431]. Im Fall eines Planfeststellungsbeschlusses könnte sich insofern eine andere Situation bieten, als dass der Vorhabenträger schon im Vorfeld der Zulassungsentscheidung nicht nur Zeit, sondern auch Geld investieren muss. Neben der Übernahme der Verwaltungsgebühren hat er umfassende Planunterlagen vorzulegen, denen nicht selten kostspielige Gutachten

---

[429] BVerfG, Beschl. v. 20.6.1978, E 48, 403 (413)
[430] BVerfG, Urt. v. 28.2.1980, E 53, 257 (290 ff.); Urt. v. 16.7.1985, E 69, 272 (303)
[431] BGH, Urt. v. 27.9.1989, E 108, 364 (371); BayVGH, Urt. v. 20.11.1975, BayVBl. 1976, S. 497 f.; Arndt, in Steiner, Bes. VerwR, S. 718, Rd. 206; Schenke, Verfassungsrechtliche Probleme, DVBl. 76, S. 740 (747); Friauf, Bestandsschutz, WiVerw 1989, S. 121 (132 f.); Ossenbühl, Staatshaftungsrecht, S. 159; Weber, Öffentlich-rechtliche Rechtsstellung, AöR 91 (1966), S. 382 (401); Stober, Handbuch, S. 509; Jarass, in Jarass/Pieroth, GG, Art. 14/13; Kutscheidt, in Landmann/Rohmer, UmweltR I, 1 Vor § 4/25; Kutschera, Bestandsschutz, S. 170; offen gelassen: Sachs, GG, Art. 14/36; Bryde, in von Münch/Kunig, GG, Art. 14/30; a.A. Rittstieg, in AK, Art. 14/118; Feldhaus, Bestandsschutz, WiVerw 1986, S. 67; Dolde, Bestandsschutz, NVwZ 1986, S. 873 (874) mit Berufung auf die Nassauskiesungsentscheidung des BVerfG, Beschl. v. 15.7.1981, E 58, 300 (348 ff.), wo es sich aber zum einen um eine wasserrechtliche Erlaubnis und damit einen Spezialfall handelte (siehe dazu im Folgenden); zum anderen ist in dieser Entscheidung mit keinem Wort erwähnt, dass der Genehmigung an sich Eigentumsschutz zukommen soll.

zugrunde liegen. Auch wenn eine Gegenleistung im zivilrechtlichen Sinne auf öffentlich-rechtlicher Ebene nicht verlangt werden kann, so ist doch entscheidend, dass die aufgebrachte Eigenleistung -hier in Form von Zahlungen- für den Erwerb der Zulassung ausschlaggebend ist. Mit der Aufbringung von Zahlungen ist es allerdings im Fall des Planfeststellungsbeschlusses nicht allein und auch nicht im Wesentlichen getan. Entscheidende Voraussetzung eines Planfeststellungsbeschlusses ist vielmehr der Erlass desselben durch die Behörde. Zwischengeschaltet ist der weite Entscheidungsspielraum in Form der planerischen Gestaltungsfreiheit der Behörde. Erst wenn die Abwägungsentscheidung zugunsten des Vorhabenträgers ausfällt, kann die Zulassungsentscheidung ergehen. Der Erlass des Planfeststellungsbeschlusses ist somit im Wesentlichen unabhängig von den Zahlungen des Vorhabenträgers[432].

Ist das Kriterium der äquivalenten Eigenleistung für die Fälle der Genehmigungen und Erlaubnisse somit abzulehnen, stellt sich die Frage, ob womöglich aufgrund anderer Umstände einer Genehmigungsentscheidung Eigentumsschutz zukommen kann. Soll nicht die unmittelbare akzessorische Eigenleistung ausschlaggebend sein, könnte die nur mittelbare Leistung *aufgrund* der Genehmigung in Betracht kommen[433]. Mit dieser Fragestellung wäre wieder die Figur der eigentumskräftig verfestigten Anspruchsposition berührt. Eine solche Argumentation führe jedoch auch hier zu einer Aushebelung der Abgrenzung zwischen Bestands- und Vertrauensschutz. Bestandsschutz kann ein Vorhaben erst mit seiner wesentlichen Fertigstellung erlangen. Richtiges Bezugsobjekt für einen Eigentumsschutz ist dann allein die aufgrund der Genehmigung erstellte Anlage[434]. Vorher

---

[432] ein anderes Ergebnis ist dagegen im Fall von Emissionszertifikaten möglich (angeführt von Engel, Planungssicherheit, S. 87); zur Frage der Äquivalenz vorheriger Aufwendungen vgl. auch Zitzelsberger, Verfassungsrechtliche Fragen, GewArch 1990, S. 153 (160)
[433] so Kutscheidt, in Landmann/Rohmer, UmweltR I, 1 Vor § 4/28
[434] Kutschera, Bestandsschutz, S. 171; Bronnenmeyer, Widerruf, S. 173; Weber, Öffentlich-rechtliche Rechtsstellung, AöR 91 (1966), S. 382 (401); Ossenbühl, Staatshaftungsrecht, S. 159; dagegen für beides ab Errichtung/Ausübung des Genehmigten: Papier, in Maunz/Dürig, GG, Art. 14/107 ff.;

genießt der Vorhabenträger allein Vertrauensschutz und fällt nur dann in den Schutzbereich des Art. 14 Abs. I S. 1 GG, wenn er Eigentümer des beplanten Grundstücks ist[435].

Mit der Abgrenzung zum Bestandsschutz ist jedoch schon der Kern des Problems angesprochen. Genehmigungen und Erlaubnisse können nicht nur die Errichtung von Gebäuden oder Gewerbetrieben sowie deren Betrieb genehmigen, die ihrerseits nach deren Einrichtung den Eigentumsschutz des Art. 14 Abs. I S. 1 GG genießen. Sie können vielmehr auch reine Tätigkeiten oder Nutzungen erlauben, die auch bei deren Ausübung, für sich gesehen, nicht unter Art. 14 Abs. I S. 1 GG fallen, so z.B. Genehmigungsentscheidungen im Wasserrecht. Die wasserrechtliche Nutzung des Grundstücks ist -wie oben erwähnt- aus dem Schutzbereich des Art. 14 Abs. I S. 1 GG ausgeklammert. Diese Nutzung kann demnach nie unter eigentumsrechtlichen Bestandsschutz fallen, wenn nicht die Genehmigung selbst in den Schutzbereich des Art. 14 Abs. I S. 1 GG fiele. Um einem unbilligen Ergebnis zu begegnen, ist in diesen Fällen ausnahmsweise die Genehmigung selbst in den Schutzbereich mit aufzunehmen. Nicht jedoch als Kompensation für die Ausklammerung der Nutzung aus dem Schutzbereich[436], da insofern schon sachliche Gründe diese Entziehung rechtfertigen, sondern um auch diesen Genehmigungsinhabern Bestandsschutz eigentumsrechtlicher Art zukommen zu lassen, den sie an sich aufgrund der ihnen von Verfassungs wegen zukommenden Baufreiheit inne hätten. Um dem Gleichheitsgebot zu genügen, kann dieser Bestandsschutz, vermittelt durch die Genehmigung, jedoch ebenfalls erst dann einsetzen, wenn die genehmigte Nutzung ausgeübt wird. Vorher genießt auch dieser Genehmigungsinhaber lediglich Vertrauensschutz.

Aicher, Grundfragen, S. 330 f.; Jarass, BImSchG, vor § 4/4; offen gelassen: Breuer, Bodennutzung, S. 184
[435] vgl. schon dazu oben S. 98 ff., mit entsprechenden Verweisen
[436] so Kutschera, Bestandsschutz, S. 63 ff.

Insgesamt ist somit die Aufnahme von Genehmigungsentscheidungen einschließlich des Planfeststellungsbeschlusses in den Schutzbereich des Art. 14 Abs. I S. 1 GG abzulehnen. Nur ausnahmsweise -wie im Wasserrecht- kann die Genehmigungsentscheidung den Bestandsschutz der ausgeübten Nutzung vermitteln, wenn diese selbst an sich nicht von der Eigentumsfreiheit mitumfasst wird. Voraussetzung ist jedoch auch in diesen Fällen, dass das Genehmigte (bzw. Erlaubte oder Bewilligte) schon umgesetzt ist[437].

1.4. Unternehmerische Tätigkeit und Art. 12 GG

Das Erlöschen des Planfeststellungsbeschlusses kann die Berufsausübung beeinträchtigen, wenn das geplante Vorhaben der wirtschaftlichen Betätigung des Vorhabenträgers dienen sollte. Das gesetzlich angeordnete Außerkrafttreten weist in diesen Fällen eine berufsregelnde Tendenz auf, indem es die Ausübung des Berufes durch Errichtung und Betrieb des geplanten Vorhabens nicht zulässt. Dass der Planfeststellungsbeschluss gerade auch den Betrieb der Anlage gestattet[438], ist hierfür nicht Voraussetzung, da durch das Erlöschen der Errichtungsgenehmigung mittelbar auch der Betrieb der Anlage verhindert wird. Ein solcher mittelbarer Eingriff reicht für Art. 12 GG aus[439]. Es kann außerdem nicht darauf ankommen, dass der Vorhabenträger mangels errichteter Anlage diese auch noch nicht betreibt. Nach der überkommenen Dreistufenlehre steht ein solcher Eingriff jedoch auf unterster Ebene und kann damit im Rahmen der Verhältnismäßigkeit durch vernünftige Erwägungen überwunden werden[440]. Hier-

---

[437] hinsichtlich wasserrechtlicher Bewilligungen i.E. so auch Korbmacher, Ausgleich von Schäden, DöV 1974, S. 552 (558 f.)
[438] siehe dazu oben S. 22
[439] Gubelt, in von Münch/Kunig, GG, Art. 12/43
[440] BVerfG, Urt. v. 11.6.1958, E 7, 377; Beschl. v. 17.7.1961, E 13, 97; Beschl. v. 9.8.1995, E 93, 213 (235)

bei wird zu beachten sein, dass es dem Vorhabenträger nicht benommen ist, nochmals einen Antrag auf Planfeststellung zu stellen.

Anders stellt sich die Situation dar, wenn ausnahmsweise durch das Außerkrafttreten in die Berufswahl des Vorhabenträgers eingegriffen wird. Dies kann der Fall sein, wenn der Beruf gerade durch die Nutzung des geplanten Vorhabens geprägt wird. Denkbar wäre dies im Bereich des Atom- oder Abfallrechts. Ein solcher Eingriff wäre lediglich mit einer abstrakten Gefahr für die Allgemeinheit aufzuwiegen. Jedoch müsste der Unternehmer durch das Erlöschen gezwungen sein, seinen Beruf aufzugeben[441]. Dies wird in der Regel nicht der Fall sein, da der Vorhabenträger grundsätzlich in der Lage ist, einen erneuten Antrag auf Planfeststellung zu stellen.

2. Interessen der Allgemeinheit und Drittbegünstigter

Neben die Interessen des Vorhabenträgers treten die Interessen der Allgemeinheit und Drittbegünstigter, vor allem und gerade im Fall eines gemeinnützigen Vorhabens. Denn erst ein solches lässt den polygonalen und mehrdimensionalen Charakter[442] der Planfeststellung erkennen. Die Vielzahl der Interessen ist es, die das Planfeststellungsverfahren mit langjährigen Vorarbeiten zu einem komplizierten und aufwändigen Akt der Kompromissfindung macht. Der gefundene Interessenausgleich wäre verloren, fiele der Planfeststellungsbeschluss ohne weiteres nachträglichen Änderungen zum Opfer. Auch auf den Planfeststellungsbeschluss abgestimmte, z.B. länderübergreifende Planungen, würden dadurch behindert. Aber nicht nur die gefundenen Kompromisse verlangen nach einer Aufrechterhaltung,

---

[441] Engel, Planungssicherheit für Unternehmen, S. 81
[442] siehe schon oben S. 90 f.

auch die Investitionen im Hinblick auf Zeit[443], Kosten und Verwaltungskapazität[444]. Dies gebietet nicht zuletzt die Forderung nach Effizienz der Verwaltung[445]. So ist die Verwaltung gehalten zeitsparend zu arbeiten, um Verwaltungskapazität nicht überflüssigerweise zu binden und die Möglichkeit aktueller Reaktionen nicht auszuschließen[446]. Ob das Effektivitätsprinzip dabei selbst ein Rechtsprinzip mit Verfassungsrang darstellt[447], kann hier dahingestellt bleiben, da zumindest folgende weitere Aspekte nach effektiver Planung verlangen:

Zum einen ist es die Daseinsvorsorge, die dem Staat als zentrale Aufgabe zukommt und damit eine „unmittelbare Infrastrukturverantwortung" auslöst[448]. So bedeutet es einen Beschleunigungseffekt[449], wenn nicht das ganze aufwändige Verfahren nochmals durchgeführt werden muss[450]. Die Realisierung wichtiger Gemeinwohlprojekte wird damit zeitnaher ermöglicht und nicht durch die aufwändige Wiederholung des Verfahrens behindert. Gerade Infrastrukturvorhaben wie Verkehrsanlagen sowie Ver- und Entsorgungseinrichtungen verdienen im Hinblick auf den Wirtschaftsstandort Deutschland eine besondere Beachtung[451]. Eine Nichtdurchführung solcher

---

[443] siehe dazu oben S. 25 ff.
[444] VGH Mannheim, Urt. v. 12.9.1996, NuR 98, S. 202 (203); Wahl/Hermes/ Sach, Genehmigung, in Wahl, Prävention und Vorsorge, S. 217 (219); Gaentzsch, Bemerkungen zur Planerhaltung, DVBl. 00, S. 741 (749); Hoppe, Rechtsgrundsatz, S. 390 (418)
[445] dazu: Ossenbühl, Verwaltungsverfahren, NVwZ 82, S. 465 (468 f.); Ronellenfitsch, Beschleunigung, S. 111 f.; Breuer, Verfahrens- und Formfehler, in Sendler-FS, S. 357 (364)
[446] Kirchhof, Verwalten und Zeit, S. 15
[447] zur Diskussion: Leisner, Effizienz als Rechtsprinzip (1971); Schwarze, Administrative Leistungsfähigkeit, DöV 80, S. 581 ff.; Degenhart, Das Verwaltungsverfahren, DVBl. 82, S. 872 ff.; Steinberg, Komplexe Verwaltungsverfahren, DöV 82, S. 619 (620 ff.); Hoffmann-Riem, Effizienz als Herausforderung (1998); Eidenmüller, Effizienz als Rechtsprinzip (1998)
[448] Steiner, Beschleunigung der Planungen, in: Blümel/Pitschas, Reform der VwVfR, S. 152
[449] zur Beschleunigungsdiskussion siehe grundlegend: Bullinger, Beschleunigte Genehmigungsverfahren; ders., Aktuelle Probleme, DVBl. 92, S. 1463 ff.; Broß, DVBl. 1991, S. 177 ff.; Ronellenfitsch, Beschleunigung, Berlin 94
[450] Püttner/Guckelberger, Beschleunigung, JuS 01, S. 218 (220)
[451] Stich, Zum Wirtschaftsstandort Deutschland, WiVerw 94, S. 83 (93 ff.); Steinberg, Komplexe Verwaltungsverfahren, DöV 82, S. 619 (621)

Vorhaben kann darüber hinaus zu Umweltnachteilen führen und damit „soziale Kosten" verursachen[452].

Ferner sind es die Interessen Drittbegünstigter, d.h. aller Begünstigter neben dem Vorhabenträger, die nach einer Aufrechterhaltung des Planfeststellungsbeschlusses bzw. nach effektiver Verwaltungstätigkeit verlangen[453]. So schafft ein bestandskräftiger Planfeststellungsbeschluss einen Vertrauenstatbestand für Investitionen[454]. Dieses Vertrauen wiegt dabei angesichts des aufwändigen Verfahrens um so schwerer[455]. Darüber hinaus können mittelbar Begünstigte auch durch die ausbleibende Umsetzung des Vorhabens in ihren Grundrechten verletzt werden. Wird ein Betroffener beispielsweise durch die gegenwärtige Verkehrsführung in seiner Gesundheit beeinträchtigt, kann das Außerkrafttreten eines Plans zur Änderung der Verkehrsführung für ihn eine Verletzung seines Grundrechts aus Art. 2 Abs. II S. 1 GG bedeuten. Eine Verletzung des Art. 2 Abs. I GG ist darüber hinaus denkbar, wenn ein Grundrecht auf Mobilität anzuerkennen ist[456]. Allerdings wird den Begünstigten prinzipiell kein Anspruch auf Plangewährleistung zuerkannt[457], da dies zum einen dem grds. Bedürfnis nach Anpassungsfähigkeit des Planfeststellungsbeschlusses widerspräche, und zum andern bedeute, dass sich das Abwehrrecht des Art. 2 Abs. II S. 1 GG zu einem reinen Leistungsrecht wandele[458]. Solche Interessen sind aber infolge der Schutzpflicht des Staates im Rahmen einer möglichen Aufhe-

---

[452] Rombach, Faktor Zeit, S. 150 f.
[453] dazu zählt auch ein vom Vorhabenträger unterscheidender, künftiger Betreiber der geplanten Anlage im Fall öffentlicher Vorhabenträgerschaft
[454] Hoppe, Rechtsgrundsatz, S. 390 (418); ders., Die materiellen Anforderungen, in Ule-FS, S. 75 (87); ders., Planung und Pläne, FG 25 Jahre BVerfG, Bd. I, S. 663 (700); Blanke, Vertrauensschutz, S. 282; Stern, Staatsrecht, Bd. II, § 40, IV 6
[455] vgl. Gaentzsch, Bemerkungen zur Planerhaltung, DVBl. 00, S. 741 (742)
[456] Ronellenfitsch, Verkehrsmobilität, JöR 44 (1996), S. 167 ff.; Bethge, Der Grundrechtseingriff, VVDStRL 57, S. 7 (22 f.); vgl. auch Sendler, Buchbesprechung, DVBl. 97, S. 629
[457] zur Diskussion eines Plangewährleistungsanspruchs vgl.: prägend Ipsen, Staatliche Intervention, VVDStRL 11 (1953), S. 111 (129 u. 139 f.); Hoppe, HdStR III, § 71/80 ff. u. 98; Ossenbühl, Gutachten, S. 196 ff.; Maurer, Allg. VerwR, § 16/26 ff.; Korbmacher, Plangewährleistung, WiVerw 79, S. 37 ff.; Blanke, Vertrauensschutz, S. 278 ff.; Breuer, Bodennutzung, S. 185 ff.
[458] vgl. VG Darmstadt, Urt. v. 16.4.1997, NVwZ-RR 98, S. 281 (282)

bungsentscheidung[459], und damit auch bei einer hier vorzunehmenden Interessenabwägung, mit zu berücksichtigen.

3. Zwischenergebnis

Die Darstellung hat gezeigt, dass umfassende Planerhaltungsinteressen grundsätzlich für eine unbefristete Geltungsdauer des Planfeststellungsbeschlusses sprechen. Im Folgenden sind diese jedoch mit den Gegeninteressen in Abwägung zu bringen.

III. Abwägung mit schutzwürdigen Interessen und Rechtspositionen, die nach einer Befristung mit pauschaler Erlöschensfolge verlangen

1. Verhinderung sogenannter Vorratsplanfeststellung

Ein verbreitetes Argument für die Begrenzung der Geltungsdauer von Planfeststellungsbeschlüssen ist die Verhinderung sog. Vorratsplanfeststellungen[460]. Wenn auch vereinzelt von „Planung auf Vorrat"[461] oder „Vorratsplanung"[462] gesprochen wird, ist wohl in allen Fällen das „vorrätige Sammeln" eines Planfeststellungs*beschlusses* gemeint. Wann

---

[459] BVerwG, Urt. v. 14.9.1992, E 91, 17 (23)
[460] Dürr, in Knack, VwVfG, § 75/105; Laubinger, in Ule/Laubinger, VwVfR, § 43/7; Kopp/Ramsauer, VwVfG, § 75/34; Bonk/Neumann, in Stelkens/Bonk/Sachs, VwVfG, § 75/75; Meyer/Borgs-Maciejewski, VwVfG, 2. Aufl. (1982), § 75/22; Steinberg, Fachplanung, § 5/24; Lorenz, StrG BW, § 38/52; Wolf/Bachof, VerwR, Bd. II, § 62/210; Böhm, HessStrG, 3. Aufl. (1989), § 34/zu Abs. V; Hoppe/Schlarmann, Planerische Vorhabengenehmigung, S. 112; Kunig/Paetow, KrW-/AbfG, § 34/45; BVerwG, Urt. v. 24.11.1989, DVBl. 1990, S. 424 (426); BVerwG, Beschl. v. 23.12.1992, DöV 1993, S. 433 (436); VGH Mannheim, Urt. v. 10.6.1998, NuR 1999, S. 281; OVG NW, Urt. v. 11.5.1981, -9 A 1100/80- (unveröffentlicht), S. 8; OVG RPf, Urt. v. 2.10.1984, DVBl. 1985, S. 408
[461] Laubinger, in Ule/Laubinger, VwVfR, § 43/7; Lorenz, StrG BW, § 38/52
[462] BVerwG, Urt. v. 24.11.1989, DVBl. 90, S. 424 (426); Dürr, in Knack, VwVfG, § 75/105; BVerwG, Beschl. v. 23.12.1992, DöV 93, S. 433 (436); Hoppe/Schlarmann, Planerische Vorhabengenehmigung, S. 112

jedoch von einer solchen Vorratsplanfeststellung ausgegangen werden kann und warum diese unzulässig sein soll, wird gar nicht bzw. nur sehr vereinzelt erläutert.

1.1. Zum Begriff „Vorratsplanfeststellung"

Dem Wortlaut folgend, ist unter einer Vorratsplanfeststellung das zeitliche Hinausschieben der Realisierung des planfestgestellten Vorhabens zu verstehen. Dabei kann die Hinhaltung freiwillig erfolgen, obwohl die Umsetzung objektiv schon möglich ist, oder unfreiwillig, weil die Umsetzung objektiv noch nicht möglich ist. Letztere Fälle können als „Schubladenplanungen für bessere Zeiten" bezeichnet werden[463]. Im entferntesten Sinne kann auch eine „Planung um ihrer Selbst willen" unter „Vorratsplanung" subsumiert werden. Das sind Planfeststellungen für Vorhaben, die subjektiv nie realisiert werden sollen[464].

Nicht jedes zeitliche Hinausschieben kann jedoch auch eine unzulässige Vorratsplanfeststellung darstellen[465]. Zum einen ist schon aus praktischen Gründen ein Hinausschieben der Realisierung des Vorhabens unumgänglich, da zahlreiche Vorbereitungshandlungen durchzuführen sind[466]. Daneben sind in der Regel langwierige Gerichtsverfahren zu bestreiten. Zum anderen gebietet auch der Planungscharakter der Planfeststellung die Zulässigkeit einer vorsorgenden Zukunftsplanung. Eine frühzeitige „Sperrung" von Grundstücken muss demnach in Grenzen zulässig sein, um eine

---

[463] Ronellenfitsch, BT-Protokoll 14/51//14/73, S. 54
[464] vergleichbar mit der sog. Negativplanung im Bauplanungsrecht; vgl. auch Ronellenfitsch (Fn. 463)
[465] dies wird letztlich durch die den gesetzlichen Befristungsregelungen zugrundeliegende zulässige Zeitspanne deutlich; so auch BVerwG, Urt. v. 24.11.1989, DVBl. 90, S. 424 (425) und die Begründung zu § 61 Abs. II EVwVfG (1963), Musterentwurf, S. 223: „Vorrats- oder Schubladenpläne, die nicht alsbald ausgeführt werden sollen, sind im Interesse langfristiger Planungen nicht zu vermeiden."
[466] siehe dazu oben S. 34 f.

vernünftige Planung betreiben zu können. Dies bezeugen letztlich Instrumente wie die Veränderungssperre[467].

Da das Hinausschieben der Realisierung des Vorhabens somit grundsätzlich zulässig sein muss, stellt sich die Frage, warum es lediglich in einem gewissen Zeitrahmen zulässig sein soll.

1.2. Vorratsplanfeststellung als eigenständige Begründung für eine Befristung überhaupt denkbar?

An dieser Fragestellung lässt sich unschwer erkennen, dass mit dem Argument der Verhinderung von Vorratsplanfeststellungen das Grundproblem der Befristung von Planfeststellungsbeschlüssen an sich angesprochen ist. Die Zulässigkeit oder Unzulässigkeit einer solchen hängt also mit der Frage der Zumutbarkeit der zeitlichen Verzögerung für Betroffene, der Berücksichtigung nachträglicher Änderungen der Rechts- und Sachlage und nach allgemeiner Rechtssicherheit zusammen. Einzige Variation in dieser Argumentation ist das bewusste Hinausschieben der Realisierung. Die Vorratsplanfeststellung als Argument für die Befristung kann demnach nur dann Eigenständigkeit erlangen, wenn die Qualifikation der *bewussten* Verzögerung eine zusätzliche Begründung für eine Befristung zu liefern im Stande ist.

In der Literatur ist als Begründung zu lesen, mit der Vorratsplanfeststellung könnten erwartete Verschärfungen von Rechtsvorschriften absichtlich umgangen werden[468]. Die Möglichkeit nachträglicher Änderungen der Rechts- und Sachlage besteht jedoch unabhängig davon, ob der Antragsteller diese absehen kann oder nicht. Eine Unterscheidung zum eigenständi-

---

[467] a.A. Kukk, Nicht durchgeführte Planfeststellungsbeschlüsse, NuR 2000, S. 492 (493), der keinerlei Sicherungscharakter der Planfeststellung annehmen will
[468] Meyer/Borgs-Maciejewski, VwVfG, § 75/22

gen Untersuchungspunkt erübrigt sich damit, so dass die Verhinderung von Vorratsplanfeststellung mit einer solchen Begründung keine eigenständige Argumentationsgrundlage bilden kann.

Teilweise wird die Unzulässigkeit auch damit begründet, durch Vorratsplanfeststellungen könne Konkurrenz verhindert werden[469]. Welche Art von Konkurrenz hier jedoch gemeint ist, wird nicht deutlich. Dem Ursprung des Arguments folgend, gelangt man ins Gewerberecht[470]. Die Einführung von Befristungsregelungen im Gewerberecht wurde -wie oben erwähnt- teilweise damit begründet, durch die Existenz von Konzessionen, von denen nicht alsbald Gebrauch gemacht wird, werde die Konkurrenz abgeschreckt, „ohne dass dem Publikum der Vorteil des Gewerbes zugute käme"[471]. So werde der Wettbewerb beeinträchtigt, indem andere Mitbewerber von der Antragsstellung auf Konzessionserteilung abgehalten würden[472]. Vorratsgenehmigungen sollten somit aufgrund der Verhinderung wirtschaftlicher Konkurrenz nicht zulässig sein[473].

---

[469] Kopp/Ramsauer, VwVfG, § 75/34; Böhm, HessStrG, 3. Aufl. (1989), § 34/zu Abs. V
[470] wie schon erwähnt enthielten die Gesetzesbegründungen eine solche Argumentation nicht!
[471] Gesetzesbegründung zur Gewerbeordnung für den norddeutschen Bund vom 21.6.1869 (BGBl. S. 245), StB III 120, StB I 438, StB II 1091 ff.; abgedruckt auch bei: Landmann, Kommentar zur Gewerbeordnung, Band I, 6. Aufl., München 1911
[472] Odenthal, Erlöschen, GewArch 94, S. 48 (50); Heß, in Friauf, GewO, Bd. II, § 49/4 m.w.N.
[473] Bedeutung erlangte dieses Argument vor allem im § 8 GaststättenG von 1930. Alle Gaststättengewerbe sollten von dieser Vorschrift erfasst sein (in § 49 GewO von 1869 waren nur vereinzelte Gewerbekonzessionen von der Befristung betroffen), da das GaststättenG von 1930 eine sogenannte Bedürfnisprüfung vorsah. Danach durfte die Erlaubnis zum Betrieb einer Schankwirtschaft nur erteilt werden, wenn hierfür ein Bedürfnis nachgewiesen wurde (diese Regelung sollte der Bekämpfung des Alkoholmissbrauchs dienen). Die Ansiedelung weiterer Gaststätten war dadurch bei Existenz einer -auch noch nicht ausgeübten- Gaststättenkonzession rechtlich ausgeschlossen. Konkurrenz wurde somit abgehalten. Nachdem das BVerfG die Bedürfnisprüfung jedoch für verfassungswidrig erklärte (BVerfG, Urt. v. 15.12.1953, DVBl. 1954, S. 258; Urt. v. 14.12.1954, BVerwGE 1, 269), entfiel damit ein wichtiger Grund für die Befristung von Gaststättenkonzessionen (Robinski, Gewerberecht, Kap. 12/3.9; Odenthal, Gaststättenleistungen, GewArch 1985, S. 105; a.A.: Michel/Kienzle, GaststättenG, § 8, Fn. 1). Dennoch wird die Vorschrift heute, wie auch § 49 GewO, mit der *faktischen Möglichkeit* des Ausschlusses von Konkurrenz begründet, in dem andere Gewerbetreibende aufgrund der Existenz einer Gaststättenkonzession von einem entsprechenden Antrag abgehalten werden. „Konkurrenz verhindern" hat heute somit nur noch eine rein faktische Bedeutung (Ausnahmen: bei Luftverkehrsgenehmigungen, bei der Personenbeförderung im Linienverkehr und bei Taxen; hier ist die Entstehung von Konkurrenz rechtlich begrenzt).

Ob diese Begründung auch für die Unzulässigkeit eines absichtlichen Verschiebens des Umsetzungszeitpunktes eines planfestgestellten Vorhabens angeführt werden kann, erscheint fraglich. Angesichts der immer noch zahlenmäßig überlegenen öffentlich-rechtlichen Trägerschaften wird in diesen Fällen weniger um Mitbewerber im Hinblick auf das konkrete Vorhaben konkurriert, sondern vor allem um öffentliche Gelder. So ist beispielsweise auf dem Gebiet der Straßenplanung die Anmeldung von Straßenbauprojekten im Bundesverkehrswegeplan durch die Länder notwendig, woraufhin die Verteilung der Bundesmittel erfolgt. Die Länder könnten dadurch gehalten sein, möglichst frühzeitig Planfeststellungsverfahren einzuleiten, um in der Finanzplanung des Bundes Berücksichtigung zu finden. Dadurch könnte zwischen den Ländern eine Konkurrenz um Bundesmittel entstehen. Eine wirtschaftliche Konkurrenz im Sinne des Gewerberechts ist im Planfeststellungsrecht allenfalls bei privaten Vorhabenträger denkbar, jedoch auch nur dann, wenn dem Vorhaben wirtschaftliche Bedeutung zukommen soll, also beispielsweise bei einer Mülldeponie oder Kiesgrube, nicht jedoch bei der Planung eines privaten Fischteichs.

Neben einer finanziellen und wirtschaftlichen Konkurrenz kann hier ferner eine planende Konkurrenz in Betracht kommen. Durch frühzeitige Einleitung eines Planfeststellungsverfahrens kann abweichende private oder hoheitliche Planung verhindert werden. Grundstücke können so „gesperrt" werden[474]. Schon mit Antragstellung wird in der Regel eine akzessorische Veränderungssperre ausgelöst[475], so dass die Planung erheblich erschwerende Veränderungen der Grundstücke ausgeschlossen sind. Auf dem Gebiet gemeindlicher Planungshoheit könnte zudem eine Konkurrenz zu abweichenden Bebauungsplänen entstehen. So bilden Bebauungspläne und auch Flächennutzungspläne[476] Vorgaben für Planfeststellungsverfahren[477].

---
[474] Meyer/Borgs-Maciejewski, VwVfG, § 75/22
[475] siehe oben S. 29 f.
[476] vgl. § 7 BauGB, wonach eine Bindung entsteht, wenn dem Flächennutzungsplan nicht widersprochen wurde; Adressat des § 7 BauGB sind jedoch nur öffentliche Vorhabenträger

Durch frühzeitige Planfeststellung kann abweichende gemeindliche Planung verhindert werden, da diese bei der Aufstellung eines Bebauungsplans an einen vorher ergangenen, rechtskräftigen Planfeststellungsbeschluss gebunden ist[478].

Insgesamt könnte somit aus Gründen der Konkurrenz (sei es wirtschaftlich, finanziell oder auf Planungsebene) dem Argument der Verhinderung von Vorratsplanfeststellung in der Diskussion um die Befristung von Planfeststellungsbeschlüssen eine eigenständige Bedeutung zukommen.

1.3. Überprüfung der Brauchbarkeit des Arguments zur Begründung einer Befristung

Grundsätzlich wäre die Befristung des Planfeststellungsbeschlusses ein taugliches Mittel einer solchen Vorratsplanung zu begegnen. Die Fristsetzung veranlasst eine Signalwirkung dahingehend[479], das Vorhaben bis zu einem bestimmten Zeitpunkt umzusetzen bzw. mit der Durchführung zu beginnen. Allerdings könnte es dem Argument der Verhinderung von „Vorratsplanfeststellungen" aus rechtlichen und praktischen Gründen an Substanz fehlen. Zur Untersuchung der Tauglichkeit des Arguments ist im Folgenden zwischen öffentlichen und privaten Vorhabenträgern zu unterscheiden:

---

[477] Erbguth, Bauplanungsrecht, C, Rd. 68; dies gilt auch für sog. privilegierte Vorhaben nach § 38 BauGB, da diese zwar von der strikten Unterwerfung entbunden sind, doch sind die gemeindlichen Planungen oder Planungsabsichten sind in der Abwägung jedoch zu berücksichtigen: BVerwG, Urt. v. 9.11.1984, E 70, 242 (244); BVerwG, Urt. v. 18.5.1990, E 85, 155 (161); Kühling, Fachplanungsrecht, Rd. 192; Steinberg, Fachplanung, § 3/35

[478] Kühling, Fachplanungsrecht, Rd. 220, siehe hier auch zu den Ausnahmen dieses Grundsatzes; dazu auch: BVerwG, Urt. v. 16.12.1988, NVwZ 89, S. 655 ff.; BVerwG, Urt. v. 27.8.1997, NVwZ-RR 98, S. 290 ff.; Bonk/Neumann, in Stelkens/Bonk/Sachs, VwVfG, § 77/9

[479] vgl. Siegel, Verfahrensbeschleunigung, S. 214

a) Öffentliche Vorhabenträger

Zunächst zu den öffentlichen Vorhabenträgern, bei denen -wie eben festgestellt- wegen finanzieller oder planender Konkurrenz einer Vorratsplanfeststellung durch Begrenzung der Geltungsdauer des Planfeststellungsbeschlusses möglicherweise begegnet werden muss. Einer Befristung mit dieser Begründung bedarf es dann aber nicht, wenn andere Mittel zur wirksamen Lösung dieses Problems schon vorhanden sind:

Nach ständiger Rechtsprechung muss eine Planung „vernünftigerweise" geboten sein, um den durch einen Planfeststellungsbeschluss bewirkten Eingriff in Rechte Dritter rechtfertigen zu können[480]. Planungen, denen die objektive Realisierbarkeit oder der subjektive Wille zur Umsetzung fehlt, sind mangels Planrechtfertigung rechtswidrig, da Planfeststellungen Objektplanungen und nicht Angebotsplanungen darstellen[481]. „Planungen um ihrer Selbst willen" sind danach schon von Anfang an rechtswidrig, da ihnen der subjektive Wille zur Umsetzung fehlt. Genauso verhält es sich mit Planungen, deren Umsetzung aus tatsächlichen oder rechtlichen Gründen nie realisierbar ist. Weniger eindeutige Abgrenzungsfälle sind die Planungen für die zwar subjektiv der Wille zur Umsetzung gegeben ist, objektiv jedoch zum Zeitpunkt der Planfeststellung die Realisierung noch nicht gesichert ist. Die Realisierbarkeit basiert hier -wie in den meisten Fällen- auf einer Prognose[482]. Die Rechtsprechung legt in diesem Fall den (verlängerten) Geltungszeitraum eines Planfeststellungsbeschlusses als Maßstab zugrunde, so dass Realisierbarkeitsprognosen auf Planrechtfertigungsebene sich am Zeitrahmen für die Geltungsdauer zu orientieren haben. Eine Planung, die danach nicht mit ihrer Realisierung innerhalb dieses Zeitrahmens

---

[480] BVerwG, Urt. v. 24.11.1989, DVBl. 1990, S. 424 (425 f.); VGH Mannheim, Urt. v. 10.6.1998, NuR 99, S. 281 f.; BVerwG, Urt. v. 20.5.1999, NVwZ 00, S. 555 (558)
[481] BVerwG, Urt. v. 24.11.1989, DVBl. 90, S. 424 (Leitsatz); Kühling, Fachplanungsrecht, Rd. 279
[482] siehe oben S. 18 ff.

rechnen kann, sei „verfrüht" und damit unzulässig[483]. So kann zulässige von unzulässiger Vorratsplanfeststellung schon auf Planrechtfertigungsebene abgegrenzt werden. Mangels hinreichenden Realisierungsgrads ist Letztere von Anfang an rechtswidrig und damit aufhebbar.

Für die Verhinderung unzulässiger Vorratsplanfeststellung ist somit in den beiden genannten Fällen eine Begrenzung der Geltungsdauer nicht erforderlich. Dass die Rechtsprechung als Maßstab die Geltungsdauer heranzieht, verlangt nicht nach der tatsächlichen Existenz einer solchen[484]. Zwar könnten damit Prognosezeitraum und Geltungszeitraum zur Deckung gebracht werden[485]. Doch ist die Bemessung einer Erforderlichkeitsgrenze auch anhand abstrakter Maßstäbe möglich, wie es das Beispiel Bebauungsplan zeigt. Auch hier ist eine zeitliche Komponente auf Planrechtfertigungsebene zu prüfen („sobald", § 1 Abs. II BauGB), ohne dass der Bebauungsplan selbst befristet wäre[486]. Auch lässt das Bundesverwaltungsgericht in seiner Entscheidung vom 24.11.1989 es ausdrücklich offen, wie sich der tatsächliche Realisierungszeitraum bemisst. Es stellt lediglich auf den Prognosezeitrahmen auf Rechtfertigungsebene ab[487].

Eine andere Frage ist, ob eventuell aufgrund des weiten Prognosespielraums[488] und der eingeschränkten gerichtlichen Überprüfbarkeit der Prog-

---

[483] BVerwG, Urt. v. 24.11.1989, DVBl. 90, S. 424 (425); BVerwG, Beschl. v. 26.3.1998, -11 B 27.97-, S. 7 f.; VGH Mannheim, Urt. v. 10.6.1998, NuR 99, S. 281; BVerwG, Urt. v. 20.5.1999, NVwZ 00, S. 555 (558)
[484] so wohl Kukk, Nicht durchgeführte Planfeststellungsbeschlüsse, NuR 00, S. 492 (494)
[485] Wigginghaus, Rechtsstellung, S. 97
[486] vgl. VGH Mannheim, Urt. v. 16.11.2001, Az.: 3 S 605/01, -unveröffentlicht-, zum Bebauungsplan der Gemeinde Gemmrigheim für das Gelände des Kernkraftwerkes; da mit dem Abbau der Anlagen frühestens in 30 Jahren gerechnet werden konnte, sei die Planung der Gemeinde „auf unabsehbare Zeit" nicht realisierbar und damit mangels Erforderlichkeit rechtswidrig.
[487] siehe dazu schon oben S. 81 f.
[488] das BVerwG billigt der Planfeststellungsbehörde eine „optimistische Einschätzungsprärogative" zu (Urt. v. 24.11.1989, DVBl. 1990, S. 424 (426), dem angesichts schwieriger Vorhersagen im Bereich der Finanzierung durch öffentliche Mittel zuzustimmen ist (Mittelumschichtungen und/oder Sonderfinanzierungsprogramme erschweren eine gesicherte Prognose)

nose[489] eine Begrenzung der Geltungsdauer zu verlangen ist. Hierbei handelt es sich jedoch um das Problem des Prognoserisikos, das unabhängig von einem absichtlichen Hinauszögern entstehen kann. Es ist mithin im Rahmen der Untersuchung der Gewichtung nachträglicher Änderungen der Rechts- und Sachlage zu erörtern[490].

Übrig bleiben gleichwohl die Fälle, in denen der Vorhabenträger, trotz objektiv möglicher Umsetzung, selbige *willentlich* hinauszögert. Hier ist der Planfeststellungsbeschluss von Anfang an rechtmäßig. Bei öffentlichen Vorhabenträgern ist diese Fallvariante jedoch abwegig, da kein Grund der Verzögerung ersichtlich ist, ohne dass die öffentliche Hand nicht zugleich aus rechtsstaatlichen Gründen über § 77 VwVfG zur Aufgabe des Vorhabens gezwungen wäre.

Insgesamt kann somit festgestellt werden, dass im Fall öffentlicher Vorhabenträger das Argument der Verhinderung sog. Vorratsplanfeststellungen oder sogar einer Vorratsplanfeststellungspolitik[491] öffentlicher Trägerschaften nicht zur Begründung einer Befristung des Planfeststellungsbeschlusses herangezogen werden kann, da unzulässige Vorratsplanung entweder schon von Anfang an rechtswidrig und damit aufhebbar ist oder realistischerweise nicht vorkommt.

b) Private Vorhabenträger

Hinsichtlich „Schubladenplanungen für bessere Zeiten" und „Planungen um ihrer Selbst willen" ist die Betrachtung bei privaten Vorhabenträger in den Fällen nicht abweichend, in denen eine Prüfung der Planrechtfertigung

---

[489] BVerwG, Urt. v. 7.7.1978, E 56, 110 (121); BVerwG, Urt. v. 6.12.1985, E 72, 282 (286); Kügel, Der Planfeststellungsbeschluss, S. 129; Hoppe/Schlarmann, Rechtsschutz, Rd. 650; Nierhaus, Zur gerichtlichen Kontrolle, DVBl. 77, S. 19 (24); siehe dazu auch oben S. 18 ff.
[490] siehe unten ab S. 164 ff.
[491] so Steinberg, Fachplanung, § 5/24

stattfindet. Bei rein privatnützigen Vorhaben, die nach h.M. keiner solchen Prüfung unterliegen, sind aber auch die Planfeststellungsbeschlüsse rechtmäßig, deren Realisierbarkeit zum Zeitpunkt des Erlasses noch nicht hinreichend gesichert ist. Reine „Planungen um ihrer Selbst willen" entbehren jedoch auch ohne Prüfung einer Planrechtfertigung jeglicher rechtlichen Grundlage, da zumindest im Zeitpunkt des Planfeststellungsverfahrens der Wille zur Durchführung[492] -zu welchem Zeitpunkt auch immer- vorliegen muss. Andernfalls erließe die Behörde einen Verwaltungsakt, der sich sogleich nach § 43 Abs. II VwVfG erledige.

Einem privaten Vorhabenträger ist es somit theoretisch möglich die Realisierung des geplanten Vorhabens hinauszuschieben, ob unfreiwillig, da noch nicht realisierbar, oder freiwillig. Dadurch wäre diesem die Behinderung der wirtschaftlichen oder planenden Konkurrenz möglich.

Wirtschaftliche Konkurrenz im Fall rein privatnütziger Vorhaben ist bei der Planung eines Sportflughafens, einer Kiesgrube oder einer Seilbahn denkbar. Die Beispiele zeigen jedoch schon den Ausnahmecharakter dieser Fälle. Zumal private Vorhabenträger aufgrund der eigenen Finanzierung daran interessiert sind, ihr in das langwierige Planfeststellungs- und mögliche Gerichtsverfahren investierte Kapital sobald wie möglich gewinnbringend zu nützen. Jeder Zeitverlust wäre zugleich ein Kapitalverlust. Ist eine Umsetzung ihres Vorhabens somit tatsächlich und rechtlich möglich, ist es sehr unwahrscheinlich, dass der private Vorhabenträger allein zur Behinderung der Konkurrenz die Umsetzung seines Vorhabens hinauszögert. Zudem wird ein privater Vorhabenträger aufgrund des hohen wirtschaftlichen Risikos einen Antrag auf Planfeststellung erst stellen, wenn die Finanzierung des Vorhabens gesichert ist[493].

---

[492] dem widerspricht nicht der Umstand, dass nach Erlass keine Pflicht zur Umsetzung besteht: Bonk/Neumann, in Stelkens/Bonk/Sachs, VwVfG, § 74/22; Wigginghaus, Rechtsstellung, S. 80
[493] so auch Dolde, BT-Protokoll 14/51//14/73, S. 70

Planende Konkurrenz ist -ohne gleichzeitige wirtschaftliche Konkurrenz- beispielsweise im Fall der Planung eines privaten Fischteichs von entsprechendem Umfang denkbar. Die absichtliche Verhinderung planender Konkurrenz ist allerdings nur gegenüber hoheitlicher Planung möglich, da im Fall einer Enteignung gerade eine Planrechtfertigung wieder notwendig würde[494]. Bis ein Privater aber von einer geplanten gegenläufigen gemeindlichen Planung Kenntnis erlangt, liegt meistens ein Fall des § 33 BauGB (der hier mangels überörtlicher Bedeutung eines solchen Vorhabens Anwendung fände) oder eine Veränderungssperre nach § 14 BauGB vor. Auch die Absicht eines privaten Vorhabenträgers planende Konkurrenz zu verhindern, liegt somit eher im Bereich des Theoretischen.

1.4. Zwischenergebnis

Insgesamt erweist sich somit das Argument der Verhinderung von Vorratsplanfeststellung für die Begründung einer Befristung von Planfeststellungsbeschlüssen als wenig tauglich und damit vernachlässigbar. Einzelne extreme Ausnahmefälle können dabei nicht ins Gewicht fallen. Daran wird der Ursprung des Arguments deutlich, der nicht im Planfeststellungsrecht, sondern im Gewerberecht liegt, das von wirtschaftlicher Konkurrenz geprägt ist.

---

[494] siehe oben S. 14 f.

2. Belastungen unmittelbar Betroffener – Art. 14 GG und die zeitliche Begrenzung der Geltungsdauer

Unmittelbar Betroffene[495], d.h. diejenigen Grundstückseigentümer oder sonstige dinglich Berechtige[496], die zur Verwirklichung des Vorhabens enteignet werden sollen, sind durch die Existenz des Planfeststellungsbeschlusses Belastungen ausgesetzt, die im Hinblick auf Art. 14 GG eine zeitliche Begrenzung des Planfeststellungsbeschlusses erfordern könnten[497]. So heißt es in der amtlichen Begründung zur „Ursprungsnorm" planfeststellungsrechtlicher Befristungsnormen, § 17 Abs. VII FStrG (1953)[498]:

„Ein festgestellter Plan enthält zwar keine rechtliche Verfügungsbeschränkung hinsichtlich der von ihm betroffenen Grundstücke. Er kann jedoch **Einschränkungen der wirtschaftlichen Verwertungsmöglichkeit** zur Folge haben und sich bei **dauernder** Beschränkung **wie eine Enteignungsmaßnahme** auswirken..."

In der amtlichen Begründung zum § 71 Abs. IV VwVfG (1977) wird angeführt, durch die nicht alsbaldige Umsetzung des Vorhabens ergäben sich mittelbare Nachteile für die vom Plan betroffenen Grundstückseigentümer durch Schwierigkeiten bei z.B. Veräußerung, Vermietung oder Verpachtung der Grundstücke[499]. Daher sei ein Außerkrafttreten nach fruchtlosem Fristablauf erforderlich. In den Gesetzesbegründungen klingen somit un-

---

[495] begrifflich geprägt vom BVerwG, Urt. v. 26.3.1976, E 50, 282 (287); Urt. v. 9.3.1979, E 57, 297 (304)
[496] im Folgenden sollen der Übersicht halber die Grundstückseigentümer der Betrachtung zugrundegelegt werden; für sonstige dinglich Berechtigte gilt aber Entsprechendes
[497] so verbreitete Ansicht in Literatur und Rechtsprechung: Böhm, HessStrG, § 34/zu Abs. 5; Kopp/Ramsauer, VwVfG, § 75/34; Paetow in Kunig/Paetow/Versteyl, KrW-/AbfG, § 34/45; OVG RP, Urt. v. 2.10.1984, DVBl. 85, S. 408; Waldhausen, VwVfG NW, § 75/3; Giehl, BayVwVfG, Art. 75, S. 7; Dürr, in Knack, VwVfG, § 75/105; BVerwG, Urt. v. 24.11.1989, DVBl. 90, S. 424 (426); BVerwG, Urt. v. 20.5.1999, NVwZ 00, S. 555 (558); Laubinger, in Ule/Laubinger, VwVfR, § 43/7; Bonk/Neumann, in Stelkens/Bonk/Sachs, VwVfG, § 75/75
[498] Fernstraßengesetz vom 6.8.1953, BGBl. I/4248, S. 25
[499] BT-Drucks. 7/910, S. 90

terschiedliche Argumentationen an: nach der Begründung zum FStrG sind die Wirkungen des Planfeststellungsbeschlusses ausschlaggebend, die nicht zeitlich unbegrenzt zumutbar seien. Ab einem bestimmten Zeitpunkt sollen die schon ab Erlass des Planfeststellungsbeschlusses vorliegenden Belastungen infolge der spezifischen Wirkungen desselben nicht mehr hinnehmbar sein. Diese Begründung ist mithin unabhängig von möglichen Umsetzungsschwierigkeiten. Dagegen stellt die Begründung zum VwVfG auf die Belastungen infolge der sich nicht alsbald anschließenden Umsetzung ab. Verwertungsschwierigkeiten sollen erst mit den Umsetzungsverzögerungen einsetzen.

Eine im Hinblick auf Art. 14 GG erforderliche Befristung könnte sich somit schon aus den vom Planfeststellungsbeschluss ausgehenden Wirkungen ergeben. Als Wirkungen i.w.S. kommen dabei Nutzungsbeschränkungen durch Veränderungssperren, Anbauverbote oder eine vorzeitige Besitzeinweisung[500] in Betracht. Vor allem aber könnte die regelmäßig vom Planfeststellungsbeschluss ausgehende sog. enteignungsrechtliche Vorwirkung mit ihren Folgen nach zeitlicher Begrenzung verlangen. Diese Vorwirkung könnte selbst einen Eingriff in Art. 14 Abs. I GG bewirken, der nur zeitlich begrenzt hinnehmbar ist. Verwertungsschwierigkeiten könnten dagegen auch erst mit Einsetzen von Umsetzungsverzögerungen einen Eingriff in Art. 14 GG verursachen oder zumindest erst dann eine unzumutbare Belastung hervorrufen. Im Folgenden soll diesen Fragen, unter Ausklammerung der noch zu erörternden potentiellen, nachträglichen Änderung der Sach- und Rechtslage, nachgegangen werden.

---

[500] siehe dazu schon oben S. 29 f. u. 35

2.1. Ursachen und Schwere der Belastungen unmittelbar Betroffener – Eingriff in Art. 14 Abs. I S. 1 GG?

Um den Umfang der Belastungen, die von einer Planfeststellung für unmittelbar Betroffene ausgehen, bestimmen zu können, ist danach zu fragen, ab welchem Zeitpunkt solche vorliegen und wann diese einen Eingriff in Art. 14 Abs. I S. 1 GG bedeuten können.

Wie oben im Rahmen der Rechtspositionen des Vorhabenträgers erwähnt, kommt dem Grundeigentum[501] mit dem essentiellen Bestandteil der baulichen Nutzbarkeit[502] von Verfassungs wegen ein besonderes Gewicht zu. Die Rechtsmacht des Eigentümers umfasst dabei Nutzungs-, Verwertungs- und Verfügungsbefugnisse[503]. Aus Art. 14 Abs. I S. 2 GG ergibt sich jedoch die „Normgeprägtheit" des Schutzbereichs[504], so dass grundsätzlich nur solche Nutzungen geschützt sind, die sich im Rahmen des materiellen Baurechts bewegen[505].

a) Mittelbare Nachteile infolge drohender Enteignung – Grundrechtseingriff durch das „Zwischenstadium"

Wie die Begründung zum VwVfG (1977) es vorsieht, könnten mittelbare Nachteile, die einen Eingriff in Art. 14 Abs. I S. 1 GG bilden, erst bei auftretenden Umsetzungsschwierigkeiten entstehen. Damit stellte sich die anfangs aufgeworfene Frage nach der Risikoverteilung solcher Realisierungsverzögerungen. Durch das Ausbleiben der Umsetzungsarbeiten nach

---

[501] BVerfG, Beschl. v. 19.6.1985, E 70, (191) 199; BVerfG, Beschl. v. 8.4.1998, E 98, 17 (35)
[502] Papier, in Maunz/Dürig, Art. 14/58
[503] Sass, Art. 14 GG, S. 186; Papier, in Maunz/Dürig, Art. 14/14; Hendler, Raumordnungsziele und Eigentumsgrundrecht, DVBl. 01, S. 1233 (1239)
[504] Schoch, Rechtliche Konsequenzen, in Boujong-FS, S. 655 (659)
[505] Nüßgens/Boujong, Eigentum, S. 22 u. 24; allgemein: BVerfG, Beschl. v. 17.11.1966, E 20, 351 (356); Urt. v. 18.12.1968, E 24, 367 (369)

einem durchschnittlichen Vorbereitungszeitraum können in der Tat bei den unmittelbar Betroffenen Verwertungsschwierigkeiten infolge des aufkommenden Schwebezustandes auftreten. Es können Unsicherheit darüber entstehen, ob das Vorhaben noch umgesetzt wird und damit, ob das Grundstück überhaupt noch benötigt wird. Neben Verwertungsschwierigkeiten aufgrund der Unkalkulierbarkeit des Enteignungszeitpunktes, kann es zu einem faktischen Planungs- und Investitionsstopp kommen. Da der unmittelbar Betroffene kein Verlustrisiko eingehen wird (nachträgliche Wertsteigerungen werden bei der Enteignungsentschädigung nicht berücksichtigt), wird er von notwendigen Investitionen absehen, bis das Vorhaben endgültig aufgegeben worden ist. Das allgemeine rechtsstaatliche Gebot der Rechtssicherheit bekommt hier somit eine eigentumsrechtliche Komponente.

Bei näherem Hinsehen könnten diese Verwertungsschwierigkeiten aber schon unabhängig von Umsetzungsverzögerungen existieren und einen Eingriff in Art. 14 Abs. I S. 1 GG bilden: Ist die Inanspruchnahme fremden Eigentums für die Verwirklichung des geplanten Vorhabens erforderlich und ist die gütliche Einigung über den Übergang der betroffenen Grundstücke nicht zu erreichen, bildet der Planfeststellungsbeschluss in der Regel die Grundlage für eine spätere Enteignung der Grundstückseigentümer. Da die Enteignungsbehörde an den festgestellten Plan gebunden ist, weil sie diesen dem Enteignungsverfahren zugrunde zu legen hat, kommt dem Planfeststellungsbeschluss eine „Vorwirkung der Enteignungsbindung" zu[506]. Der Planfeststellungsbeschluss greift dabei zwar noch nicht aktuell in die Eigentumsordnung ein, da durch diesen der Rechtsverlust noch nicht herbeigeführt wird, doch berührt dieser potentiell die Privatrechtsordnung[507]. Der Grundstückseigentümer erleidet den Rechtsverlust allerdings nicht schon mit Erlass des Planfeststellungsbe-

---

[506] erstmals BGH, Urt. v. 12.6.1975, BGHZ 64, 382; weitere Nachweise oben Fn. 34
[507] BVerfG, Beschl. v. 10.5.1977, E 45, 297 (319 f.)

schlusses. Zuvor ist ein die Modalitäten klärendes Enteignungsverfahren erforderlich[508].

Zwischen Erlass des Planfeststellungsbeschlusses und der Inanspruchnahme der betroffenen Grundstücke entsteht somit ein Zeitraum, der eine Enteignung zwar schon für zulässig erklärt, selbige jedoch noch nicht vollzieht. Dieser Zeitraum -im Folgenden „Zwischenstadium" genannt- ist mithin von der drohenden, wahrscheinlichen Enteignung geprägt. Hinsichtlich des Umfangs einer Inanspruchnahme bestehen nur geringe Unsicherheiten, da die Angaben im Planfeststellungsbeschluss das Gewicht der Belastung für den Grundstückseigentümer erkennen lassen müssen. Das Enteignungsverfahren hat allenfalls noch geringfügige Korrekturen zur Folge[509]. Die Enteignungsbehörde darf auch nicht über den beantragten Umfang hinausgehen[510] bzw. nur geringfügig mehr Flächen in Anspruch nehmen[511].

Dieses Zwischenstadium wird somit von der Aussicht auf Enteignung geprägt, die selbst schon zu Verwertungsschwierigkeiten führen kann. Infolge der potentiell drohenden Enteignung wird eine Veräußerung oder Belastung des Grundstücks unter Umständen nur mit Verlusten möglich sein. Auch kann es Schwierigkeiten bereiten, überhaupt Käufer für ein solches Grundstück zu finden. Genauso verhält es sich beispielsweise mit der Verpachtung eines Ackergrundstücks oder der Vermietung eines Hausgrundstücks. Aufgrund der drohenden Enteignung wird eine Vermietung oder Verpachtung nur unter Schwierigkeiten und mit Wertverlusten möglich

---

[508] Korbmacher, Fachplanerische Abwägung, DöV 1982, S. 517 (526) mit Verweis auf BVerwG, Urt. v. 7.5.1971, Buchholz 407.4 § 19 FStrG, Nr. 1; Dürr, in Kodal, StraßenR, Kap. 34/22.4 ff.

[509] Korbmacher, Fachplanerische Abwägung, DöV 82, S. 517 (520) mit Verweis auf BVerwG, Urt. v. 7.5.1971, Buchholz 407.4 § 19 FStrG, Nr. 1; Bender, Probleme des Grundeigentumsschutz, DVBl. 84, S. 301 (303); Steinberg, Fachplanung, § 4/135; eine eingehende Darstellung zu den konkreten Grundstücke findet dabei im sog. Grunderwerbsplan und -verzeichnis statt, vgl. Ronellenfitsch, in Marschall, BFStrG, § 17/188

[510] OVG Münster, Urt. v. 8.1.1963, DöV 1963, S. 356

[511] Fickert, Planfeststellung, B PlafeR Erl. Nr. 39, Anm. 6; ausführlich zum Prüfungsumfang der Enteignungsbehörde: Stadler, Enteignung, S. 52 ff.

sein. Der Eigentümer wird ferner von genehmigten baulichen Nutzungen[512] sowie notwendigen Instandhaltungsmaßnahmen oder angezeigten Investitionen absehen, die infolge der drohenden Enteignung wirtschaftlich unrentabel wären. Mittelbare Nachteile für den unmittelbar Betroffenen existieren somit unabhängig von Umsetzungsverzögerungen.

Fraglich bleibt, wann diese Nachteile einen Eingriff in Art. 14 Abs. I S. 1 GG bilden können. Grundsätzlich hat der unmittelbar betroffene Grundstückseigentümer bis zu seiner Inanspruchnahme die verfassungsrechtlich gewährleistete Befugnis sein Grundstück zu nutzen, sei es selbst oder durch Verwertung. Dies wird ihm durch den Planfeststellungsbeschluss auch nicht untersagt, der mithin mit seinen beschriebenen Folgen selbst noch keinen Eingriff in die Eigentumspositionen bewirken kann. Dem Eigentümer ist es weiterhin gestattet sowohl über sein Grundstück zu verfügen (oder dieses auf andere Weise zu verwerten) als auch es zu nutzen wie bisher. Eine eigentumsbeeinträchtigende Wirkung kann dem Zwischenstadium jedoch dann zukommen, wenn dieses für den Eigentümer mit konkreten wirtschaftlichen Beeinträchtigungen verbunden ist, so dass ein Eingriff spürbar wird[513]. Solche spezifischen Vermögensnachteile sind die möglichen Verwertungsschwierigkeiten des betroffenen Grundstücks[514] sowie der „faktische Investitions- und Planungsstopp"[515]. Letzterer wirkt sich allerdings nur dann eigentumsgrundrechtlich aus, wenn infolge der unterlassenen Investitionen das Grundstück eine Wertminderung erfährt. Bloße Chancen auf Wertsteigerungen -auch konjunktureller Art- werden von Art. 14 GG nicht erfasst[516]. Insgesamt kann somit von einer faktischen Verfü-

---

[512] soweit ihm das nicht schon durch eine Veränderungssperre untersagt ist
[513] Papier, Eigentum in der Planung, in Hoppe-FS, S. 213 (219); Breuer, Bodennutzung, S. 195 ff.; BGH, Urt. v. 29.4.1968, Z 50, 93 (97)
[514] Laubinger, in Ule/Laubinger, VwVfR, § 43/7; Kopp/Ramsauer, VwVfG, § 75/34; Kodal, Straßenrecht, 2. Aufl. (1964), S. 506; Bonk/Neumann, in Stelkens/Bonk/Neumann, VwVfG, § 75/75; Waldhausen, VwVfG NW, § 75/Erl. 3; Böhm, HessStrG, 3. Aufl. (1989), § 34/zu Abs. V; OVG NW, Urt. v. 11.5.1981 -9 A 1100/80- (unveröffentlicht), S. 8
[515] Giehl, BayVwVfG, Art. 75, S. 7
[516] vgl. Aust/Jacobs, Die Enteignungsentschädigung, S. 313

gungs- und Nutzungsbeschränkung ausgegangen werden, die bei konkreten wirtschaftlichen Nachteilen einen Eingriff in Art. 14 Abs. I S. 1 GG bewirkt.

Nachdem somit mittelbare Nachteile und damit ein Eingriff in die Eigentumsfreiheit schon aufgrund des Zwischenstadiums an sich vorliegen kann, stellt sich die Frage, ob ein solcher Eingriff möglicherweise zeitlich (noch) früher als mit Erlass des Planfeststellungsbeschlusses anzusetzen ist. So sind Verwertungsschwierigkeiten oder Hemmnisse bei Investitionen schon vor diesem Zeitpunkt denkbar. Bei der Bundesfernstraßenplanung ist eine derartige Situation beispielsweise nicht nur während des Planfeststellungsverfahrens, sondern auch schon im Rahmen der Grobtrassierung und sogar während der Bedarfsermittlung im Wege der Bedarfsplanung denkbar. Ganz allgemein können sich solche Vermögensnachteile für potentiell betroffene Grundstückseigentümer ab dem öffentlichen Bekanntwerden eines solchen Vorhabens ergeben.

Diese so beschriebnen Wirkungen können aber nur dann zu einem Eingriff in Art. 14 Abs. I S. 1 GG führen, wenn nicht mehr von einem „gesunden" Grundstücksverkehr ausgegangen werden kann, der grundsätzlich gewisse Unsicherheitsfaktoren in sich birgt[517]. Erst wenn sich staatliches Handeln kausal für die Enteignung auswirkt sowie hinreichend bestimmt und mit Sicherheit eine Enteignung erwarten lässt, können von diesem Zustand ausgehende Vermögensnachteile einen Eingriff in Art. 14 GG darstellen[518]. Raumordnungs- und Bedarfspläne können demnach im Hinblick auf Art. 14 GG unbefristet bleiben[519].

Ein Eingriff in Art. 14 Abs. I S. 1 GG aufgrund drohender potentieller Enteignung liegt mithin grundsätzlich frühestens mit Erlass des mit enteig-

---

[517] vgl. BGH, Urt. v. 8.11.1962, Z 39, 198 (204)
[518] BGH, Urt. v. 25.9.1958, Z 28, 169 (162); BGH, Urt. v. 29.1.1968, DVBl. 68, S. 505
[519] zum Bedarfsplan: Schmidt, Zum Umfang von Enteignungsvorwirkungen, DVBl. 71, S. 451 (453)

nungsrechtlicher Vorwirkung ausgestatteten Planfeststellungsbeschlusses vor[520]. Erst der Planfeststellungsbeschluss mit enteignungsrechtlicher Vorwirkung stellt die Zulässigkeit einer Enteignung mit bindender Wirkung fest, wodurch eine Inanspruchnahme mit an Sicherheit grenzender Wahrscheinlichkeit zu erwarten ist.

b) Relevanz unmittelbarer Wertverluste für das Untersuchungsthema

Nicht in die Untersuchung mit einfließen darf hier der Umstand, dass durch die Zulassung des geplanten Vorhabens in die Grundstücksqualität *unmittelbar* eingegriffen wird[521]. Zwar ist dadurch die Nutzung des Grundstücks auf den Bestandsschutz der bisher ausgeübten Nutzung reduziert, doch hat dieser Eingriff in die Baufreiheit des Betroffenen[522] keinen sachlichen Zusammenhang zur Geltungsdauer des Planfeststellungsbeschlusses. Dieser ist vielmehr punktueller Natur und betrifft die Frage der Recht- bzw. Verfassungsmäßigkeit des Planfeststellungsbeschlusses[523]. Hinsichtlich möglichen nachträglichen Änderungen oder Prognosefehlern sei auf den anschließenden Untersuchungspunkt verwiesen. Ein Eingriff durch Beschränkung oder Aufhebung der Bebaubarkeit kann somit nicht als Begründung für eine zeitliche Begrenzung der Geltungsdauer des Planfeststellungsbeschlusses herangezogen werden, zumal der Betroffene den Substanzverlust seines Grundstücks im folgenden Enteignungsverfahren entschädigt bekommt. Genauso verhält es sich mit einem Wertverlust des

---

[520] Anderes muss gelten, wenn schon vor Erlass des Planfeststellungsbeschlusses eine vorzeitige Besitzeinweisung ergeht. Die spätere Enteignung ist hier derart konkret, dass dadurch verursachte Auswirkungen auf die Verwertungsmöglichkeit einen Eingriff in Art. 14 Abs. I S. 1 GG darstellen. Diese fallen jedoch nicht ins Gewicht, da schon der Nutzungsentzug an sich einen Eingriff bewirkt.
[521] Heinze, Entschädigung, in Blümel-FS, S. 155 (167)
[522] nach der Rspr. besteht in den hier relevanten Fällen dann ein Eingriff in Art. 14 GG, wenn Bauerwartungsland überplant wird: BGH, Urt. v. 8.11.1962, Z 39, 198; BGH, Urt. v. 3.3.1988, NVwZ 1988, S. 867; a.A. Heinze, Entschädigung, in Blümel-FS, S. 155 (163), der nur im Falle eigentumskräftiger Verfestigung ein Eingriff annehmen will (siehe zu dieser Figur oben S. 99 f.)
[523] die Rechtsposition des Eigentümers aus Art. 14 Abs. III GG findet im Rahmen der Abwägung umfassend Berücksichtigung; siehe oben S. 15 ff.

Grundstücks infolge drohender Enteignung; auch dieser ist lediglich punktueller Natur.

c) Nutzungsbeschränkungen infolge Veränderungssperre, Anbauverbot und/oder vorzeitiger Besitzeinweisung

Durch eine Veränderungssperre, ein Anbauverbot oder eine vorzeitige Besitzeinweisung können für unmittelbar Betroffene darüber hinaus Vermögensnachteile entstehen, die einen Eingriff in den Schutzbereich des Art. 14 Abs. I S. 1 GG darstellen. Obwohl die Belastung mit solchen Nutzungsbeschränkungen i.d.R. schon vor Erlass des Planfeststellungsbeschlusses vorliegt[524], besteht zur fraglichen Befristung desselben insofern ein Zusammenhang, als dass mit Erlöschen des Planfeststellungsbeschlusses auch die Nutzungsbeschränkungen untergehen[525]. Die Geltungsdauer hat somit mittelbar Auswirkungen auf die Belastungen im Rahmen solcher Nutzungsbeschränkungen. Art. 14 GG könnte mithin auch aufgrund dieser Nutzungsbeschränkungen die Befristung des Planfeststellungsbeschlusses verlangen.

d) Zwischenergebnis

Nicht erst die Umsetzungsverzögerungen führen zu einem Eingriff in Art. 14 Abs. I S. 1 GG, schon die Wirkungen des Planfeststellungsbeschlusses selbst können einen Eingriff in die Eigentumsfreiheit veranlassen.

---

[524] Anbauverbot und Veränderungssperren ergehen i.d.R. akzessorisch zur Auslegung der Pläne im Planfeststellungsverfahren; keine akzessorische Veränderungssperre sieht dagegen beispielsweise das KrW-/AbfG vor; eine Veränderungssperre ist hier über § 14 BauGB möglich

[525] siehe schon oben S. 29 f. u. 35; zur vorzeitigen Besitzeinweisung vgl. z.B. § 18f Abs. VI S. 1 FStrG

2.2. Befristung aufgrund mittelbarer Nachteile durch das Zwischenstadium?

Die Befristung des mit enteignungsrechtlicher Vorwirkung ausgestatteten Planfeststellungsbeschlusses könnte erforderlich sein, wenn ein zeitlich unbegrenztes, durch die drohende Enteignung geprägtes Zwischenstadium unverhältnismäßig ist. Sollte eine Verhältnismäßigkeit des Eingriffs unabhängig von der Dauer der Umsetzung des Vorhabens festgestellt werden, muss weiter gefragt werden, ob dies auch für Umsetzungsverzögerungen gelten kann.

a) Unbefristeter Planfeststellungsbeschluss: Inhalts- und Schrankenbestimmung oder Enteignung?

Um die Frage beantworten zu können, ob Art. 14 Abs. I S. 1 GG eine Befristung des Planfeststellungsbeschlusses verlangt, ist zunächst zu untersuchen, welcher Prüfungsmaßstab dabei anzulegen ist. Handelt es sich bei dem beschriebenen Eingriff um eine Enteignung, müsste Art. 14 Abs. III GG zur Anwendung kommen, andernfalls greife Art. 14 Abs. I S. 2 GG ein. Letztere Alternative könnte schon deshalb fraglich sein, weil der Eingriffsakt hier über einen Verwaltungsakt erfolgt und nicht aufgrund einer abstrakt-generellen Regelung, die jedoch eine Inhalts- und Schrankenbestimmung voraussetzt. Dem Verwaltungsakt liegen aber solche abstraktgenerelle Regelungen zugrunde, die durch den Planfeststellungsbeschluss lediglich aktualisiert werden. So können die Planfeststellungsbestimmungen selbst Inhalts- und Schrankenbestimmungen darstellen. Letztlich muss diese Differenzierung nicht getroffen werden, da auch solche „sonstigen

Eigentumsbeeinträchtigungen" aufgrund Verwaltungsakt am Maßstab des Art. 14 Abs. I S. 2 GG zu messen sind[526].

Die Rechtsprechung zur Abgrenzung zwischen Art. 14 Abs. I S. 2 GG und Art. 14 Abs. III GG erfuhr vor 20 Jahren mit der Nassauskiesungsentscheidung des Bundesverfassungsgerichts[527] eine grundlegende Wende. Hing die Anwendung des Art. 14 Abs. III GG vor dieser Entscheidung noch vom Sonderopfercharakter bzw. der Schwere des Eingriffs ab, sollen diese Merkmale hierfür nunmehr keine Bedeutung mehr haben. Inhalts- und Schrankenbestimmungen sollen demnach nicht ab einer gewissen Schwelle der Eingriffsintensität in eine Enteignung umschlagen. Beides fasst das Gericht jeweils als eigenständige Institute auf. Entscheidendes Abgrenzungskriterium soll die Finalität des Eigentumsentzugs sein[528].

Eine Inhalts- und Schrankenbestimmung liegt demnach vor, wenn der Gesetzgeber generell und abstrakt Rechte und Pflichten hinsichtlich des Eigentums festlegt. Von einer Enteignung ist dagegen bei einer vollständigen oder teilweisen Entziehung konkreter, subjektiver Eigentümerpositionen zur Erfüllung einer bestimmen öffentlichen Aufgabe auszugehen[529]. Dabei wird betont, dass die Enteignung keinen Güterbeschaffungsvorgang voraussetzt[530], so dass nicht nur die klassische Enteignung im Sinne der vollständigen Entziehung eine Enteignung nach diesem formalisierten Enteignungsbegriff darstellen kann, sondern auch der Entzug nur einzelner Nutzungsbefugnisse. Infolgedessen bestehen, trotz der an sich griffigen Formel des Bundesverfassungsgerichts, Abgrenzungsschwierigkeiten zwischen

---

[526] Zu dieser Unterscheidung: Jarass, in Jarass/Pieroth, GG, Art. 14/43; ders., Verfassungsrechtlicher Enteignungsbegriff und Planungsrecht, in Hoppe-FS, S. 229 (230)
[527] BVerfG, Urt. v. 15.7.1981, E 58, 300
[528] BVerfG, Urt. v. 15.7.1981, E 58, 300 (330 f.)
[529] BVerfG, Urt. v. 15.7.1981, E 58, 300 (330 f.); Beschl. v. 19.6.1985, E 70, 191 (199 f.); Beschl. v. 12.3.1986, 72, 66 (76); Beschl. v. 30.11.1988, E 79, 174 (191); Urt. v. 2.3.1999, E 100, 26 (239 f.)
[530] BVerfG, Beschl. v. 19.6.1985, E 70, 191 (199 ff.); BVerfG, Beschl. v. 9.1.1991, E 83, 201 (211)

einer solchen Teilenteignung und einer Inhalts- und Schrankenbestimmung.

Auch im vorliegenden Fall stellen sich diese Schwierigkeiten. Der Eingriff aufgrund des Zustandes im Zwischenstadium könnte eine Teilenteignung darstellen, wenn die Eingriffe infolge drohender Enteignung in Wahrheit nicht bloße *Vorwirkung* derselben sind, sondern tatsächlich schon die Enteignung darstellen, so dass dem faktisch erst später erfolgenden Enteignungsakt bloße Vollzugswirkung zukäme. Sollte dies nicht der Fall sein, könnte sich ferner aufgrund des Zeitablaufs die bloße Inhalts- und Schrankenbestimmung in eine Enteignung umwandeln.

Die Feststellung der Zulässigkeit einer Enteignung im Planfeststellungsbeschluss kann ohne weiteres als erste Stufe der späteren Enteignung angesehen werden. Nicht ohne Hintergrund wird die dadurch bewirkte Bindung der Enteignungsbehörde auch als „enteignungsrechtliche Vorwirkung" bezeichnet. Deshalb stellt sich die Frage, ob nicht auch dem von diesem Umstand ausgehenden, oben beschriebenen Eingriff in Art. 14 Abs. I S. 1 GG selbst, als Teil der Enteignung, eine solche Wirkung zukommt.

Eine nahezu herrschende Meinung in der Literatur vertritt eine solche Ansicht zu den vergleichbaren Fällen des § 40 BauGB[531]. Nach dieser Vorschrift wird derjenige Grundstückseigentümer entschädigt, der unter einen Bebauungsplan fällt, welcher dem Eigentümer des betroffenen Grundstücks gegenüber fremdnützige, vor allem dem Allgemeinwohl dienende Festsetzungen enthält. Solche sog. heteronomen Bestimmungen lösen einen Anspruch auf Übernahme des Grundstücks gem. § 40 Abs. II BauGB aus, falls das Behalten oder die bisherige Nutzung des Grundstücks für den

---

[531] Papier, in Maunz/Dürig, GG, Art. 14/94; ders. Eigentum in der Planung, Hoppe-FS, S. 213 (214); Gaentzsch, in Schlichter, BK zum BauGB, § 40/2; Breuer, in Schrödter, BauBG, § 40/6 ff.; Hoppe/Grotefels, Öff. BauR, § 9/1; Burgi, Die Enteignung, NVwZ 1994, S. 527 (533); Krohn, Planungsschadensrecht, Schlichter-FS, S. 439 (452)

Eigentümer wirtschaftlich nicht mehr zuzumuten ist. Erleidet der betroffene Eigentümer mithin wirtschaftliche Nachteile durch die Festsetzung, weil die Schwebelage bis zum Vollzug die Bodennutzung gänzlich verdrängt oder illusorisch macht, sollen diesen, als erster Stufe der Enteignung, selbst enteignende Wirkung zukommen. Zur Begründung wird angeführt, eine solche Vorwirkung stelle mit der Enteignung einen einheitlichen Vorgang dar. Schon mit dem Bebauungsplan sei festgesetzt, dass das Eigentum auf die Dauer nicht mehr privat verwendet, sondern einer fremdnützigen Nutzung zugeführt werden solle[532]. Diese -noch ferne- Zweckrichtung soll sich demnach schon auf die Vorwirkungen erstrecken.

Bis zur Nassauskiesungsentscheidung des Bundesverfassungsgerichts war diese Ansicht nahezu unumstritten[533]. Seitdem die Rechtsprechung jedoch im Bereich des Denkmal- und Naturschutzrechts im Fall von Nutzungsbeschränkungen kategorisch Inhalts- und Schrankenbestimmungen annimmt[534], mehren sich die Stimmen dies auch im Planungsschadensrecht zu tun[535]. Die Fälle des § 40 BauGB stellen dabei ein spezielles Problem bei der Abgrenzung von Teilenteignung und Inhalts- und Schrankenbestimmung dar: Mit dem bloßen Merkmal der Finalität ist hier nicht geholfen, da eine Enteignung gerade bezweckt ist. Es ist somit nach weiteren Abgrenzungskriterien zu fragen.

Ein Teil der Literatur will in diesen Fällen zu herkömmlichen Abgrenzungskriterien zurückkehren und damit die Abgrenzungsweise des Bun-

---

[532] Gaentzsch, in Schlichter, BK zum BauGB, § 40/2; Breuer, in Schrödter, BauBG, § 40/6 ff.
[533] schon im ersten Fluchtlinienurteil des Reichsgerichts (RGZ 128, 18) führte die Schwebelage bis zum Vollzug zu einer Enteignungsentschädigung; vgl. auch BGH, Urt. v. 25.11.1974, Z 63, 240
[534] vgl. BVerwG, Beschl. v. 8.10.1991, E 84, 366 (370 ff.); BGH, Urt. v. 26.1.1984, Z 90, 17 (24 ff.); BVerfG, Beschl. v. 2.3.1999, E 100, 226 (239 f.); BGH, Urt. v. 17.12.1992, Z 121, 73
[535] Battis, in Battis/Krautzberger, BauGB, Vor §§ 39-44/5; Deutsch, Planungsschadensrecht, DVBl. 1995, S. 546 (552); Jarass, Enteignungsbegriff, in Hoppe-FS, S. 229 (238); Berkemann, Anmerkung, DVBl. 1999, S. 1285 (1286); Koch/Hendler, BauR, S. 275

desverfassungsgerichts ergänzen[536]. Nach dieser Ansicht ist die Eingriffsintensität, und hier vor allem das Schweremoment, hinzuzuziehen, so dass im Fall einer „Totalentleerung" des Eigentumsgrundrechts von einer Enteignung ausgegangen werden müsste[537]. Bei Zugrundelegung dieser Meinung könnte wohl eine „Totalentleerung" des Grundrechts nicht schon in den Auswirkungen des Zwischenstadiums an sich gesehen werden, jedoch möglicherweise im Zeitablauf. Letzteres war vor der Nassauskiesungsentscheidung entscheidendes Kriterium für das Umschlagen einer Inhalts- und Schrankenbestimmung in eine Enteignung – so beispielsweise bei der Frage nach einer Befristung von Veränderungssperren[538].

Die Anwendung dieses herkömmlichen Ansatzes neben oder ergänzend zur neueren Rechtsprechung des Bundesverfassungsgerichts ist jedoch abzulehnen. Beide Ansätze sind gegenläufig und nicht miteinander kompatibel, da eine Enteignung nicht gleichzeitig ein „aliud"[539] und Steigerung im Vergleich zur Inhalts- und Schrankenbestimmung sein kann[540]. Kommen beide Methoden zur Anwendung, kann der Versuch der Trennung zwischen Enteignung und Inhalts- und Schrankenbestimmung von vornherein unterbleiben; eine solche erwiese sich als überflüssig. Bestätigt wird diese Ansicht durch neuste Rechtsprechung des Bundesverfassungsgerichts: Sowohl in der „Direktorenvilla-Entscheidung"[541] als auch in der „Götzenparkturm-Entscheidung"[542] weist

---

[536] vor allem Schwabe, Anmerkung, JZ 1991, S. (777) 778; ders., Anmerkung, DVBl. 1993, S. 840 (842); Papier, in Maunz/Dürig, GG, Art. 14/323, 378; ; Ossenbühl, Eigentumsschutz gegen Nutzungsbeschränkungen, Leisner-FS (1999), S. 659 (698 ff.); Wendt, in Sachs, GG, Art. 14 /150; Leisner, in HdStR VI, § 149/148

[537] Ossenbühl, Eigentumsschutz gegen Nutzungsbeschränkungen, Leisner-FS (1999), S. 659 (702 f.); ders., Anmerkung, JZ 1999, S. 899 (900)

[538] siehe dazu noch unten S. 142 ff.

[539] Ehlers, Eigentumsschutz, VVDStRL 51 (1992), S. 211 (245)

[540] Rozek, Unterscheidung, S. 182 ff.; Lege, Zwangskontrakt und Güterdefinition, S. 14; Herdegen, Garantie, in BVerfG-FS, Bd. II, S. 273 (282); so auch Jarass, Enteignungsbegriff, in Hoppe-FS, S. 229 (236 f.); Hendler, Raumordnungsziele, DVBl. 01, S. 1233 (1238); ders., Inhalts- und Schrankenbestimmung, in Maurer-FS, S. 127 ff.

[541] BVerfG, Urt. v. 2.3.1999, E 100, 226

[542] BVerfG, Beschl. v. 22.2.1999, NVwZ 99, S. 979

das Gericht ausdrücklich auf die Unabhängigkeit der Einordnung von der Intensität des Eingriffs hin. Eine nach ihrer Finalität zu bestimmende Inhalts- und Schrankenbestimmung behalte diesen Charakter, auch wenn die Belastung einer Enteignung nahe- oder gleichkomme[543]. Eine Wandelung von einer Inhalts- und Schrankenbestimmung aufgrund der Eingriffsintensität ist somit abzulehnen.

Die ebenfalls in der Literatur vertretenen Ansichten, die bei der Abgrenzung von Enteignung und Inhalts- und Schrankenbestimmung auf die Ausgestaltung des Gesetzes oder den gesetzgeberischen Willen im Allgemeinen abstellen wollen[544], führen in der vorliegenden hypothetischen Frage, wie ein unbefristeter Planfeststellungsbeschluss einzuordnen wäre, nicht weiter. Lediglich im Vergleichsfall des § 40 BauGB könnte dieser Ansatz helfen, doch ist er abzulehnen, weil er zu formalistisch vorgeht und dabei eine Entscheidung materiell vermissen lässt[545].

Eine weitere -neuere- Ansicht will danach differenzieren, inwieweit Teilrechte vom Eigentum abtrennbar sind[546]. Diese Auffassung läuft jedoch Gefahr eine solche Trennbarkeit von Nutzungen fast beliebig hineinzuinterpretieren[547]. Zudem müssten wiederum Kriterien für diese Trennbarkeit gefunden werden[548]. Stattdessen ist mit diesem Ansatz der Verselbstständigung[549] einzelner Nutzungsrechte danach zu fragen, ob diese -wie vom Bundesverfassungsgericht vorausgesetzt- zur Erfüllung bestimmter öffentli-

---

[543] BVerfG, Urt. v. 2.3.1999, E 100, 226 (240)
[544] Rennert, Eigentumsbindung, VBlBW 95, S. 41 ff.; Kleinlein, Ausgleichspflichtige Inhaltsbestimmung, DVBl. 1991, S. 365 (370 f.)
[545] Deutsch, Planungsschadensrecht, DVBl. 1995, S. 546 (549); Jarass, Enteignungsbegriff, in Hoppe-FS, S. 229 (237)
[546] etwa Burgi, Die Enteignung, NVwZ 94, S. 527 ff.; Maurer, Allg. VerwR, § 26/47
[547] Rozek, Unterscheidung, S. 203 f.; vgl. auch Hendler, Raumordnungsziele und Eigentumsgrundrecht, DVBl. 2001, S. 1233 (1238); Deutsch, Planungsschadensrecht, DVBl. 95, S. 546 (549)
[548] so praktiziert von: Burgi, Die Enteignung, NVwZ 1994, S. 527 ff.
[549] Jarass, Enteignungsbegriff, in Hoppe-FS, S. 229 (237)

cher Aufgaben[550] einen Wechsel in der Zuordnungsträgerschaft erfahren[551]. Denn eine Enteignung kennt in der Regel einen Enteignungsbegünstigten, der zur Erfüllung öffentlicher Zwecke mit den enteigneten Nutzungsrechten verfährt. Dabei ist auf ein Wechsel der Zuordnungsträgerschaft nicht nur bei der Übertragung des Eigentumsgegenstandes oder von Rechten in formeller Sicht abzustellen, da anderenfalls das überkommene Merkmal des Güterbeschaffungsvorgangs für die Abgrenzung wieder alleine maßgeblich wäre[552]. Entscheidend für die Abgrenzung von Enteignung und Inhalts- und Schrankenbestimmung ist vielmehr der Wechsel der Zuordnungsträgerschaft des Eigentums oder einzelner Nutzungsrechte im untechnischen Sinn, so dass der konkrete Enteignungsbegünstigte mit Gestaltungsspielraum zur Erfüllung bestimmter öffentlicher Aufgaben damit verfahren kann[553].

Übertragen auf den Vergleichsfall des § 40 BauGB bedeutet dies, dass in der bloßen Festsetzung heteronomer Nutzungen im Bebauungsplan, auf die in Zukunft eine Enteignung folgen soll, selbst noch keine Enteignung gesehen werden kann. Ein Wechsel in der Zuordnung der Nutzungen hat gerade noch nicht stattgefunden. Einzelne Nutzungsrechte werden lediglich beschränkt, ohne sie einem Enteignungsbegünstigten zuzuweisen. Ein Wechsel der Zuordnungsträgerschaft findet vielmehr erst im Zeitpunkt der später erfolgenden Enteignung statt[554].

---

[550] BVerfG, Beschl. v. 12.11.1974, E 38, 175 (179 f.); Beschl. v. 20.3.1984, E 66, 248; zuletzt: BVerfG, Beschl. v. 22.5.2001, DöV 01, S. 996

[551] Lege, Enteignung, NJW 1993, S. 2565 (2567); Osterloh, Eigentumsschutz, DVBl. 1991, S. 906 (913); Deutsch, Planungsschadensrecht, DVBl. 95, S. 546 (549); Bryde, in Münch/Kunig, GG, Art. 14/58 ; Rittstieg, in AK, Art. 14/187 ff.

[552] so aber: Osterloh, Eigentumsschutz, DVBl. 1991, S. 906 (913); Rittstieg, in AK, Art. 14/187 ff.; Deutsch, Planungsschadensrecht, DVBl. 95, S. 546 (549); offen gelassen: Bryde, in Münch/Kunig, GG, Art. 14/58

[553] vgl.: Jarass, Enteignungsbegriff, in Hoppe-FS, S. 229 (237 f.); Lege, Enteignung, NJW 93, S. 2565 (2567)

[554] so auch: Battis, in Battis/Krautzberger, BauGB, Vor §§ 39-44/5; Deutsch, Planungsschadensrecht, DVBl. 95, S. 546 (552); Jarass, Verfassungsrechtlicher Enteignungsbegriff und Planungsrecht, Hoppe-FS, S. 229 (238); Berkemann, Anmerkung, DVBl. 99, S. 1285 (1286)

Auch im hier relevanten Fall der Planfeststellung kann demnach allein in der Belastung durch die potentiell drohende Enteignung noch keine Enteignung gesehen werden. Dem steht nicht entgegen, dass die Zulässigkeit der Enteignung schon im Planfeststellungsbeschluss für die Enteignungsbehörde bindend festgestellt wird[555] oder sich die Belastungen aufgrund ihrer Schwere faktisch als Totalentzug der Befugnisse auswirken können[556]. Denn ein Zuordnungswechsel hat im Zeitraum der bloßen Vorwirkung der Enteignung gerade noch nicht stattgefunden. Anders wäre die Situation zu beurteilen, wenn schon eine vorzeitige Besitzeinweisung stattgefunden hat. Durch den festgestellten Plan soll der Eigentümer jedoch gerade noch keinen Rechtsverlust erleiden. Der Beschluss erschöpft sich vielmehr darin den Rechtsentzug zuzulassen[557]. Erst die Enteignungsbehörde soll feststellen, ob die Enteignung im Einzelfall geboten ist, so dass der Planfeststellungsbeschluss nach allgemeiner Ansicht nicht als Teilakt der Enteignung anzusehen ist[558]. Die später folgende Enteignung stellt mithin auch keinen entscheidungslosen Vollzug der faktisch schon ergangenen Enteignung dar[559].

Die Vorwirkung mit ihren oben beschriebenen Folgen stellt somit -wie ihr Name schon ausdrückt- nur eine Nebenwirkung der späteren, noch nicht tatsächlich erfolgten Enteignung dar und ist nach dem gerade Ausgeführten als Inhalts- und Schrankenbestimmung einzuordnen[560]. Der Eingriff durch Belastungen im Stadium zwischen Erlass des Planfeststellungsbeschlusses und der Inanspruchnahme stellt infolgedessen i.d.R. keine Enteignung dar,

---

[555] zur enteignungsrechtlichen Vorwirkung von Bebauungsplänen siehe schon oben Fn. 383
[556] so vertreten von de Witt, Teilinanspruchnahme, NVwZ 95, S. 31 (33)
[557] BVerwG, Urt. v. 14.5.1992, NVwZ 1993, S. 477 (478)
[558] Fickert, Planfeststellung, B PlafeR Erl. Nr. 39, Anm. 3; Dürr, in Kodal, StraßenR, Kap. 34/22.4
[559] so vertreten von de Witt, Teilinanspruchnahme, NVwZ 95, S. 31 (33)
[560] dabei soll die Qualität der Vorwirkung als eine *enteignungsrechtliche* Vorwirkung mit ihren Folgen auf die Enteignungsentschädigung nicht bestritten werden, da sich beides nicht gegenseitig ausschließt; letztlich ist die enteignungsrechtliche Vorwirkung nichts anderes als ein bloßer Maßstab für die Enteignungsentschädigung; a.A. Heinze, Entschädigung, in Blümel-FS, S. 155 (168), der davon ausgeht, dass einer Inhalts- und Schrankenbestimmung keine enteignungsrechtliche Vorwirkung zukommen könne. Er schreibt aber auch (S. 167), Vorwirkungen ließen noch keine enteignende Wirkung erkennen.

auch dann nicht, wenn dieser längere Zeit andauert. Die Frage der Unbefristetheit eines Planfeststellungsbeschlusses ist somit an Art. 14 Abs. I S. 2 GG zu messen.

b) Verhältnismäßigkeit des Eingriffs im Zwischenstadium

Nach der Regelung des Art. 14 Abs. I S. 2 GG unterliegt die Eigentumsfreiheit grundsätzlich Beschränkungen durch den Gesetzgeber. Um dem Rechtsstaatsgebot zu genügen, bedarf die Beschränkung einer verhältnismäßigen Rechtfertigung durch überwiegende öffentliche Interessen. Die Einschränkungen haben ein ausgewogenes Verhältnis zwischen öffentlichen und privaten Belangen widerzuspiegeln, damit die Belastungen letztlich zumutbar sind. Die Gründe für einen Eingriff müssen um so schwerer wiegen, je stärker sich der Eingriff auf die Eigentumspositionen auswirkt[561].

Im Rahmen der Verhältnismäßigkeit erlangt die mit dem Vorbehalt des Art. 14 Abs. I S. 2 GG in untrennbarem Zusammenhang[562] stehende Sozialbindung des Eigentums nach Art. 14 Abs. II GG Bedeutung. Dieser Ausfluss des Sozialstaatsprinzips enthält eine klare Absage an den generellen Vorrang privater Eigentumspositionen. Vielmehr steht das Eigentum in der Pflicht des Gemeinwohls und hat daher grundsätzlich Beschränkungen hinzunehmen. Je mehr die Eigenart des Eigentumsrechts einen sozialen Bezug aufweist, desto mehr kann dieser soziale Bezug Einschränkungen rechtfertigen, wenn Allgemeininteressen dies erfordern[563]. Besonderer so-

---

[561] BVerfG, Beschl. v. 12.1.1967, E 21, 73 (86); Beschl. v. 14.7.1981 E 58, 137 (148); Beschl. v. 10.2.1987, E 74, 203 (213 f.)
[562] BVerfG, Urt. v. 1.3.1979, E 50, 340
[563] BVerfG, Urt. v. 1.3.1979, E 50, 290 (340); Beschl. v. 19.6.1985, E 70, 191 (201);Beschl. v. 9.10.1991, E 84, 382 (385)

zialer Bezug kommt dabei dem Grund und Boden aufgrund seiner Unverzichtbarkeit und Unvermehrbarkeit zu[564].

Es ist mithin zu fragen, ob sich der oben geschilderte Eingriff innerhalb dieser Sozialbindung zugunsten überwiegender Gemeinwohlinteressen bewegt und damit gerechtfertigt ist. Zunächst soll dabei eine grundsätzliche Interessenabwägung vorgenommen werden, ob der Eingriff durch das Zwischenstadium einer Rechtfertigung zugänglich ist. Im Anschluss daran wird zu untersuchen sein, ob möglicherweise der Zeitablauf zu einer anderen Bewertung der Verhältnismäßigkeit führt.

aa) Grundsätzliche Rechtfertigung für die Eingriffe durch das Zwischenstadium

Das zeitliche Auseinanderklaffen von der Feststellung der Zulässigkeit einer Enteignung und der tatsächlichen Enteignung verursacht -wie dargestellt- einen Eingriff in die Eigentumsfreiheit, der einer Rechtfertigung bedarf. Ein mit diesem Zwischenstadium vergleichbares, jedoch darüber hinausgehendes Auseinanderklaffen liegt im Fall der vorzeitigen Besitzeinweisung vor: Hier wird die eigentliche Enteignungswirkung, nämlich der Wechsel der Zuordnungsträgerschaft im oben beschriebenen Sinne, schon im Zuge der Besitzeinweisung vollzogen, während der Abschluss des Enteignungsverfahrens mit der Festsetzung einer Entschädigung erst nachfolgt. Dem Eigentümer werden mithin die Eigentümerbefugnisse entzogen, ohne dass ihm die an die Stelle des Rechtsverlustes tretende Enteignungsentschädigung zur Verfügung steht. Er ist daher in dieser Phase sowohl von der Nutzung seines Grundstücks, als auch eines Ersatzgrundstückes ausgeschlossen. Eine Teilnahme am Wirtschaftskreislauf ist ihm damit verwehrt. Der in der Rechtsposition

---

[564] BVerfG, Beschl. v. 12.1.1967, E 21, 73 (82); Beschl. v. 12.6.1979, E 52, 1 (32)

enthaltene Vermögenswert liegt brach[565]. Dennoch wird aus Gründen des Allgemeinwohls eine solche vorzeitige Besitzeinweisung grundsätzlich als legitim angesehen, da dadurch die Verwirklichung dringlicher Gemeinwohlvorhaben möglich wird.

Ähnliche Aspekte vermögen daher auch einen weitaus geringeren Eingriff zu begründen, wenn wie hier der Wechsel der Zuordnungsträgerschaft gerade noch nicht stattgefunden hat. Das zeitliche Auseinanderklaffen durch die Trennung von Planfeststellungs- und Enteignungsverfahren und die damit begründete Exklusivität zwischen beiden rechtfertigen sich somit aus zweierlei Gründen[566]: Zum einen wird dadurch die beschleunigte Verwirklichung von Vorhaben möglich, deren Umsetzung im Interesse des Gemeinwohls erfolgt. Die Auslagerung der Entscheidung der Enteignungsbehörde strafft das Planfeststellungsverfahren und beschleunigt die Umsetzung. Eine Zusammenlegung der Verfahren oder eine Abhängigkeit beider würde das Planfeststellungsverfahren nicht nur inhaltlich überfrachten, sondern auch zeitlich in die Länge ziehen[567]. Zum anderen entspräche eine vorgezogene Enteignung auch nicht den Interessen der betroffenen Eigentümer, da diese grundsätzlich den Zeitraum bis zur tatsächlichen Inanspruchnahme ihres Grundstückes noch nutzen wollen. Die *bisherige* Nutzung ihres Grundstücks ist ihnen weiterhin ohne Behinderungen möglich. Eine Enteignung wäre ferner zu diesem Zeitpunkt i.d.R. verfrüht, da eine sich dem Erlass des Planfeststellungsbeschlusses sofort anschließende Umsetzung des Vorhabens, angesichts der notwendigen Vorbereitungen, nahezu ausgeschlossen ist. Es bestehen mithin nicht nur öffentliche Interessen daran, eine Enteignung nicht schon im Rahmen des Planfeststellungsverfahrens umzusetzen. Es entspricht auch den Interessen derjenigen Betrof-

---

[565] Sass, Art. 14 GG, S. 346
[566] allgemein zur Exklusivität von Planfeststellung und Enteignung siehe: Bauer, Entschädigungsrechtliche Auflagen, NVwZ 1993, S. 441 ff.; Schmidt-Aßmann, Formen der Enteignung, JuS 86, S. 833 (838 ff.); Kastner, Entscheidungen, in Blümel, Aktuelle Probleme, S. 37 (46 ff.)
[567] Bonk/Neumann, in Stelkens/Bonk/Sachs, VwVfG, § 75/32e; Wienke, Planungsentscheidung, BayVBl. 83, 297 ff.; Stadler, Enteignung, S. 57

fenen, die infolge des zeitlichen Auseinanderklaffens keinen Eingriff in Art. 14 GG erfahren und die Nutzung ihres Grundstücks noch bis zur tatsächlichen Inanspruchnahme fordern[568].

Eine andere Alternative wäre die komplette Auslagerung der Enteignungsentscheidung, wie dies bei Planfeststellungsverfahren der Fall ist, in denen dem Planfeststellungsbeschluss keine enteignungsrechtliche Vorwirkung zukommt. So würde nicht im Planfeststellungsbeschluss die Enteignung für zulässig erklärt, sondern erst in einem folgenden Enteignungsverfahren. Die Einbeziehung der Eigentümerbelange entspricht jedoch prinzipiell dem Grundsatz der Problembewältigung, der die Überwindung entgegenstehender privater Belange schon im Planfeststellungsverfahren verlangt[569]. Zudem wäre eine komplette Auslagerung für die Umsetzung des geplanten Vorhabens nicht förderlich. Der Vorhabenträger wäre der Unsicherheit ausgesetzt, ob die für das Vorhaben benötigten Grundstücke überhaupt zur Verfügung stehen[570]. Ein solches Rechtssicherheitsinteresse des Vorhabenträgers muss angesichts des finanziell und zeitlich aufwändigen Planfeststellungsverfahrens für ein gemeinnütziges Vorhaben gegenüber den Interessen der betroffenen Eigentümer und ihrer aus Grund und Boden resultierenden Sozialpflicht überwiegen.

Insgesamt erweist sich somit der Eingriff infolge des Zwischenstadiums aufgrund überwiegender öffentlicher und privater Interessen grundsätzlich als gerechtfertigt.

---

[568] deshalb kann auch nicht der Ansicht Steinbergs gefolgt werden, der vorschlägt die Auslagerung der Entschädigungsleistungen aus verfahrensökonomischen Gründen aufgeben: Fachplanung, § 4/134
[569] Dürr, in Kodal, StraßenR, Kap. 34/22.1 mit Verweis auf BVerwG, Urt. v. 7.9.1979, E 58, 281
[570] Bonk/Neumann, in Stelkens/Bonk/Sachs, VwVfG, § 75/32e

bb) Zeitfaktor als Grenze der Sozialbindung: Verlangt das Zwischenstadium an sich schon nach einer Befristung des Planfeststellungsbeschlusses?

Die Grenze der Zumutbarkeit der Belastungen durch das Zwischenstadium könnte mit Ablauf eines bestimmten Zeitrahmens überschritten sein. Folge der Begrenzung der Belastungen könnte dann die Befristung des Planfeststellungsbeschlusses mit Erlöschensfolge sein.

(1) Bedeutung des Zeitfaktors

Eigentum ist ein Wert in der Zeit[571], so dass dem Zeitfaktor bei Eingriffen in die Eigentumsfreiheit Bedeutung zukommen muss. Dem entsprach die Rechtsprechung, wenn sie der Ermittlung der Opfergrenze als Schwelle zwischen Sozialbindung und Enteignung den Zeitfaktor als entscheidendes Kriterium zugrundelegte. Nutzungsbeschränkungen sollten sich nach einer gewissen Dauer wie ein Eigentumsentzug und damit wie eine Enteignung auswirken. Mit dieser Argumentation wurde z.B. die Befristung von Veränderungssperren begründet. Zwar stellte der Bundesgerichtshof in seinen Urteilen zur sog. „Stuttgarter-Bausperre"[572] und „Freiburger-Bausperre"[573] noch auf materielle Kriterien wie den örtlichen Bezug der Bausperre ab, doch gab er diese Rechtsprechung bald auf[574]. In der Folgezeit war die Dauer entscheidendes Abgrenzungskriterium[575].

Nach der heute praktizierten Abgrenzungsmethode zwischen Inhalts- und Schrankenbestimmung und Enteignung, kann dem Zeitfaktor eine solche

---

[571] Leisner, Sozialbindung, S. 205
[572] BGH, Urt. v. 26.11.1954, Z 15, 168 ff.
[573] BGH, Urt. v. 25.6.1959, NJW 1959, S. 2156 ff.
[574] BGH, Urt. v. 4.6.1962, DVBl. 62, 788; Urt. v. 27.9.1962, BRS 19 (1962), 106; Urt. v. 14.12.1978, Z 73, 161 ff.
[575] vgl. dazu in der Literatur: Leisner, Sozialbindung (1972), S. 205; Kirchhof, Verwalten und Zeit, S. 14; Evers, Über die Zeit, in Mélanges Marcel Bridel, S. 193 (208); Kröner, Eigentumsgarantie, S. 67 ff.; Forsthoff, Eigentumsschutz, in Maunz-FG, S. 89 (96 ff.)

Bedeutung jedoch nicht mehr zukommen[576]. Wie oben gezeigt, ist die Anwendung der überkommenen Schwellentheorie abzulehnen. Dies bedeutet jedoch nicht, dass der Zeitfaktor im Eigentumsgrundrecht überhaupt keine Rolle mehr spielt. Denn die Veränderung der Abgrenzungspraxis hat zur Folge, solche Eingriffe unabhängig von ihrer Schwere als Inhalts- und Schrankenbestimmung anzusehen. Eingriffe mit unterschiedlicher Schwere sind mithin schon auf der Ebene der Inhalts- und Schrankenbestimmungen zu finden. Um der variierenden Belastungsintensität Rechnung tragen zu können, muss die Schwere des Eingriffs nun im Rahmen der Verhältnismäßigkeit Berücksichtigung finden. Infolge dieses Wandels der Abgrenzungsmethodik hat sich die in Literatur und Rechtsprechung fast einhellig anerkannte Figur der ausgleichspflichtigen Inhalts- und Schrankenbestimmung entwickelt[577]. Ein durch die Überschreitung der Zumutbarkeitsgrenze bewirkter Verstoß gegen das Verhältnismäßigkeitsprinzip, kann danach durch die Einräumung eines Ausgleichs abgewendet werden[578]. Die Kriterien der Abgrenzung von Inhalts- und Schrankenbestimmung zur Enteignung haben sich somit auf die Abgrenzung zwischen ausgleichspflichtiger und ausgleichslos hinzunehmender Inhalts- und Schrankenbestimmung verschoben[579].

Für das hier vorliegende Untersuchungsthema bedeutet diese Entwicklung zunächst, dass der Zeitfaktor als Zumutbarkeitsgrenze im Rahmen der

---

[576] infolgedessen ist eine Veränderungssperre unabhängig von ihrer Dauer als Inhalts- und Schrankenbestimmung einzustufen: vgl. zur Nutzungsbeschränkung i.R. einer Entwicklungs- bzw. Sanierungssatzung, BVerwG, Urt. v. 7.6.1996, BauR 1996, S. 831 (833)

[577] erstmalig anerkannt wurde dieses Institut in der sog. Pflichtexemplarentscheidung des BVerfG, Beschl. v. 14.7.1981, E 58, 137; heute nahezu allgemein anerkannt: BVerfG, Urt. v. 2.3.1999, E 100, 226; BVerwG, Beschl. v. 10.5.1995, NJW 1996, S. 409; BGH, Urt. v. 19.9.1996, Z 133, 265 (267); Hendler, Eigentumsgarantie, DVBl. 83, S. 873 (880); Nüßgens/Boujong, Eigentum, Rd. 339; Ossenbühl, Staatshaftungsrecht, S. 181 f. m.w.N.; dagegen: Maiwald, Entschädigungspflichtige Eigentumseingriffe, BayVBl. 91, S. 101 (104)

[578] zu den Kriterien siehe unten S. 148 ff.

[579] vgl. z.B. BGH, Urt. v. 7.7.1994, Z 126, 379 (383); Urt. v. 19.9.1996., Z 133, 271 (276); BVerwG, Urt. v. 24.6.1993, E 94, 1 (11); Maurer, Allg. VerwR, § 26/81; Nüßgens/Boujong, Eigentum, Rd. 345; Ossenbühl, Staatshaftungsrecht, S. 189 f.; kritisch: Osterloh, Eigentumsschutz, DVBl. 1991, S. 906 (910)

Verhältnismäßigkeit einer Inhalts- und Schrankenbestimmung Berücksichtigung findet. Belastungen mit Eingriffsqualität haben demnach grundsätzlich eine zeitliche Obergrenze. Zu fragen bleibt jedoch, ob eine solche zeitliche Zumutbarkeitsgrenze von der Art des Vorhabens abhängig ist, oder ob diese ein isoliertes Kriterium bildet. Ist eine Abhängigkeit vom jeweiligen Vorhaben zu bejahen, wäre die durchschnittliche Durchführungsdauer des jeweiligen Vorhabens innerhalb der Sozialpflichtigkeit anzusetzen. Jede Verzögerung mache den Eingriff unzumutbar. Folglich wäre die Zumutbarkeitsgrenze vom jeweiligen Umfang des Vorhabens abhängig. Je komplexer ein solches ist, desto länger wäre der Eigentumseingriff durch das Zwischenstadium zumutbar und damit verhältnismäßig. So begründete der Bundesgerichtshof die zeitliche Begrenzung einer Veränderungssperre nach BauGB mit der grundsätzlichen Möglichkeit, in dieser Zeit (hier: 3 Jahre) einen Bebauungsplan aufzustellen[580]. Der Bundesgerichtshof machte die Zumutbarkeits- bzw. Opfergrenze mithin von den Möglichkeiten der Verwaltung abhängig und ließ damit einer Befristung auch die Funktion zukommen, die Verwaltungstätigkeit zeitlich zu straffen[581]. Nebeneffekt dieses Abhängigkeitszusammenhangs ist aber die faktische Eliminierung des Zeitfaktors[582]. Je aufwändiger das Vorhaben, desto weniger Gewicht käme diesem zu. Der individuelle Eigentumsschutz wäre letztlich nur ein „Reflex behördlichen Fehlverhaltens"[583]. Eine solche Verminderung des Eigentumsschutzes ist abzulehnen, da damit die besondere Aufwändigkeit eines Vorhabens, wie z.B. eines Flughafenbaus, zusätzlich zu Lasten der ohnehin unmittelbar Betroffenen ginge. Im Rahmen der Eigentumsfreiheit kann es nicht darauf ankommen, was die Verwaltung leisten kann, sondern nur auf den Schutz der verfassungsrechtlich gewährleisteten Rechtspositi-

---

[580] z.B. BGH, Urt. v. 30.9.1963, NJW 1964, S. 202; Urt. v. 25.6.1959, Z 30, 338 (349); Urt. v. 30.4.1964, MDR 1964, S. 655; siehe auch: Evers, Über die Zeit, in Mélanges Marcel Bridel, S. 193 (199 f.)
[581] vgl. auch Kirchhof, Verwalten und Zeit, S. 14
[582] vgl. Forsthoff, Eigentumsschutz, in Maunz-FG, S. 89 (97)
[583] vgl. Forsthoff, Eigentumsschutz, in Maunz-FG, S. 89 (98)

onen[584]. Die zeitliche Zumutbarkeitsgrenze kann also nicht selbst von einer Abwägung der Interessen abhängig sein, sondern bildet eine von der (durchschnittlichen) Umsetzungsdauer unabhängige Komponente. Die zeitliche Zumutbarkeitsgrenze kann demnach auch innerhalb des Zeitraums überschritten werden, der für die Umsetzung des Vorhabens den zeitlichen Erfahrungswerten entspricht. Auf die Frage, wie konkret die Länge der Zumutbarkeit zu bemessen ist, wird an späterer Stelle zurückzukommen sein.

Da somit die Verhältnismäßigkeit unabhängig von der Realisierungsdauer nach einer zeitlichen Begrenzung der Belastungen verlangt, sind Umsetzungsverzögerungen nicht ausschlaggebend für die Begründung einer Befristung aufgrund von Belastungen durch das Zwischenstadium[585]. Die Zumutbarkeitsgrenze bezieht sich auf einen von der Umsetzungsdauer des Vorhabens unabhängigen fixen Zeitpunkt[586].

(2) Folge der Unzumutbarkeit im Ablauf der Zeit

Zu fragen bleibt, welche Folge die Unzumutbarkeit im Ablauf der Zeit haben muss. Ist ein Außerkrafttreten des Planfeststellungsbeschlusses erforderlich? Oder ist auch ein Ausgleich im Sinne einer ausgleichspflichtigen Inhalts- und Schrankenbestimmung möglich? Wäre Letzteres der Fall, könnte untersucht werden, ob ein solcher Ausgleich schon über Entschädigungsregelungen, beispielsweise im Rahmen einer Veränderungssperre, stattfindet, so dass es eines speziellen Ausgleichs nicht mehr bedürfe. Letzteres war die Argumentation des 1. FStrÄndG von 1961, womit § 17 Abs.

---

[584] Leisner, Sozialbindung, S. 206
[585] vgl. die insofern unzutreffende Gesetzesbegründung zum VwVfG (1977), oben S. 122 f.
[586] damit ist jedoch noch keine Aussage über die Zulässigkeit der Pauschalität eines solchen Zeitpunktes im Hinblick auf die individuellen Belastungen der einzelnen unmittelbar Betroffenen gesagt, dazu s.u. S. 211 f.

VII a.F. FStrG (1953) aufgehoben wurde[587]. Auch im Rahmen der Bundesratsinitiative zum FStrG wird damit hinsichtlich der Länge der Frist argumentiert[588].

Diese Fragestellung hängt mit dem Problem der ausgleichspflichtigen Inhalts- und Schrankenbestimmung an sich zusammen. Bei offensiver Anwendung dieses Rechtsinstituts besteht die Gefahr der Senkung der Schwelle zur Überwindung der Bestandsgarantie[589]. Primäres Schutzobjekt des Art. 14 Abs. I S. 1 GG ist das Eigentum in seinem Bestand. Nach Stimmen in Literatur und Rechtsprechung sollen demnach Ausgleichsregelungen ein Außerkrafttreten des Planfeststellungsbeschlusses nicht ersetzten können[590].

Unzweifelhaft ist, dass die Erhaltung des Zuordnungsverhältnisses des Eigentums grundsätzlich im Vordergrund steht. Dies wird allerdings nicht am Fall der Enteignung nach Art. 14 Abs. III GG deutlich, wenn hier nur unter engen Voraussetzungen die Bestandsgarantie hinter der Wertgarantie zurücktreten kann und Art. 14 Abs. I S. 2 GG dagegen eine solche Möglichkeit des Wertausgleichs nicht enthält [591]. Denn im Fall der Inhalts- und Schrankenbestimmung bleibt gerade das Zuordnungsverhältnis unangetastet. Das „Behaltendürfen" wird nicht in Frage gestellt. Auch bei Überschreitung der Unverhältnismäßigkeitsgrenze bleibt das Eigentum in seinem Bestand erhalten. Eine andere Auffassung wende sich gegen die oben erörterte Abgrenzung von Inhalts- und Schrankenbestimmung zur Enteignung. Kern der Problematik ist dagegen, unter „Bestand" nicht das Zuordnungsverhältnis zu verstehen, das im Fall einer Enteignung verschoben

---

[587] siehe oben S. 41 u. 66 f.
[588] siehe oben S. 43 u. 66 f.
[589] Roller, Enteignung, NJW 2001, S. 1003 (1008); dazu auch: König, Kriterien, DVBl. 99, S. 954 ff.; Papier, Eigentum, in BGH-FG, S. 863 (876 ff.)
[590] OVG RP, Urt. v. 2.10.1984, DVBl. 1985, S. 408; Wigginghaus, Rechtsstellung, S. 51 ff. u. 101
[591] so aber: Papier, Maunz/Dürig, Art. 14/338 ff.; ders., Eigentum und Entschädigung, 50 Jahre BGH, S. 863 (878 ff.)

wird, sondern die Gesamtheit der Eigentümerbefugnisse. Diese werden in der Tat primär von Art. 14 Abs. I S. 1 GG geschützt, da der Eigentumsfreiheit die Funktion eines Abwehrrechtes zukommt[592]. Hoheitliche Eingriffe haben somit vorrangig die Bestandskomponente im Sinne umfassender Eigentümerbefugnisse zu berücksichtigen[593]. Art. 14 Abs. I S. 2 GG enthält zwar kein Indiz für ein Entschädigungsverbot[594]. Dies berührt den primären Charakter des Eigentumsgrundrechts als Abwehrrecht jedoch nicht. Genauso schließt dieser primäre Charakter aber auch die Möglichkeit eines Wertausgleichs auf sekundärer Ebene nicht aus. Es fragt sich allerdings, wann auf einen Wertausgleich zurückgegriffen werden kann, ohne diese Grundkonzeption auszuhöhlen. So kann sicherlich nicht jede Unverhältnismäßigkeit ausgeglichen werden. Grundsätzlich muss es dabei bleiben, dass die Unverhältnismäßigkeit zur Verfassungswidrigkeit des Eingriffs führt. Zudem muss auch ohne Ausgleichsregelung die Substanz des Eigentums gewahrt werden[595].

Der Frage, wann die Überwindung der Unverhältnismäßigkeit mit einer Ausgleichsregelung erfolgen kann, liegt letztlich eine Abwägungsentscheidung zugrunde, die sich an der Schwere des Eingriffs sowie dem Gewicht der öffentlichen Belange zu orientieren hat. Je stärker in das Eigentum eingegriffen wird, desto schwerer müssen die öffentlichen Belange wiegen, soll die Bestandsgarantie überwunden werden[596]. Übertragen auf das vorliegende Untersuchungsthema bedeutet dies, mit Erreichen der Unzumutbarkeitsschwelle[597] müsste der Planfeststellungsbeschluss grundsätzlich zugunsten des primären Bestandsschutzes außer Kraft treten. Anders, wenn

---

[592] Schoch, Rechtliche Konsequenzen, S. 655 (660); Böhmer, Grundlagen, Der Staat 1985, S. 157 (178 f.)
[593] BVerwG, Urt. v. 15.7.1981, E 58, 300 (323 f.)
[594] Sass, Art. 14 GG, S. 325, 329 ff.
[595] BVerfG, Beschl. v. 30.11.1988, E 79, 174 (198); Urt. v. 2.3.1999, E 100, 226 (244 f.), dazu Ossenbühl, Anmerkung, JZ 99, S. 899 f.; Hammer, Verfassungsrechtliche Grenzen, NVwZ 00, S. 46 f.; vgl. auch Roller, Enteignung, NJW 01, S. 1003 (1008)
[596] BVerwG, Beschl. v. 8.10.1991, E 84, 366 (368)
[597] zur Frage wann diese anzusetzen ist sowie zur Frage der Pauschalität siehe unten S. 207 ff.

eine Abwägung den öffentlichen Interessen am Erhalt des Planfeststellungsbeschlusses Vorrang einräumte oder aber, wenn eine Befristung von vornherein aus rein praktischen Gründen nicht möglich wäre. Denn auch in einem solchen Fall muss die Option bestehen, einer solchen Sachlage mit Ausgleichsregelungen zu begegnen[598].

Die Unmöglichkeit einer Befristung ist beispielsweise im Fall von Sanierungs- und Entwicklungsmaßnahmen nach dem Baugesetzbuch ein anerkanntes Argument gegen die zeitliche Begrenzung von derartigen Satzungen bzw. der diesen zugrundeliegenden Nutungsbeschränkungen aus §§ 144, 145 bzw. 169 Abs. I Nr. 3 i.V.m. 144, 145 BauGB[599]. Im Vergleich zur befristeten Veränderungssperre nach §§ 14, 17 BauGB soll eine Befristung nicht möglich sein, weil anders als bei einer Veränderungssperre nicht nur eine planerische Vorbereitung abgesichert werden soll, sondern darüber hinaus die Durchführung der festgesetzten Maßnahmen sowie deren Finanzierung erforderlich sind[600]. Dies erschwere eine zeitliche Festlegung.

Beide Komponenten liegen auch im Fall eines Planfeststellungsbeschlusses vor, so dass daraus auf eine Unpraktikabilität einer Befristung geschlossen werden könnte. Bei Sanierungs- oder Entwicklungssatzungen kommt jedoch die Kompliziertheit der Maßnahme hinzu, die von vielen Variabilitätsfaktoren abhängig ist. Abstrakte zeitliche Grenzen sind daher nur schwer zu bestimmen[601]. Die Vorbereitung, wie auch die Durchführung, sind in verstärktem Maße von der ständigen Mitwirkung der Betroffenen

---

[598] vgl. BVerfG, Urt. v. 2.3.1999, E 100, 226 (245 f.); Roller, Enteignung, NJW 2001, S. 1003 (1008)
[599] allgemein zur Verfassungsmäßigkeit der Regelungen siehe: Bielenberg, Verfassungsrechtliche Eigentumsgarantie, DVBl. 1971, S. 441 ff.; Schlichter/Stich/Krautzberger, StädtebauförderungsG, § 15/6 ff.; Meyer, Betrachtungen, AöR 97 (1972), S. 12 (19 ff.); Hein, StädtebauförderungsG, § 15/2 f.; Schmidt-Assmann, Grundfragen, S. 235 f.; Neuhausen, in Brügelmann, BauGB, § 144/6 ff.; Bielenberg/Krautzberger, in Ernst/Zinkhahn/Bielenberg, BauGB, § 144/15 ff.; Bielenberg, StädtebauförderungsG, C § 15/ 100
[600] BVerwG, Beschl. v. 7.6.1996, BauR 1996, S. 831 (833); Neuhausen, in Brügelmann, BauGB, § 144/10b
[601] Neuhausen, in Brügelmann, BauGB, § 144/10b

motiviert[602]. Genauso verhält es sich bei Bebauungsplänen, deren Durchführung ebenfalls zu einem entscheidenden Teil von den Betroffenen abhängig ist[603]. Beide entbehren mithin aus praktischen Gründen einer zeitlichen Begrenzung ihrer Geltungsdauer. Derartigen Schwierigkeiten unterliegt ein Planfeststellungsbeschluss dagegen nicht. Seine Durchführung ist nicht von der Mitwirkung der Betroffenen abhängig. Lediglich die Durchführungs- und Finanzierungsbedürftigkeit erschweren eine Befristung, macht sie jedoch nicht unmöglich. Die Festlegung abstrakter zeitlicher Vorgaben für die Durchführungsdauer bzw. deren Beginn ist grundsätzlich möglich.

Scheitert somit die Einräumung primären Bestandsschutzes durch das Außerkrafttreten des Planfeststellungsbeschlusses nicht schon an der Praktikabilität einer Befristung, wäre zur Ermittlung einer Ausgleichsoption eine Abwägung der Interessen erforderlich. Diese könnte infolge überwiegender Interessen an der Planerhaltung zu dem Ergebnis führen, dass statt des Außerkrafttretens des Planfeststellungsbeschlusses zur Wahrung der Verhältnismäßigkeit auch Ausgleichsleistungen, z.B. durch Geldentschädigung, möglich sind. Für einen bloßen Ausgleich sprächen hier die oben angeführten Interessen an der Umsetzung gemeinnütziger Vorhaben, vor allem solche zur Förderung der Infrastruktur. Für einen Verweis auf die Wertgarantie des Art. 14 GG können auch Aspekte der Verwaltungseffizienz angeführt werden[604].

Eine solche Abwägung ist dann nicht erforderlich, wenn in den vorliegenden Fällen schon eine Grundentscheidung zu Lasten der Bestandsgarantie vorläge. Wie oben erwähnt, findet im Rahmen des Planfeststellungsverfahrens eine umfassende Abwägung der Interessen statt, wobei Art. 14 Abs.

---

[602] Bielenberg, StädtebauförderungsG, C § 15/ 100
[603] Schmidt-Aßmann, Formen der Enteignung, JuS 1986, S. 833 (838); Wigginghaus, Rechtsstellung, S. 92; siehe auch schon oben S. 92
[604] siehe oben S. 108 ff.

III GG Berücksichtigung findet. Das Gewicht der Belange unmittelbar Betroffener richtet sich dabei entscheidend nach deren Interesse am Erhalt des Eigentums[605], welches, entsprechend dem Gebot der Konfliktbewältigung[606], umfassende Berücksichtigung schon im Planfeststellungsverfahren erfährt. Mit der Abwägungsentscheidung zu Lasten der Interessen unmittelbar Betroffener, findet demnach schon eine Entscheidung gegen die Bestandsgarantie bzw. für deren Ersetzung durch die Eigentumswertgarantie statt. Eine Berufung auf die Bestandsgarantie ist dem Grundstückseigentümer nach Unanfechtbarkeit des Planfeststellungsbeschlusses verwehrt. Anders verhält es sich nur, wenn das Vorhaben letztlich nicht umgesetzt wird, da eine Enteignung dann nicht mehr zulässig ist. Ob schon enteignet oder nicht, gewinnt das Bestandsinteresse des Eigentümers in diesem Fall wieder an Gewicht[607]. Solange aber das Vorhaben nicht aufgegeben und der Planfeststellungsbeschluss noch wirksam ist und die konkrete Enteignung zulässt, bleibt die Abwägung mit der Entscheidung zu Lasten der Bestandsgarantie Grundlage für die Beurteilung der Eigentümerinteressen. Dies gilt auch, soweit Belastungen infolge dieser Vorentscheidung die Zumutbarkeitsschwelle überschreiten, da dadurch das Abwägungsergebnis mit der Entscheidung über die Zulässigkeit einer Enteignung, nicht in Frage gestellt wird. Dem widerspricht auch nicht die Exklusivität von Planfeststellungs- und Enteignungsverfahren, da diesen Erwägungen lediglich die Abwägungsentscheidung, nicht jedoch die Enteignung an sich, zugrunde liegt.

---

[605] Stüer/Hönig, Das Eigentum als Grundlage von Abwägung und Rechtsschutz, http://www.stueer.via.t-online.de/aufsatz/abwaegen.pdf/, S. 4
[606] BVerwG, Urt. v. 7.9.1979, E 58, 281
[607] vgl. die Diskussion um den Rückenteignungsanspruch, z.B. Wigginghaus, Rechtsstellung, 1978; eine solche Parallele zieht auch das OVG RP, Urt. v. 2.10.1984, DVBl. 1985, S. 408, wenn es im Rahmen der Begründung des Vorrangs der Bestandsgarantie auf das Rückenteignungsurteil des BVerfG v. 12.11.1974, E 38, 175 (184 f.) verweist; die Argumentation zum Rückenteignungsanspruch kann jedoch solange nicht herangezogen werden, wie das Vorhaben sich nicht in irgendeiner Weise erledigt hat und somit der Enteignungszweck entfällt; dies ist vorliegend gerade nicht der Fall.

Insgesamt ist es somit zulässig, den nach einer bestimmten Zeitdauer an sich unverhältnismäßigen Eingriff infolge des Zwischenstadiums durch Ausgleichsregelungen zu kompensieren, anstatt den Planfeststellungsbeschluss außer Kraft treten zu lassen. Angesicht der gewichtigen Planerhaltungsinteressen und den im Gegenzug dem Eigentümer verbleibenden Nutzungsbefugnissen, käme letztlich auch eine Abwägung der Interessen zu keinem anderen Ergebnis.

Als taugliche Ausgleichsregelungen kommen hier die Geldentschädigung sowie der Übernahmeanspruch in Betracht. Letzterer ist als Entschädigung im Rahmen des Art. 14 Abs. III GG anerkannt[608], so dass im Fall unmittelbarer Betroffenheit auch für Art. 14 Abs. I S. 2 GG nichts anderes gelten kann. Art. 14 Abs. I S. 2 GG legt eine bestimmte Ausgleichsart gerade nicht fest.[609] Auch ein bloßer Übernahmeanspruch entspricht rechtsstaatlichen Anforderungen, wenn die betroffene Fläche ohnehin zur Verwirklichung des Vorhabens übernommen werden muss[610]. Eine Konfliktlage wonach der Betroffene zunächst die weitere Entwicklung abwarten will, kann mangels vorübergehenden Charakters der Belastungen nicht entstehen[611]. Auch muss der Eigentümer nicht auf eine Aufgabe des Vorhabens spekulieren, um sein Grundstück letztlich behalten zu können. Sollte dieser Fall nach der Übernahme des Grundstücks noch eintreten, hat der ehemalige Eigentümer grds. ein Recht auf Rückübertragung[612]. Ferner ist ein Übernahmeanspruch taugliches Mittel, um die Belastungen abzuwenden. Durch

---

[608] BGH, Urt. v. 29.4.1968, Z 50, 93 (96 ff.); Breuer, Bodennutzung, S. 250; ders., Entschädigungsrechtliche Konsequenzen, DöV 1978, S. 189 (199); Ziegler, Entschädigungsregelung, DVBl. 1973, S. 93 (95); Bielenberg, in Ernst/Zinkahn/Bielenberg, BauGB, § 145/69; Neuhausen, in Bielenberg/Krautzberger, BauGB, § 145/46

[609] BVerwG, Beschl. v. 7.6.1996, BauR, 1996, S. 831 (833); BGH, Urt. v. 17.12.1992, DVBl. 1993, S. 430

[610] BGH, Urt. v. 29.4.1968, Z 50, 93 (96 ff.)

[611] wegen eines solchen Konflikts ist im Rahmen von sanierungsbedingten Veränderungssperren str., ob ein Übernahmeanspruch allein einen Ausgleich schaffen kann; vgl. z.B. Schmidt-Aßmann, Übernahmeansprüche, BauR 1976, S. 145 (149 f.); BVerwG, Beschl. v. 7.6.1996, BauR, 1996, S. 831 (833)

[612] vgl. Schmidt-Aßmann, in Ernst/Zinkahn/Bielenberg, BauGB, § 102/18b m.w.N.

das Initiativrecht des Eigentümers kann dieser die Hinauszögerung der Enteignungsentschädigung verhindern[613].

(3) Schon existierende Kompensation des Eingriffs?

Es ist mithin zu untersuchen, ob möglicherweise schon die unzumutbaren Belastungen infolge des Zwischenstadiums einen Ausgleich erfahren. Bevor Entschädigungsleistungen und Übernahmeansprüche im Rahmen von Nutzungsbeschränkungen und der später erfolgenden Enteignung in Betracht gezogen werden, soll zunächst gefragt werden, ob nicht schon im Planfeststellungsverfahren selbst die Zumutbarkeitsschwelle Berücksichtigung findet.

So finden die Interessen der betroffenen Eigentümer grundsätzlich im Planfeststellungsverfahren Eingang[614]. Die Abwägung hat den Anforderungen des Art. 14 Abs. III GG zu genügen[615]. Allerdings finden dabei weder die nur mittelbaren Wirkungen im Vorfeld der Enteignung eine Berücksichtigung, noch die mit diesen verbundene Zumutbarkeitsschwelle. Anderes könnte jedoch für die Planrechtfertigung gelten, nach der das geplante Vorhaben „vernünftigerweise" geboten sein muss[616]. Zur Ermittlung der prognostischen Erforderlichkeitsgrenze legt das Bundesverwaltungsgericht die gesetzliche Geltungsdauer zugrunde. Wie oben im Rahmen der Diskussion um die „Vorratsplanfeststellung" gezeigt, kann dies auch anhand eines abstrakten Zeitrahmens erfolgen, so dass eine Befristung hierfür nicht erforderlich ist[617]. Die Zumutbarkeitsschwelle findet demnach im

---

[613] siehe schon Marschall, BFStrG (1. Aufl.), § 17/11, zum Übernahmeanspruch nach § 17 Abs. VII FStrG (1953); sowie Rautenberg/Frantzioch, PBefG (1. Aufl.), § 29/Anm. 5, zu § 29 Abs. V PBefG (1961)
[614] Dürr, in Kodal, StraßenR, Kap. 34/22.2
[615] siehe oben S. 15 ff.
[616] vgl. dazu oben S. 14 f.
[617] siehe oben S. 116 ff.

Rahmen der Planrechtfertigung Berücksichtigung. Wird eine Überschreitung dieses Zeitrahmens prognostiziert, wäre somit schon der Planfeststellungsbeschluss rechtswidrig. Allerdings kann die Planrechtfertigung nicht die tatsächliche Überschreitung der Zumutbarkeitsschwelle verhindern. Sie ermöglicht die Planfeststellung mit ihren Wirkungen zwar erst, wenn die Umsetzung innerhalb des zumutbaren Zeitraumes wahrscheinlich ist. Doch angesichts des weiten Prognosespielraums, welcher der Behörde vom Bundesverwaltungsgericht zugesprochen wird[618], reicht die Planrechtfertigung nicht aus, die Eigentumseingriffe im Rahmen des Zumutbaren zu halten. Vielmehr ist eine Sanktionierung der Überschreitung des Planrechtfertigungszeitraumes bzw. ein anderweitiger Ausgleich möglicher Unzumutbarkeit im Ablauf der Zeit zu fordern.

In Betracht kommen Entschädigungsregelungen im Rahmen von Veränderungssperren oder ähnlichen Nutzungsbeschränkungen. So sehen Veränderungssperren im Planfeststellungsrecht[619] in der Regel Entschädigungsregelungen in Form von Geldentschädigung vor[620]. Daneben enthalten einige auch einen Übernahmeanspruch[621]. So steht beispielsweise den Betroffenen nach § 9a Abs. II S. 1 FStrG ein Anspruch auf eine angemessene Geldentschädigung zu, falls die Veränderungssperre länger als vier Jahre andauert und dadurch dem Eigentümer Vermögensnachteile entstehen. Ferner kann er gem. § 9a Abs. II S. 2 FStrG die Übernahme des Grundstücks verlangen, wenn es ihm "mit Rücksicht auf die Veränderungssperre wirtschaftlich nicht zuzumuten ist, die Grundstücke in der bisherigen oder einer anderen zulässigen Art zu benutzen".

Beide Ausgleichsansprüche stehen somit in kausalem Zusammenhang zur Veränderungssperre. Deshalb ist zu fragen, ob damit gleichzeitig Vermö-

---

[618] siehe oben Fn. 488
[619] zur Frage welche Fachplanungsgesetze Veränderungssperren vorsehen, s.o. S. 23 f.
[620] anders im Wasserrecht: dort sehen die Landeswassergesetze keine Entschädigungsregelung vor; es bleibt bei der Regelung des § 36a WHG, die entschädigungslos, dafür aber befristet ist
[621] FStrG und LStrGe

gensnachteile im oben beschriebenen Sinne kompensiert werden. Hat der Eigentümer Verwertungsschwierigkeiten infolge einer Veränderungssperre und erhält er nach vier Jahren Dauer eine Entschädigung beispielsweise dafür, dass er das Grundstück wie beabsichtigt nicht zu Bauzwecken veräußern konnte, so umfasst diese Entschädigung für die Verwertungsschwierigkeiten infolge der Veränderungssperre gleichzeitig die Kompensation für Vermögensnachteile infolge der drohenden Enteignung. Denn letztere Belastung fällt nicht selbständig ins Gewicht, wenn zusätzlich der weitaus gewichtigere Eingriff durch eine Veränderungssperre vorliegt. Etwas anderes ergibt sich auch nicht daraus, dass auf der einen Seite die Aussicht auf Enteignung quasi eine Dauersperre beinhaltet, da letztlich das Eigentum übergehen wird und auf der anderen Seite Veränderungssperren grundsätzlich vorübergehenden Charakter besitzen. Im Fall der akzessorischen Veränderungssperren des Fachplanungsrechts, von denen nur unmittelbar Betroffene erfasst werden, kommt diesen Bausperren nämlich gerade kein vorübergehender Charakter zu. Die Entschädigung im Rahmen dieser Veränderungssperren berücksichtigt den Umstand des nicht nur vorübergehenden Charakters somit schon mit. Auch richtet sich die Entschädigung nach der Dauer der Nutzungsbeschränkung[622]. Insgesamt kann der Belastung infolge drohender Enteignung damit keine eigene Bedeutung in Bezug auf eine Entschädigung zukommen. Sieht darüber hinaus die Veränderungssperrenregelung einen Übernahmeanspruch vor, kann der Betroffene selbst den Zeitpunkt des Eigentumsübergangs bzw. der Enteignung vorziehen, falls die oben genannten Voraussetzungen vorliegen.

---

[622] BGH, Urt. v. 26.11.1954, Z 15, 260; Urt. v. 25.9.1980, Z 78, 192; str. ist, ob Entschädigung für die gesamte Zeit der Nutzungsbeschränkung zu leisten ist, oder ob es bei einer sog. dauerhaften Sperre auch einen ausgleichslosen von der Sozialpflicht zu tragenden Zeitraum gibt, vgl. dazu Breuer, Bodennutzung, S. 241; Kröner, Eigentumsgarantie, S. 96; Ziegler, Entschädigungsregelung, DVBl. 73, S. 93 ff.; Schlosser, in Marschall, BFStrG, § 9a/10; für das vorliegende Untersuchungsthema kann der Streitstand auf sich beruhen.

Insoweit findet also schon eine Kompensation des unzumutbaren Eingriffs in das Eigentumsgrundrecht statt[623]. Unberücksichtigt bleiben dabei allerdings zum einen die Fälle, in denen keine Veränderungssperre vorliegt, weil beispielsweise das Fachplanungsgesetz keine akzessorische Veränderungssperre vorsieht[624], und vor allem die Fälle, in denen der unmittelbar Betroffene nicht von der Veränderungssperre beeinträchtigt wird. Auslöser für einen Ausgleichsanspruch ist, dass der Eigentümer das Grundstück so nutzen will, wie es die Veränderungssperre ihm verbietet[625], wobei reine Instandhaltungsmaßnahmen davon nicht erfasst werden. Zudem sind Verwertungsschwierigkeiten auch dann denkbar, wenn keine Nutzungsbeeinträchtigungen vorliegen. Die Bewirtschaftung eines Ackergrundstücks ist beispielsweise von einer Veränderungssperre grundsätzlich nicht erfasst[626]. Der Eigentümer eines solchen Grundstückes wird aber dennoch Schwierigkeiten bei der Veräußerung oder Verpachtung haben und dadurch möglicherweise einen Vermögensnachteil erleiden. Er erfährt aber keine Entschädigung über die Ausgleichsregelungen der Veränderungssperre. Insgesamt werden all diejenigen von der Veränderungssperrenentschädigung nicht erfasst, die eine Verwertung nur im Rahmen der bisherigen Nutzung anstreben. Solche unmittelbar Betroffenen ohne Veränderungswillen, aber mit Verwertungsabsichten, werden angesichts der drohenden Enteignung nicht die Ausnahme bilden.

Es können somit bei weitem nicht alle Fälle mit dieser Argumentation abgedeckt werden, so dass weiter untersucht werden muss, ob nicht auf eine andere Art und Weise eine Kompensation stattfindet. Zu denken wäre an die später erfolgende Enteignungsentschädigung:

---

[623] so auch: Dolde, BT-Protokoll 14/51//14/73, S. 65 f.; Ronellenfitsch, BT-Protokoll 14/51//14/73, S. 53; ebenso die Begründung des Gesetzentwurfs der Länderkammer zum FStrÄG, BT-Drucks. 14/2994, S. 7
[624] z.B. im KrW-/AbfG i.V.m. einigen Landesabfallgesetzen
[625] Nüßgens/Boujong, Eigentum, Rd. 169 f.
[626] Schlosser, in Marschall, BFStrG, § 9a/9

Im Rahmen der Enteignungsentschädigung werden neben dem Rechtsverlust auch sonstige Vermögensnachteile ausgeglichen[627]. Letztere betreffen allerdings nur Vermögensnachteile die *durch* die Enteignung eintreten, also etwa Wertminderungen für Restgrundstücke etc. Hier entstehen allerdings Vermögensnachteile schon im Vorfeld der Enteignung. Diese erfahren nur in Bezug auf den hier ohnehin irrelevanten unmittelbaren Wertverlust insofern einen Ausgleich, als dass der Stichtag für die Wertermittlung des Grundstücks der Zeitpunkt ist, in dem das Grundstück von jeder konjunkturellen Weiterentwicklung ausgeschlossen wird[628]. Hinsichtlich des Wertes des Grundstücks ist somit auf den Zeitpunkt des Erlasses des Planfeststellungsbeschlusses abzustellen. Liegt zudem eine Veränderungssperre vor, ist dieser Zeitpunkt auf den Erlass derselben nochmals vorzuverlegen[629].

Erleidet der Eigentümer darüber hinaus Vermögensnachteile durch die enteignungsrechtliche Vorwirkung könnte eine Verzinsung des Entschädigungsanspruchs ab Erlass des Planfeststellungsbeschlusses in Betracht kommen[630]. So im Fall des Vorliegens einer Veränderungssperre[631]. Fehlt wie hier jedoch eine gesetzliche Entschädigungsregelung, stellt sich die Frage, ob sich eine Verzinsung auch aus allgemeinen entschädigungsrechtlichen Grundsätzen über einen Analogieschluss oder direkt aus Art. 14 GG ergeben kann. Ist dies möglich, könnten auch die Fälle später doch nicht enteigneter Grundstückseigentümer erfasst werden. Wird das Vorhaben nämlich ganz oder zum Teil aufgegeben, erhält der ursprünglich unmittelbar Betroffene keinen Ausgleich für die ihm durch das Zwischenstadium verursachten unzumutbaren Vermögensnachteile[632].

---

[627] vgl. z.B. § 93 Abs. II Nr. 2 BauGB oder entsprechende Regelungen in LEntGe
[628] BGH, Urt. v. 12.6.1975, Z 64, 382; Korbmacher, Fachplanerische Abwägung, DöV 1982, S. 517 (519); Kühling, Fachplanungsrecht, Rd. 474
[629] Kühling, Fachplanungsrecht, Rd. 476
[630] dabei handelt es sich nicht um Zinsen im Rechtssinne, sondern um eine Entschädigung für entgangene Nutzungsmöglichkeiten, z.B. BGH, Urt. v. 10.7.1986, Z 98, 188 (193)
[631] siehe z.B. bei Kröner, Eigentumsgarantie, S. 97
[632] ein solches Problem stellte sich bisher aufgrund der gesetzlichen Befristungen nicht

Hinsichtlich Folgeschäden wird vertreten, diese müssten auch dort ausgeglichen werden, wo eine gesetzliche Grundlage fehlt. Die vorhandenen gesetzlichen Regelungen verliehen einem „generellen Grundgedanken des Enteignungsrechts" Ausdruck. Diese aus Art. 14 Abs. III GG resultierende Entschädigungspflicht bestünde demnach abgesehen von einer gesetzlichen Grundlage[633]. Unabhängig von der Frage, ob eine solche Argumentation überhaupt mit der Junktimklausel des Art. 14 Abs. III GG vereinbar wäre, ist diese doch zumindest auf das vorliegende Problem nicht übertragbar. Denn es handelt sich hier nicht um eine Enteignungsentschädigung im Sinne des Art. 14 Abs. III GG, sondern um einen Ausgleich im Rahmen einer ausgleichspflichtigen Inhalts- und Schrankenbestimmung, die lediglich, wie im Fall der Veränderungssperre, im Rahmen der Enteignungsentschädigung, beispielsweise durch Verzinsung, Berücksichtigung findet. Grundlage der Entschädigung ist deshalb aber nicht Art. 14 Abs. III GG, so dass auch die Junktimklausel hier nicht zur Anwendung kommt[634].

Dennoch stellt sich die Frage, ob bei fehlender Gesetzesgrundlage für eine Entschädigung im Rahmen einer ausgleichspflichtigen Inhalts- und Schrankenbestimmung auf den allgemeinen Aufopferungsgedanken zurückgegriffen werden kann. Ein solcher Aufopferungsanspruch wird seit dem Rechtsprechungswechsel zur Eigentumsfreiheit nicht mehr aus Art. 14 GG, sondern aus §§ 74, 75 der Einleitung zum Preußischen Allgemeinen Landrecht hergeleitet. Bei Anwendung desselben könnte dem unmittelbar Betroffenen bei Überschreitung der Zumutbarkeitsgrenze durch Richterspruch ein Ausgleichsanspruch in Form einer Geldentschädigung oder eines Übernahmeanspruchs zugesprochen werden. Eine solche Vorgehensweise würde jedoch die aufgrund fehlender Ausgleichsregelungen folgende Verfassungswidrigkeit eines unbefristeten Planfeststellungsbeschlusses -

---

[633] BGH, Urt. v. 6.12.1965, NJW 66, S. 493 (495); Ossenbühl, Staatshaftungsrecht, S. 210
[634] BGH, Urt. v. 18.2.1993, Z 121, 328 (332); BVerwG, Urt. v. 24.6.1993, E 94, 1 (10); Roller, Enteignung, NJW 01, S. 1003 (1009); anders: Krohn, Enteignung, Rd. 9; Schoch, Rechtliche Konsequenzen, Boujong-FS, S. 655 (667)

bzw. die diesem zugrundeliegenden gesetzlichen Regelungen- unterlaufen. Der Gesetzesvorbehalt für Ausgleichsregelungen folgt schließlich aus Art. 14 Abs. I S. 2 GG, der bestimmt, dass Inhalt und Schranken des Eigentums durch die Gesetze angeordnet werden[635]. Ein die Verfassungsmäßigkeit des Gesetzes wahrender Ausgleich kann daher nicht durch die Verwaltung oder die Gerichte zugesprochen werden[636]. Auch eine verfassungskonforme Auslegung der Planfeststellungsregelungen hilft hier nicht weiter. Genauso verbietet sich ein Analogieschluss zu Entschädigungsregelungen im Rahmen einer Veränderungssperre oder ähnlich gelagerten Fällen, wie die des § 40 Abs. II BauGB. Der Verstoß gegen Art. 14 Abs. I GG führt vielmehr grundsätzlich zur Verfassungswidrigkeit der Inhalts- und Schrankenbestimmung[637].

Etwas anderes muss allerdings dann gelten, wenn die beschriebene Unzumutbarkeit für die unmittelbar Betroffenen nur in Ausnahmefällen auftritt. Denn der Gesetzgeber muss und kann nicht alle denkbaren Fälle berücksichtigen. Stellen die Fälle der Unzumutbarkeit eher atypische und seltene Einzelfälle dar, ist der Gesetzgeber nicht gehalten auch solche gesetzlich zu regeln. Hier kann darauf vertraut werden, dass die Verwaltung oder die Gerichte durch Ausgleichsleistungen die Verletzung der Eigentumsfreiheit verhindern. Die vorliegenden Fälle der möglichen Unzumutbarkeit bewegen sich jedoch nicht im Bereich des Atypischen. Zum einen ist die Überschreitung der Zumutbarkeitsgrenze angesichts der Umsetzungsdauer sowie nicht seltener Umsetzungsverzögerungen sehr wahrscheinlich. Und zum zweiten wird es aufgrund der Anzahl, der von einem solchen Vorhaben Betroffenen, nicht selten der Fall sein, dass trotz gleichzeitiger Verän-

---

[635] Papier, Eigentum, in BGH-FG, S. 863 (880)
[636] Roller, Enteignung, NJW 01, S. 1003 (1009); hierfür wird auch der Grundsatz der Gewaltenteilung und der des Parlamentsvorbehalts angeführt: BGH, Urt. v. 10.12.1987, Z 102, 350 (362)
[637] BGH, Urt. v. 12.3.1987, Z 100, 136 (144 ff.); BVerwG, Urt. v. 24.6.1993, E 94, 1 (7 f.); Schoch, Rechtliche Konsequenzen, Boujong-FS, S. 655 (663 f.); Rinne, Rechtsweg, DVBl. 94, S. 23 (26); Roller, Enteignung, NJW 01, S. 1003 (1009); Papier, Eigentum, in BGH-FG, S. 863 (880 f.); Hendler, Raumordnungsziele, DVBl. 01, S. 1233 (1240)

derungssperre, unmittelbar Betroffene Vermögensnachteile erleiden, die nicht ausgeglichen werden. Zu denken wäre an den verpachtungswilligen Ackereigentümer oder den Vermieter einer Gewerbefläche. Die Unzumutbarkeit der Beschränkung der Eigentumsfreiheit unmittelbar Betroffener stellt somit im Ganzen eine eher typische und generelle Folge einer Planfeststellung dar. Etwas anderes könnte nach Durchführungsbeginn gelten, dazu jedoch erst an späterer Stelle.

Insgesamt wären somit Planfeststellungsvorschriften, die keinen Ausgleich für die Unzumutbarkeit unmittelbar Betroffener im Ablauf der Zeit vorsehen, wegen Verstoßes gegen Art. 14 Abs. I S. 1 GG verfassungswidrig.

(4) Andere Mittel statt Befristung mit Erlöschensfolge

Damit ist jedoch noch nicht gesagt, dass gerade die Befristung mit Erlöschenswirkung einen solchen Ausgleich leisten muss. Zwar ist ein solches Mittel grundsätzlich tauglich, um der Unzumutbarkeit entgegenzuwirken, weil damit das Vorhaben vorangetrieben wird, so dass das Zwischenstadium verkürzt wird bzw. bei Fristablauf der Planfeststellungsbeschluss mit seinen Wirkungen erlischt. Bei regelmäßig besonders aufwändigen Verfahren kann jedoch aufgrund der Fixheit der Zumutbarkeitsgrenze schon die Geeignetheit einer Befristung an sich in Frage gestellt werden. Ist nämlich die durchschnittliche Umsetzungsdauer bzw. die Zeitspanne bis zum Durchführungsbeginn länger als die Zumutbarkeitsgrenze, taugt eine Befristung der Umsetzung oder des Umsetzungsbeginns, soweit diese in diesem Zeitraum nicht möglich ist, nicht dazu das Vorhaben voranzubringen und das Zwischenstadium zu verkürzen.

Dem muss letztlich jedoch nicht weiter nachgegangen werden, da die Befristung mit Erlöschensfolge nicht erforderlich ist, um den Anforderungen des Art. 14 GG zu genügen. So steht Art. 14 GG Ausgleichsregelungen in Form von Geldentschädigung oder einem Übernahmeanspruch nicht entgegen. Dabei kann an dieser Stelle offen bleiben, welche Entschädigungsregelung vorzuziehen ist. Genauso verhält es sich mit der Frage, ob ein Übernahmeanspruch auch über einen Vorbehalt gem. § 74 Abs. III VwVfG eingeräumt werden kann[638]. Insgesamt ist damit die Befristung mit Erlöschensfolge zur Wahrung der Interessen der unmittelbar Betroffenen in jedem Fall nicht erforderlich.

c) Zwischenergebnis

Art. 14 GG verlangt demnach einen Ausgleich für unzumutbare Vermögensnachteile durch das Zwischenstadium im Ablauf der Zeit. Eine Befristung mit Erlöschensfolge ist jedoch nicht erforderlich.

2.3. Befristung aufgrund Sperrwirkung durch Veränderungssperre, Anbauverbot und/oder vorzeitige Besitzeinweisung?

Dagegen könnten die Nutzungsbeschränkungen nach einer Befristung des Planfeststellungsbeschlusses mit Erlöschenswirkung verlangen, da durch das Außerkrafttreten desselben auch die Nutzungsbeschränkungen untergehen. Die Befristung wäre mithin grundsätzlich ein taugliches Mittel, die

---

[638] Ein vorbehaltener Übernahmeanspruch erscheint deshalb als fraglich, weil zum einen hierfür die zeitliche Überschreitung der Zumutbarkeitsschwelle schon im Planfeststellungsverfahren für möglich gehalten werden müsste (zu den Voraussetzungen des § 74 Abs. III noch unten S. 138). Dann aber könnte schon die Planrechtfertigung in Frage gestellt werden. Und zum zweiten würde mit der Entscheidung über einen (vorbehaltenen) Übernahmeanspruch im Planfeststellungsverfahren letztlich die Exklusivität zwischen diesem und dem Enteignungsverfahren aufgehoben; zudem würde schon das Planfeststellungsverfahren mit Entschädigungsfragen belastet werden; vgl. dazu: BVerwG, Urt. v. 14.5.1992, NVwZ 1993, S. 477 (480) bzgl. eines Vorbehalts über die Entschädigung für Enteignungsfolgeschäden; BVerwG, Urt. v. 27.3.1980, BayVBl. 80, S. 440; BVerwG, Beschl. v. 20.7.1979, DöV 80, S. 133; Korbmacher, Fachplanerische Abwägung, DöV 82, S. 517 (521); Wienke, Planungsentscheidung, BayVBl. 83, S. 297 (298); siehe dazu auch noch unten Fn. 760

Belastungen der unmittelbar Betroffenen zeitlich zu begrenzen. Ein derartiger Ausgleich ist jedoch in den Fällen nicht erforderlich, in denen die Nutzungsbeschränkungen selbst einer zeitlichen Begrenzung unterliegen, wie z.B. § 36 a WHG, der in seinem Abs. III eine Befristung enthält. Aber auch die anderen Fälle verlangen nicht nach einer Befristung des Planfeststellungsbeschlusses, da der Eingriff in die Eigentumsfreiheit -wie oben gezeigt- auch anderweitig kompensiert werden kann. So enthalten sämtliche Nutzungsbeschränkungen Entschädigungsregelungen. Anbauverbote und Veränderungssperren sehen dabei i.d.R. Geldentschädigungen nach Ablauf von vier Jahren Dauer vor[639], während bei der vorzeitigen Besitzeinweisung von Beginn an für Vermögensnachteile Entschädigung geleistet wird[640]. Dabei richtet sich die Entschädigung auch nach der Dauer der Beeinträchtigungen. Bei Veränderungssperren im Rahmen der straßenrechtlichen Planfeststellung ist darüber hinaus ein Übernahmeverlangen vorgesehen[641]. Eine zusätzliche zeitliche Begrenzung dieser Belastungen durch Befristung des Planfeststellungsbeschlusses ist somit nicht erforderlich.

2.4. Zwischenergebnis

Ingesamt hat die Untersuchung der Interessen unmittelbar Betroffener im Hinblick auf Art. 14 GG gezeigt, dass eine Befristung mit Erlöschensfolge nicht erforderlich ist. Es ist jedoch ein anderweitiger Ausgleich, z.B. durch Geldentschädigung oder einen Übernahmeanspruch[642], bei Überschreitung der Zumutbarkeitsgrenze zur Wahrung der Eigentümerbelange notwendig.

---

[639] siehe schon oben S. 29 f.
[640] vgl. z.B. § 18 f Abs. V, VI FStrG
[641] vgl. z.B. § 9 a Abs. II S. 2 FStrG
[642] so schon in § 9 Abs. IV LuftVG und § 34 Abs. V HessStrG, die beide einen Übernahmeanspruch vorsehen

3. Mittelbar Betroffene und Grundrechtsverletzung

Soweit mittelbar Betroffene, d.h. Nachbarn des geplanten Vorhabens, in ihrem Grundrecht aus Art. 2 Abs. II S. 1 GG durch Lärmbeeinträchtigungen, Luftverunreinigungen oder Erschütterungen verletzt werden, kann dies für die vorliegende Betrachtung nicht relevant sein. Denn zum einen äußern sich solche Belastungen erst infolge des realisierten oder des doch zumindest in der Umsetzung befindlichen Vorhabens. Die hier entscheidende Phase der Nichtumsetzung ist davon nicht betroffen. Zum zweiten scheidet eine Relevanz deshalb aus, weil die Belange mittelbar Betroffener durch das Planfeststellungsverfahren mit der Möglichkeit von Schutzvorkehrungen i.S.d. § 74 Abs. II 2 VwVfG umfassend Berücksichtigung finden.

Zu fragen bleibt, ob ein Eingriff in die Eigentumsfreiheit mittelbar Betroffener hier ins Gewicht fallen kann. Wertminderungen oder Verwertungsschwierigkeiten infolge drohender Enteignung scheiden aus. Liegt der Ausnahmefall einer nicht anders als durch Übernahme des Grundstücks zu kompensierenden (Lärm-)Beeinträchtigung vor, kommt dem Planfeststellungsbeschluss enteignungsrechtliche Vorwirkung zu, so dass das oben Gesagte gilt. Des Weiteren können Wertminderungen des Grundstücks mangels zeitlichen Bezuges nicht Ausschlag gebend sein[643]. Somit bleiben reine Verwertungsschwierigkeiten im Zeitraum bis zur Umsetzung des Vorhabens übrig. Zunächst sei vermerkt, dass solche im Fall mittelbarer Betroffenheit nicht zwingender Natur sind. Bei einer Flughafenplanung kann beispielsweise trotz Lärmbelästigung der Ertragswert des Grundstücks aufgrund der Flugplatznähe steigen. Entstehen Verwertungsschwierigkeiten aber etwa aufgrund zukünftiger Gesundheitsbelastungen, ist zu beachten, dass im Unterschied zu unmittelbar Betroffenen die Plannachbarn im Planfeststellungsverfahren schon einen umfassenden Interessen-

---

[643] vgl. oben S. 129 f.

ausgleich erfahren[644]. Durch Überwindung der Belange im Rahmen der Abwägung bzw. durch Kompensation im Wege von Schutzvorkehrungen oder -auflagen i.S.v. § 74 Abs. II S. 2, 3 VwVfG werden die künftigen unzumutbaren Auswirkungen des Vorhabens schon ausgeglichen. Insofern kann dem Grundstück keine eigentumsbeeinträchtigende Belastung mehr anhaften, die nicht schon im Planfeststellungsverfahren einen Ausgleich erfahren hat[645]. Ein eigentumsrelevantes Zwischenstadium, wie im Fall unmittelbar Betroffener, entsteht hier gerade nicht[646]. Ferner fallen Verwertungsschwierigkeiten infolge bloßer Belegenheit des Grundstücks im Umfeld des Planfeststellungsvorhabens wegen Situationsgebundenheit des Grundstücks i.d.R. nicht in den Schutzbereich des Art. 14 Abs. I S. 1 GG[647].

Insgesamt verlangen somit Grundrechte mittelbar Betroffener nicht nach einer Befristung des Planfeststellungsbeschlusses[648].

4. Nachträgliche potentielle Änderung der Rechts- und Sachlage

Das Argument der potentiellen, nachträglichen Änderung der Rechts- und Sachlage[649], das ein Erlöschen des Planfeststellungsbeschlusses nach

---

[644] Michler, Duldungswirkung, in Blümel-FS, S. 357 (373); Gaentzsch, Planfeststellung, in Schlichter-FS, S. 517 (527); Kühling, Fachplanungsrecht, Rd. 374

[645] im Falle der subsidiären Geldentschädigung nach § 74 Abs. II S. 3 VwVfG ist anders als bei unmittelbar Betroffenen i.d.R. (Ausnahme § 19 Abs. I Nr. 2 WaStrG) schon im Planfeststellungsverfahren zumindest hinsichtlich der Berechnungsfaktoren zu entscheiden, siehe dazu Dürr, in Knack, VwVfG, § 75/78

[646] dazu oben S. 124 ff.

[647] vgl. Bonk/Neumann, in Stelkens/Bonk/Sachs, VwVfG, § 74/100; allgemein zur Situationsgebundenheit: Weyreuther, Die Situationsgebundenheit des Grundeigentums (1983); Leisner, HdStR VI, § 149/157 ff.

[648] inwieweit ggf. Rechtssicherheitsgründe nach einer Befristung verlangen, soll hier noch unbeantwortet bleiben, siehe dazu unten S. 195 ff.

[649] so: Dürr, in Knack, VwVfG, § 75/105; Steinberg, Fachplanung, § 5/24; Lorenz, StrG BW, § 38/50; König/Meins, BayVwVfG, Art. 75/38; Friesecke, BWaStrG, 1. Aufl. (1971) § 21/13; Kunig/Paetow, KrW-/AbfG, § 34/45; OVG RP, Urt. v. 2.10.1984, DVBl. 85, S. 408 (409); Böhm, HessStrG, § 34/zu Abs. 5; Kopp/Ramsauer, VwVfG, § 75/34; BVerwG, Urt. v. 24.11.1989, DVBl. 90, S. 424 (425)

fruchtlosem Fristverstreichen rechtfertigen soll, ist in Literatur und Rechtsprechung weit verbreitet. Die Behörde sowie die Betroffenen sollen bei nicht fristgerechter Realisierung an den Planfeststellungsbeschluss trotz Bestandskraft nicht mehr gebunden sein[650]. Ursprung dieser Argumentation sind -wie im Fall der Vorratsplanfeststellung- nicht etwa die Gesetzesbegründungen zu den jeweiligen Regelungen im Planfeststellungsrecht, sondern das Gewerbe- und Baurecht. Wie oben angeführt, stellen solche Regelungen im Gewerberecht eine allgemeine Rechtsfigur dar, die auf eine mehr als hundertjährige Tradition zurückblicken kann[651]. Die Untersuchung hat jedoch gezeigt, dass die Regelungen und somit auch ihre Begründungen nicht ohne weiteres auf das Planfeststellungsrecht übertragbar sind[652]. Das Argument der nachträglichen ist daher an Hand des Planfeststellungsrechts auf seine Tauglichkeit hin, eine Begrenzung der Geltungsdauer zu begründen, zu überprüfen. Zunächst soll die Funktion des Erlöschens näher analysiert werden, um dann zu untersuchen, welchen Interessen dieses Erlöschen dient und ob, bzw. in welchem Umfang, diese schützenswert sind.

Um die Übersicht zu wahren, sollen zunächst im Folgenden die §§ 72 ff. VwVfG zugrundegelegt werden. Erst im Anschluss daran wird darauf eingegangen, ob das gefundene Ergebnis auf die einzelnen Fachbereiche uneingeschränkt übertragbar ist.

4.1. Funktion des Erlöschens

Zunächst ist zu klären, welche Rolle das Erlöschen des Planfeststellungsbeschlusses im Kontext nachträglicher potentieller Änderungen der

---

[650] Kopp/Ramsauer, VwVfG, § 75/34; OVG RP, Urt. v. 2.10.1984, DVBl. 85, S. 408 (409); Böhm, HessStrG, § 34/zu Abs. 5; BVerwG, Urt. v. 24.11.1989, DVBl. 90, S. 424 (425)
[651] siehe S. 88
[652] siehe S. 89 ff.

Rechts- und Sachlage überhaupt spielt. Der Fristablauf führt -wie oben angeführt- zum Erlöschen des Verwaltungsaktes kraft Gesetzes und bildet damit einen Fall des § 43 II VwVfG. Mit dem Außerkrafttreten des Verwaltungsaktes wird also die Bestandskraft überwunden. Der Vorhabenträger ist nun gehalten, will er sein Vorhaben noch verwirklichen, einen neuen Antrag auf Erteilung eines Planfeststellungsbeschlusses zu stellen. Folge ist ein neues komplettes Verwaltungsverfahren, in dem sämtliche mögliche Änderungen Berücksichtigung finden können.

Das Erlöschen hat somit die Funktion ein neues Planfeststellungsverfahren zu ermöglichen, in dem der Sachverhalt auf Änderungen hin untersucht wird. Die Planfeststellungsbehörde hat es dann in der Hand, weitere Auflagen zu erteilen oder eine Neubescheidung sogar ganz zu versagen. Es dient mithin der Überwindung der Bestandskraft sowie der Überprüfung hinsichtlich potentiell eingetretener Änderungen der Rechts- und Sachlage.

4.2. Öffentliche und individualrechtliche Interessen an Berücksichtigung nachträglicher Änderungen der Rechts- und Sachlage

Zum einen ist es ein allgemeines öffentliches Interesse am Gesetzesvollzug als Ausfluss des Rechtsstaatsgebots gem. Art. 20 Abs. III GG, das grundsätzlich eine erneute Prüfung der Voraussetzungen fordert, wenn der Konzessionsinhaber nicht nach einem gewissen Zeitraum von der ihn begünstigenden Verwaltungsentscheidung Gebrauch macht[653]. Dieses Interesse am Gesetzesvollzug besteht vor allem im Hinblick auf Gleichheitsgesichtspunkte gegenüber denjenigen, die im Zeitrahmen des Nichtgebrauchmachens einen Antrag auf Erteilung einer vergleichbaren Konzession stellen, jedoch wegen veränderter Umstände negativ

---

[653] allgemein: Pauly, Inanspruchnahme des Vorhabenträgers, DVBl. 96, S. 784 (785)

beschieden werden. Eine solche „Gleichheit in der Zeit" ist grundsätzlich in der Lage rechtliche Bestandsgarantien zu lockern[654].

Des Weiteren beanspruchen Inhaber von Schutzgütern eine erneute Überprüfung. Veränderte Umstände könnten eine Neugewichtung ihrer Interessen innerhalb der Abwägungsentscheidung verlangen. Im Einzelnen sind hier herausgestellt: das Interesse der Allgemeinheit am Schutz von wichtigen Gemeinschaftsgütern wie Wasser, Luft und Boden und das Interesse Betroffener hinsichtlich ihrer subjektiv-öffentlich-rechtlichen Rechtspositionen. Betroffene, zu denen auch Gemeinden mit ihrem Recht auf Planungshoheit aus Art. 28 Abs. II GG zählen, haben neben dem Interesse an erneuter Überprüfung auch ein Interesse am Erlöschen des Planfeststellungsbeschlusses, falls die Voraussetzungen nicht mehr vorliegen sollten. Denn damit entfallen gleichzeitig die belastenden Wirkungen desselben[655]. Aber auch die zugunsten des Allgemeinwohls agierende Planfeststellungsbehörde hat dieses Interesse, da sie dann nicht mehr an den Verwaltungsakt aufgrund materieller Bestandskraft gebunden ist[656].

Insgesamt ist festzuhalten, dass zum einen ein allgemeines öffentliches Interesse am Gesetzesvollzug und zum anderen ein spezielles öffentliches und individualrechtliches Interesse am Schutz ihrer Rechtsgüter nach einer erneuten Überprüfung der Zulassungsvoraussetzungen verlangen.

---

[654] Kirchhof, HdStR V, § 125/48
[655] zu den Wirkungen siehe oben S. 6 ff. u. 29 f.
[656] OVG RP, Urt. v. 2.10.1984, DVBl. 1985, S. 408 (409); Böhm, HessStrG, § 34/zu Abs. 5; BVerwG, Urt. v. 24.11.1989, DVBl. 90, S. 424 (425); Kopp/Ramsauer, VwVfG, § 75/34

4.3. Schutzwürdigkeit dieser Interessen trotz Bestandskraft des Planfeststellungsbeschlusses?

Fraglich ist jedoch, ob solche Interessen an der Berücksichtigung nachträglicher Änderungen angesichts der Bestandskraft des Planfeststellungsbeschlusses überhaupt Beachtung finden können. Die Bestandskraft als Gewähr für die unangreifbare, endgültige, verbindliche und befriedende Regelung eines Einzelfalls[657] beinhaltet eine Interessenabwägung zu Lasten der materiellen Gerechtigkeit und zugunsten der Rechtssicherheit. Nur unter den engen Voraussetzungen der §§ 48 ff. VwVfG soll es der Behörde und den Betroffenen grundsätzlich möglich sein, nachträglich auf den Verwaltungsakt einzuwirken. Es sind somit die Betroffenen und die Allgemeinheit, die prinzipiell das Risiko nachträglicher Änderungen tragen.

Eine andere Beurteilung dieses Grundsatzes könnte hier jedoch deshalb angebracht sein, weil der Vorhabenträger nicht alsbald sein Vorhaben umsetzt. Da infolge des Zeitablaufs die Änderung der Zulassungsvoraussetzungen wahrscheinlicher wird, besteht die Gefahr, dass das Vorhaben umgesetzt wird, obwohl sich die Rechts- und/oder Sachlage derart nachträglich geändert hat, dass zu diesem Zeitpunkt eine Genehmigung überhaupt oder in dieser Form nicht mehr ergehen könnte. Damit stellt sich die Frage, ob sich die grundsätzliche Risikoverteilung zu Lasten der Allgemeinheit und der Betroffenen in diesem Fall auf den Vorhabenträger verschieben muss.

Wer dieses Risiko in diesem Fall zu tragen hat, entscheidet sich nach einer Abwägung der Interessen. Zuvor muss aber das Gewicht des Interesses der Allgemeinheit und der Betroffnen an einer Risikoverteilung zu Lasten des Vorhabenträgers bestimmt werden. Dieses hängt von folgenden Untersu-

---

[657] Merten, Bestandskraft, NJW 83, S. 1993 (1998)

chungspunkten ab: Zunächst ist festzustellen, welche Arten von nachträglichen Änderungen hier überhaupt relevant sind und wie hoch das Risiko der Änderung abzuschätzen ist. Dabei können -mangels empirischer Erfassung- nur Vergleiche zu anderen Genehmigungsarten gezogen werden. Des Weiteren ist das Risiko der Allgemeinheit und der Betroffenen zu bestimmen, das sie hinsichtlich der festgestellten Arten von nachträglichen Änderungen tatsächlich im Rahmen der gegenwärtigen Gesetzeslage -unter Ausklammerung der Befristungsregelungen- zu tragen haben. So könnte ein Großteil der relevanten Änderungen schon im Risikobereich des Vorhabenträgers liegen.

4.4. Relevanz und Wahrscheinlichkeit nachträglicher Änderungen

a) Die relevanten Änderungen

Ausgangspunkt für eine Faktorenänderung muss die Rechts- und Sachlage sein, die dem fraglichen Planfeststellungsbeschluss bei seinem Erlass zugrundegelegt wurde. Dabei kann allerdings nicht jede Abweichung von diesem Ausgangsmodus für die hier vorliegende Untersuchung entscheidend sein. Nach Sinn und Zweck der Forderung nach Begrenzung der Geltungsdauer aufgrund veränderter Umstände können nur solche Veränderungen ausschlaggebend sein, durch die der fragliche Planfeststellungsbeschluss zum Zeitpunkt der Änderung in seiner konkreten Form nur noch rechtswidrig ergehen könnte. Einem weitergehenden Interesse im Hinblick auf den Gesetzesvollzug fehlte es an Schutzwürdigkeit. Die nur theoretische Rechtswidrigkeit erklärt sich damit, dass es zur Beurteilung der Rechtmäßigkeit eines Verwaltungsaktes auf den Zeitpunkt des Erlasses ankommt[658]. Nachträgliche Änderungen machen den Planfeststellungsbe-

---

[658] BVerwG, Urt. v. 21.5.1976, Buchholz 407.4 § 17 FStrG Nr. 23; BVerwG, Urt. v. 7.7.1978, E 56, 110 (121); bei noch nicht vollzogenem Planfeststellungsbeschluss (mangels Durchführungsbeginn

schluss nicht tatsächlich rechtswidrig[659]. Auch der Eintritt eines von der Prognose abweichenden Zustandes macht den Planfeststellungsbeschluss nicht nachträglich rechtswidrig[660].

Es ist jedoch zu überlegen, ob nicht auch solche tatsächlichen oder rechtlichen Umstände eine Rolle spielen, die zwar schon bei Erlass des Planfeststellungsbeschlusses vorlagen und auch hätten entdeckt werden können (es sich mithin um einen rechtswidrigen Planfeststellungsbeschluss handelt), jedoch tatsächlich erst nach Unanfechtbarkeit entdeckt wurden. Zwar sind solche Situationen angesichts des Prognosecharakters durchaus denkbar, doch widerspricht der Sinn und Zweck der Befristungsregelung der Einbeziehung solcher Konstellationen. Denn die Befristung eines Planfeststellungsbeschlusses kann einem Prognoserisiko bzgl. der Rechtmäßigkeit des Planfeststellungsbeschlusses nicht wirksam begegnen. Der Planfeststellungsbeschluss ist von Anfang an rechtswidrig, daran ändert die nicht alsbaldige Umsetzung des Vorhabens nichts. Es fehlt an der notwendigen Konnexität zwischen der Rechtswidrigkeit eines Planfeststellungsbeschlusses und den typischen Gefahren der nicht alsbaldigen Umsetzung. Richtiges Mittel, der Rechtswidrigkeit entgegenzuwirken, ist die Anfechtung, die aus Rechtssicherheitsgründen Fristen unterliegt. Dem allgemeinen Risiko einer sich erst später bemerkbar machenden Rechtswidrigkeit soll nicht durch eine Befristung der Umsetzung begegnet werden.

Relevant sind somit nur Änderungen, die nach Erlass des Planfeststellungsbeschlusses erst entstehen und bei Neuerlass zur Rechtswidrigkeit

---

hier einschlägig) ist jedoch Sach- und Rechtslage der letzten mündlichen Verhandlung zugrunde zu legen; künftige tatsächliche oder rechtliche Entwicklungen sind nicht zu berücksichtigen [Eckert, Die Entwicklung, NVwZ 89, S. 421 (425)]

[659] VGH Mannheim, Urt. v. 27.8.1987, UPR 88, S. 77; Eckert, Die Entwicklung, NVwZ 89, S. 421 (424)

[660] Badura, Gestaltungsfreiheit, in Bachof-FS, S. 169 (179); Hoppe/Schlarmann, Rechtsschutz, Rd. 677; Kühling, Fachplanungsrecht, Rd. 365; allgemeiner: Tettinger, Administrativer Prognosespielraum, DVBl. 82, S. 424; Ossenbühl, Die richterliche Kontrolle, in Menger-FS, S. 731 (732 f.); w. N. siehe oben Fn. 104

des konkreten Planfeststellungsbeschlusses führten. Änderungen sind dabei sowohl hinsichtlich der Abwägungsgrundlagen als auch in Bezug auf die Planrechtfertigung denkbar. So kann beispielsweise ein in der Zwischenzeit stark zugenommener LKW-Verkehr zu einer anderen Gewichtung der zu berücksichtigenden Belange bei einer straßenrechtlichen Planung führen. Aber auch die Bedarfssituation kann sich später als geändert darstellen[661]. Dabei ist zu überlegen, ob nicht Änderungen bzgl. der Realisierbarkeit ausgeklammert werden müssen, da andernfalls ein Zirkelschluss vorliegen könnte. Dies trifft insoweit zu, als bloße Verzögerungen hier nicht als Änderungen der Sachlage angesehen werden können. Ob Verzögerungen überhaupt beachtlich sein sollen, ist gerade die Frage, der nachzugehen ist. Einzubeziehen sind jedoch die Fälle, in denen die Realisierbarkeit aus objektiven oder subjektiven Gründen nachträglich ganz entfällt, so dass bei Neuerlass des Planfeststellungsbeschlusses Rechtswidrigkeit vorläge[662].

b) Wahrscheinlichkeit der Änderungen

Mit wachsendem Zeitabstand zwischen Erlass des Planfeststellungsbeschlusses und dessen Umsetzung steigt die Wahrscheinlichkeit der sich ändernden Umstände. Besonderer Nachdruck wird dieser Ungewissheit durch die Zukunftsgerichtetheit der Planfeststellung verliehen[663]. Problematik jeder einzelnen Prognoseentscheidung ist es, die Zukunft möglichst präzise vorherzusagen. Ihre Zukunftsgerichtetheit und die damit zusammenhängende Zeitdimension[664] machen es um so schwieriger, je länger die

---

[661] so kann beispielsweise ein Bedarfsplan im Fernstraßenrecht auch während seiner Geltung jederzeit durch den Bundesminister für Verkehr wegen z.B. einer verschlechterten Finanzsituation geändert werden, siehe dazu Lautner/Metz, Bundesfernstraßenplanung, VR 96, S. 253 (254); zu weiteren Beispielsfällen siehe Fickert, Planfeststellung, B PlafeR Erl. Nr. 34, Anm. 2
[662] siehe hierzu oben S. 117 ff.
[663] siehe oben S. 18 ff.
[664] Tettinger, Administrativer Prognosespielraum, DVBl. 82, S. 421 (423)

Prognose in die Zukunft hineinreichen soll. Die Variabilitätsfaktoren nehmen im Laufe der Zeit zu[665], so dass die Vorhersagen zwangsläufig aufgrund mangelnder Gabe der Prophetie[666] ungenauer werden. Je länger sich die Realisierung des Vorhabens also in die Zeit hinein erstreckt, desto wahrscheinlicher wird eine Abweichung von der ursprünglich getroffenen Prognose. Bei erneuter Planfeststellung könnte dann das Vorhaben nicht mehr zugelassen werden. Dieses immanente Prognoserisiko führt damit zu einem zusätzlichen Unsicherheitsmoment hinsichtlich potentieller Änderungen der Rechts- und Sachlage im Ablauf der Zeit[667] und einem unvermeidbaren Maß an Instabilität[668].

Verschärft wird dieses spezielle Prognoserisiko durch die nur eingeschränkte gerichtliche Überprüfbarkeit einer Prognoseentscheidung[669]. Bei Prognosen fehlt eine eingehende Kontrollinstanz hinsichtlich ihrer Richtigkeit durch die Gerichte. Durch den polygonalen Charakter des Planfeststellungsbeschlusses sind zudem eine Vielzahl von Interessen betroffen[670]. Durch die Veränderlichkeit des Plans als Ausdruck der Komplexität der Interessenlage[671], aber auch durch den gesteigerten sozialen Bezug planfeststellungsbedürftiger Vorhaben, steigt somit auch die Wahrscheinlichkeit einer Rechtsbeeinträchtigung durch eine nachträgliche Änderung.

Auf der anderen Seite ist zu berücksichtigen, dass Betroffene durch eine umfassende Beteiligung im Rahmen des Planfeststellungsverfahrens sowie durch einen erweiterten Rechtsschutz im Fall Enteignungsbetroffener[672] schon einen Ausgleich hierfür erfahren. Es ist ihnen möglich, sämtliche

---

[665] Wigginghaus, Rechtsstellung, S. 96
[666] Ossenbühl, Die richterliche Kontrolle, in Menger-FS, S. 731 (733); Wahl/Hermes/Sach, Genehmigung, in Wahl, Prävention und Vorsorge, S. 217 (218); Kirchhof, HdStR III, § 59/110
[667] Stern, Staatsrecht, Bd. II, § 40/I 3 b; Bonk/Neumann, in Stelkens/Bonk/Sachs, VwVfG, § 75/50a; Wigginghaus, Rechtsstellung, S. 79 ff.
[668] Blanke, Vertrauensschutz, S. 279
[669] siehe oben Fn. 103
[670] siehe oben Fn. 377
[671] so auch Blanke, Vertrauensschutz, S. 279
[672] BVerwG, Urt. v. 14.2.1975, E 48, 56; BVerwG, Urt. v. 18.3.1983, DVBl. 1984, S. 140 ff.

von ihnen erwartete Auswirkungen des Vorhabens auf ihre Rechtsgüter vorzubringen. Ferner finden sowohl im Planfeststellungsverfahren als auch in der langwierigen Vorbereitungsphase umfassende Ermittlungen der möglichen Auswirkungen des geplanten Vorhabens von Amts wegen statt[673]. Drängen sich Alternativen in der Standortwahl oder Trassenführung auf, ist nach einer Prüfung im Rahmen der Abwägung, dem Interesse mit den geringsten Opfern für öffentliche und private Belange der Vorzug zu geben[674]. Ferner werden durch die Vorausschau mittels Prognosen zukünftige Entwicklungen mitberücksichtigt, so dass dadurch potentiellen Änderungen entgegengewirkt werden kann[675]. Mit Instrumenten wie Schutzauflagen nach § 74 Abs. II VwVfG oder Vorbehalten gem. § 74 Abs. III VwVfG wird die Einbeziehung künftiger Entwicklungen gerade möglich. Eine abschließende Entscheidung kann beispielsweise vorbehalten werden, wenn die Lösung einer erst in Zukunft objektiv zu erwartenden Problemlage im Zeitpunkt des Planfeststellungsbeschlusses noch nicht möglich ist[676]. Absehbare zukünftige Entwicklungen werden somit schon innerhalb der Abwägung behandelt[677]. Darüber hinaus bietet das Planfeststellungsrecht die Möglichkeit sogenannter abschnittsweiser Planung[678]. Ein Vorhaben kann danach in mehrere Planfeststellungsbeschlüsse unterteilt werden. Mit diesen Mitteln können Unsicherheitsmomente, die durch

---

[673] so beispielsweise im Rahmen einer ausführlichen Umweltverträglichkeitsprüfung nach UVPG
[674] Bonk/Neumann, in Stelkens/Bonk/Sachs, VwVfG, § 74/67
[675] vgl. Harnischfeger, Planung in der sozialstaatlichen Demokratie, S. 54, wonach Planung durch Vorausschau in die Zukunft „den Bereich des Zufalls" verringert
[676] BVerwG, Urt. v. 12.12.1996, NVwZ 1997, S. 908 (912); weitere Rsp. und Lit. zum Vorbehalt: BVerwG, Urt. v. 23.1.1981, E 61, 307 mit Anm. von Engelhardt, BayVBl. 1981, S. 664 ff.; BVerwG, Urt. v. 22.3.1985, E 71, 150 (162); BVerwG, Beschl. v. 17.12.1985, NVwZ 1986, S. 640; BVerwG, Urt. v. 18.12.1987, Buchholz 407.4, § 17 FStrG, Nr. 71; BVerwG, Beschl. 23.12.1992, DöV 1993, S. 433 (436); BVerwG, Beschl. v. 30.8.1994, NVwZ-RR 1995, S. 322; BVerwG, Urt. v. 5.3.1997, DVBl. 1997, S. 831; Paetow, Teilbarkeit, DVBl. 1985, S. 369 (372 ff.); Kügel, Der Planfeststellungsbeschluss, S. 194 ff.; Ronellenfitsch, in Marschall, BFStrG, § 17/174 ff.; Bonk/Neumann, VwVfG, § 74/108 ff.; BVerwG, Beschl. 23.12.1992, DöV 1993, S. 433 (436)
[677] nach Grupp, Aufhebung, DVBl. 90, S. 81 (88), sind daher nachfolgende tatsächliche Veränderungen, die zu schweren Nachteilen für das Gemeinwohl führen können, höchst selten !
[678] dies nicht nur bei linienförmigen Vorhaben, vgl. § 52 Abs. II b BBergG für die bergrechtliche Planfeststellung nach § 52 Abs. II a BBergG; allgemein: BVerwG, Urt. v. 26.6.1992, NVwZ 93, S. 572 ff.; Ronellenfitsch, in Marschall, BFStrG, § 17/215 ff. m.w.N.

den Zeitablauf bis zur Umsetzung entstehen, von vornherein minimiert werden.

Übrig bleibt jedoch das spezielle Prognoserisiko, dem auch nicht mit Vorbehalten nach § 74 Abs. III VwVfG begegnet werden kann, da sich der Eintritt dieser Umstände zum Zeitpunkt des Erlasses des Planfeststellungsbeschlusses noch nicht einmal als möglich abzeichnet[679]. Die Prognoseunsicherheiten müssen jedoch in einem angemessenen Verhältnis zu dem geplanten Eingriff in öffentliche und private Belange stehen, da andernfalls der Planfeststellungsbeschluss aufgrund einer Abwägungsdisproportionalität von Anfang an rechtswidrig ist[680].

Insgesamt liegt somit zwar eine gesteigerte Unsicherheit bezüglich nachträglicher Änderungen der Rechts- und Sachlage aufgrund der Komplexität und des Prognosecharakters der Verwaltungsentscheidung vor. Auch auf tatsächlicher Ebene führt eine sich rasch wandelnde Gesetzeslage im Bereich des europäischen Umweltrechts zu Unwägbarkeiten[681]. Doch werden diese Umstände durch die angesprochenen Besonderheiten im Planfeststellungsrecht größtenteils wieder ausgeglichen. Die Wahrscheinlichkeit nachträglicher Änderungen, die zur Rechtswidrigkeit des Planfeststellungsbeschlusses führten, ist somit nur unwesentlich höher als im Fall anderer Verwaltungsentscheidungen.

---

[679] BVerwG, Urt. v. 22.11.2000, Buchholz 316, § 74 VwVfG, Nr. 55 (S. 17); Wahl/Dreier, Entwicklung, NVwZ 99, S. 606 (619)
[680] Kühling, Fachplanungsrecht, Rd. 284
[681] zur zunehmenden Europäisierung des Planungsrechts siehe: Wahl, Europäisches Planungsrecht, in Blümel-FS, S. 617 ff.; Jarass, Europäisierung, DVBl. 00, S. 945 ff.; Jannasch, Europarecht, VBlBW 01, S. 470 ff.

4.5. *Umfang des von der Allgemeinheit und den Betroffenen getragenen Risikos der nachträglichen Änderung*

Der Umfang des Risikos bestimmt sich nach den gesetzlichen Bestimmungen zur Durchbrechung der Bestandskraft. Zu fragen ist, ob auch bei wirksamem, aber bestandskräftigem Planfeststellungsbeschluss auf diesen bei Eintritt der relevanten nachträglichen Änderungen eingewirkt werden kann. Je mehr dies möglich ist, desto geringer ist das von der Allgemeinheit bzw. von den Betroffenen getragene Risiko der nachträglichen Änderung. Ist die Durchbrechung der Bestandskraft zur Wahrung der öffentlichen und individuellen Interessen möglich, beschränke sich das von der Allgemeinheit und den Betroffenen zu tragende Risiko darauf, dass mögliche Änderungen unentdeckt blieben. In diesem Fall bestünde lediglich ein schützenswertes Interesse der Allgemeinheit bzw. der Betroffenen an dem Erlöschen des Planfeststellungsbeschlusses mit der Funktion, eine erneute Überprüfung der Zulassungsvoraussetzungen zu ermöglichen[682]. Findet eine Überprüfung hinsichtlich Änderungen aber sowieso auch nach der Bestandskraft im Planfeststellungsrecht statt, wäre auch dieses Interesse nicht schutzwürdig.

Es ist somit zu untersuchen, inwiefern im Planfeststellungsrecht die Durchbrechung der Bestandskraft im Hinblick auf die oben festgestellten relevanten nachträglichen Änderungen möglich ist. Sollte die Untersuchung dabei teilweise oder ganz zu dem Ergebnis kommen, dass die Durchbrechung der Bestandskraft zur Wahrung aller angesprochenen Interessen möglich ist, ist ferner danach zu fragen, ob eine Überprüfung der Zulassungsvoraussetzungen auch nach Bestandskraft noch stattfindet.

---

[682] zur Funktion siehe oben S. 165 f.

a) Durchbrechung der Bestandskraft im Planfeststellungsrecht

Im Rahmen dieser Darstellung soll -um den Überblick zu wahren- zwischen Betroffenen einerseits und der Planfeststellungsbehörde andererseits unterschieden werden:

aa) Möglichkeiten Betroffener hinsichtlich individualrechtlicher Interessen

In § 75 Abs. II S. 1 VwVfG wird zunächst klargestellt: Ansprüche auf Unterlassung des Vorhabens, auf Beseitigung oder Änderung der Anlage oder auf Unterlassung ihrer Benutzung sind ab Unanfechtbarkeit ausgeschlossen. Daraus wird teilweise eine „erhöhte" Bestandskraft des Planfeststellungsbeschlusses gefolgert[683]. Richtigerweise ergibt sich diese Ausschluss- oder Duldungswirkung für öffentlich-rechtliche Rechtsansprüche schon aus der Bestandskraft des Planfeststellungsbeschlusses an sich. Nur hinsichtlich privater Ansprüche beispielsweise aus §§ 1004, 906 BGB kommt § 75 Abs. II S. 1 VwVfG ein nicht nur deklaratorischer Charakter zu[684]. Letztere, die nur bzgl. Anlagen privater Vorhabenträger denkbar sind, haben allerdings keine Relevanz für die vorliegende Untersuchung, da lediglich nachträgliche Änderungen der Rechts- und Sachlage bzgl. der öffentlich-rechtlichen Zulassungsvoraussetzungen des Vorhabens eine Rolle spielen, die zur Rechtswidrigkeit des Planfeststellungsbeschlusses führten[685].

Die Ausschlusswirkung des Planfeststellungsbeschlusses und damit auch § 75 Abs. II S. 1 VwVfG werden durch § 75 Abs. II S. 2 - 4 VwVfG wieder relativiert. Danach kann ein Betroffener bei nachträglichen nicht voraussehbaren Wirkungen des Vorhabens oder der geplanten Anlagen auf seine

---

[683] Wolff/Bachof, VerwR, Bd. II, § 50/21
[684] Steinberg, Fachplanung, § 5/15
[685] vergleiche oben S. 169 ff.

Rechte Schutzvorkehrungen geltend machen. Betroffener in diesem Sinne kann auch eine Gemeinde sein[686]. Vorausgesetzt, sie kann eine Verletzung ihrer Rechte aus Art. 28 Abs. II GG geltend machen. Zum Hüter des Allgemeinwohls soll sie sich dagegen nicht aufschwingen können[687].

Allerdings werden von § 75 Abs. II S. 2 – 4 VwVfG nur „unvorhersehbare Wirkungen" erfasst. Fraglich ist, ob unter Wirkungen auch nachträgliche Änderungen der Rechtslage subsumiert werden können. So könnten „Wirkungen" nur tatsächliche Vorgänge erfassen[688]. Das Bundesverwaltungsgericht will jedoch auch die geänderte rechtliche Bewertung unveränderter tatsächlicher Auswirkungen gelten lassen[689]. Dem ist zuzustimmen. In § 75 Abs. II S. 2 VwVfG ist von *nachteiligen* Wirkungen, die erst nachträglich auftreten, die Rede. Nicht „Wirkung" allein, sondern „nachteilige Wirkung" ist somit im Kontext zu „nachträglich" zu lesen. Die rechtlich andersartige Bewertung einer ursprünglich schon vorhandenen Wirkung kann demnach unter den Wortlaut des § 75 Abs. II S. 2 VwVfG subsumiert werden. Auch nach Sinn und Zweck der Regelung kann es keinen Unterschied machen, ob Wirkungen des Vorhabens erst nach Unanfechtbarkeit tatsächlich auftreten oder ob Wirkungen des Vorhabens aufgrund anderer rechtlicher Beurteilung sich erst nach Unanfechtbarkeit nachteilig auf die Rechte des Betroffenen auswirken. Die im Umweltrecht typische „hinkende" Gesetzgebung kann nicht zu Lasten des Betroffenen gehen. Unter „nachträgliche Wirkungen" fallen ferner die Fälle, in denen erst nachträglich die Nachteiligkeit einer Wirkung bewiesen werden kann, da dies einen typischen Fall des Prognoserisikos darstellt, dem gerade durch § 75 Abs. II S. 2 VwVfG begegnet werden soll.

---

[686] BVerwG, Urt. v. 1.7.1988, DöV 1989, S. 264; BVerwG, Urt. v. 12.8.1999, DVBl. 00, S. 791
[687] Kühling, Rechtsprechung, DVBl. 1989, S. 221 (226); Wellmann, Verkehrslärmschutz, DöV 1991, S. 1011 (1014); BVerwG, Urt. v. 1.7.1988, DöV 1989, S. 264 (265); Hoppe/Schlarmann, Die planerische Vorhabengenehmigung, S. 114
[688] so wohl Alexander, Aktuelle Fragen, NVwZ 1991, S. 318 (322)
[689] BVerwG, Urt. v. 23.4.1997, NVwZ 1998, S. 846 (847) bzgl. der recht. Beurteilung von Schallimmissionen

Als „unvorhersehbar" sind Entwicklungen einzuordnen, mit denen die Beteiligten bei Erlass des Planfeststellungsbeschlusses vernünftigerweise nicht zu rechnen brauchten, da § 75 Abs. II S. 2 – 4 VwVfG den Zweck verfolgt, das Risiko prognostischer Fehleinschätzungen nur hinsichtlich *atypischer* Entwicklungen abzufangen[690]. Vorhersehbare Entwicklungen in diesem Sinne spielen für die vorliegende Betrachtung aber ebenfalls keine Rolle, da der Betroffene Schutzvorkehrungen diesbezüglich im Planfeststellungsverfahren hätte geltend machen können[691]. Hat er dies nicht getan und hat er auch nicht den Planfeststellungsbeschluss angefochten, sind diese Belange hinsichtlich einer Befristung des Planfeststellungsbeschlusses nicht schützenswert.

Dem Betroffenen ist es jedoch über § 75 Abs. II S. 2 – 4 VwVfG nicht möglich, die Aufhebung des Planfeststellungsbeschlusses zu verlangen. Können allerdings nachträgliche Schutzauflagen seiner Rechtsverletzung abhelfen, ist die Aufhebung von Rechts wegen auch nicht erforderlich. Den Rechten eines Betroffenen kann nach Bestandskraft des Planfeststellungsbeschlusses keine weitergehende Schützwürdigkeit eingeräumt werden, als diesen im Planfeststellungsverfahren über § 74 Abs. II S. 2 VwVfG zukommt[692]. Etwas anderes kann nur dann gelten, wenn seine Grundrechte eine Aufhebung des Planfeststellungsbeschlusses gebieten. In diesen Fällen könnte § 49 Abs. II Nr. 5 VwVfG[693] abhelfen. Es ist jedoch heftig umstritten, ob dieser überhaupt Anwendung finden kann, da die Anwendbarkeit des § 51 VwVfG gem. § 72 Abs. I S. 1, 2. HS VwVfG ausgeschlossen ist[694]. Dieser Ausschluss könnte seine Bedeutung verlieren,

---

[690] BVerwG, Urt. v. 1.7.1988, E 80, 7 (13); BVerwG, Urt. v. 1.7.1988, NVwZ 89, S. 253 (255); BVerwG, Urt. v. 23.4.1997, UPR 1997, S. 462; Kopp/Ramsauer, VwVfG, § 75/25; Kügel, in Obermayer, VwVfG, § 75/80
[691] Bonk/Neumann, in Stelkens/Bonk/Sachs, VwVfG, § 75/50
[692] die Vorraussetzungen sind jeweils identisch: Steinberg, Fachplanung, § 4/129
[693] im Fall eines VA mit Doppelwirkung (belastend und begünstigend) finden Regelungen für begünstigende VAe Anwendung (z.B.: Laubinger, in Ule/Laubinger, VwVfR, § 43/18 u. § 61/29)
[694] dies gilt auch für nachträglich veränderte Umstände: BVerwG, Urt. v. 1.7.1988, DöV 89, S. 264; VGH Kassel, Urt. v. 17.6.1992, NVwZ 93, S. 588

wenn dennoch Betroffene über § 49 Abs. II VwVfG (i.V.m. dem Anspruch auf fehlerfreies Ermessen) die Aufhebung des Planfeststellungsbeschlusses bewirken könnten[695]. Nach der Entscheidung des Bundesverwaltungsgerichtes zum Endlager Morsleben im Jahre 1997 besteht insoweit Einigkeit, als dass die durch den Ausschluss des § 51 VwVfG bewirkte erhöhte Bestandskraft[696] des Planfeststellungsbeschlusses dann nicht mehr greifen kann, wenn der Schutz von Grundrechten gerade die Planaufhebung fordert[697]. Der Ausschluss der Wiederaufnahme nach § 51 VwVfG wäre andernfalls verfassungsrechtlich bedenklich[698]. Damit aber eine Aufhebung nach § 49 Abs. II Nr. 5 VwVfG Ultima Ratio bleibt, dürfen bloße Schutzauflagen nicht ausreichen[699].

Anerkannt ist die Anwendung des § 49 Abs. II Nr. 5 VwVfG hinsichtlich privater Interessen bisher allerdings nur in Bezug auf so gewichtige Grundrechte wie denen auf Leben und Gesundheit. Unmittelbar Betroffene mit ihrem Recht aus Art. 14 Abs. I S. 1 GG bleiben außen vor. Bei nachträglichem Wegfall der Rechtfertigung für ihre Enteignung, bieten sich für diese Betroffenengruppe mithin keine Möglichkeiten auf den bestandskräftigen Planfeststellungsbeschluss einzuwirken.

Eine Ausnahme gilt für den Fall des § 77 VwVfG. Betroffenen wird hierdurch ein Rechtsanspruch auf Aufhebung des Planfeststellungsbeschlusses

---

[695] so Laubinger, in Ule/Laubinger, VwVfR, § 43/19; VGH Kassel, Urt. v. 17.6.1992, NVwZ 93, S. 588; VGH BW, Urt. v. 12.9.1996, NuR 98, S. 202; VGH BW, Urt. v. 13.9.1993, NVwZ 95, S. 179 (180); Ronellenfitsch, in Marschall, BFStrG, § 17/254; Grupp, Aufhebung, DVBl. 90, S. 81 (87 ff.); Wolff/Bachof, VerwR, Bd. II, § 50/21
[696] Bonk/Neumann, in Stelkens/Bonk/Sachs, VwVfG, § 72/131
[697] BVerwG, Urt. v. 21.5.1997, DVBl. 98, S. 38; bestätigt durch BVerwG, Beschl. v. 19.8.1997, LKV 98, S. 148; Allesch/Häußler, in Obermayer, VwVfG, § 72/41; Kopp/Ramsauer, VwVfG, § 72/21; Bonk/Neumann, in Stelkens/Bonk/Sachs, VwVfG, § 72/131; Steinberg, Fachplanung, § 5/23; Kukk, Nicht durchgeführte Planfeststellungsbeschlüsse, NuR 00, S. 492 (495); im Ergebnis auch: VGH München, BayVBl. 96, S. 400; Dürr, Aus der verwaltungsgerichtlichen Rechtsprechung, UPR 93, S. 161 (170); vom BVerwG noch offengelassen im Urt. v. 14.9.1992, E 91, 17 (20 ff.); offen gelassen auch von VG Darmstadt, Urt. v. 16.4.1997, NVwZ-RR 98, S. 281
[698] Kopp/Ramsauer, VwVfG, § 72/21
[699] vgl. die Nachweise in Fn. 694

im Fall der endgültigen Aufgabe des Vorhabens zugesprochen[700]. Von einer endgültigen Aufgabe ist auszugehen, wenn ein entsprechender Wille des Vorhabenträgers bekundet wird oder objektiv erkennbar ist. Letzteres ist der Fall, wenn bei verständiger Würdigung der Situation mit der Fertigstellung des geplanten Vorhabens durch dessen Träger nicht mehr gerechnet werden kann[701]. Dabei ist strittig, ob § 77 VwVfG überhaupt auf die hier relevanten Fälle anwendbar ist, in denen mit der Durchführung des Vorhabens gerade noch nicht begonnen wurde. Der eindeutige Wortlaut widerspricht einer direkten Anwendung des § 77 VwVfG. Nach h.M. soll § 77 VwVfG aber zumindest analog anwendbar sein, da es keinen Unterschied machen könne, ob die Durchführung begonnen habe oder nicht[702]. Hier kann dieser Streit offen bleiben, da sich der Planfeststellungsbeschluss bei endgültiger Aufgabe in jedem Fall nach § 43 Abs. II VwVfG erledigt[703] und damit die belastenden Wirkungen des Planfeststellungsbeschlusses automatisch wegfallen. Ob der Betroffene daneben einen klarstellenden Anspruch auf Aufhebung über § 77 VwVfG (analog) hat, spielt für die vorliegende Untersuchung keine Rolle.

Ferner erledigt sich der Planfeststellungsbeschluss bei sogenannter Funktionslosigkeit[704]. Diese liegt vor, wenn die Verhältnisse, auf die sich der Planfeststellungsbeschluss bezieht, in der tatsächlichen Entwicklung einen

---

[700] Bonk/Neumann, in Stelkens/Bonk/Neumann, VwVfG, § 77/10
[701] Allesch/Häußler, in Obermayer, VwVfG, § 77/13 f.; Bonk/Neumann, in Stelkens/Bonk/Sachs, VwVfG, § 77/6; Dürr, in Knack, VwVfG, § 77/4; Zeitler, in Sieder/Zeitler, WHG, § 31/407, wonach eine nur zeitweilige Unterbrechung, z.B. wegen Finanzierungsschwierigkeiten nicht ausreicht; diese Fälle sind an dieser Stelle der Untersuchung jedoch sowieso nicht relevant: vgl. oben S. 169 ff.
[702] Bonk/Neumann, in Stelkens/Bonk/Sachs, VwVfG, § 77/9; Dürr, in Knack, VwVfG, § 77/7; Laubinger, in Ule/Laubinger, VwVfR, § 43/12; Kopp/Ramsauer, VwVfG, § 77/2; Wolff/Bachof, VerwR, Bd. II, § 62/211; für direkte Anwendung des § 77: BVerwG, Urt. v. 11.4.1986, DVBl. 86, S. 1007 f.; Grupp, Aufhebung, DVBl. 90, S. 81 (84 f.); Zeitler, in Sieder/Zeitler, WHG, Bd. II, § 31/407; gegen eine Anwendung des § 77 generell: Allesch/Häußler, in Obermayer, VwVfG, § 77/16; Meyer/Borgs-Maciejewski, VwVfG, § 77/2; Kukk, Nicht durchgeführte Planfeststellungsbeschlüsse, NuR 00, S. 492 (495); siehe auch u. Fn. 757
[703] Allesch/Häußler, in Obermayer, VwVfG, § 77/4
[704] teilweise soll auch in diesem Fall § 77 VwVfG anwendbar sein, dazu: Bonk/Neumann, in Stelkens/Bonk/Sachs, VwVfG, § 77/8; Paetow, in Kunig/Paetow/Versteyl, KrW-/AbfG, § 34/47; siehe auch unten Fn. 757

Zustand erreicht haben, der eine Verwirklichung des Vorhabens auf unabsehbare Zeit ausschließt. Dabei muss der Mangel eine bestimmte Offenkundigkeit erreicht haben, die einem Vertrauen auf den Bestand der Festsetzung die Schutzwürdigkeit entzieht[705]. Die aus dem Bauplanungsrecht übernommene Rechtsfigur[706] wird jedoch im Planfeststellungsrecht eher restriktiv angewandt. So soll z.B. eine bloße Stilllegung eines Gleises über einen Zeitraum von vierzig Jahren nicht ausreichen[707]. Auch vorübergehende Realisierungsschwierigkeiten, z.B. durch fehlende Finanzmittel, sollen nicht genügen[708]. Letztere sind an dieser Stelle der Untersuchung allerdings nicht von Relevanz[709].

Dennoch werden insgesamt nachträgliche Änderungen der Rechts- und Sachlage zu Lasten Betroffener im Planfeststellungsrecht weitestgehend berücksichtigt, so dass die Bestandskraft des Planfeststellungsbeschlusses trotz Ausschlusses des § 51 VwVfG in den hier relevanten Fallgruppen durchbrochen werden kann. Neben der automatischen Erledigung des Planfeststellungsbeschlusses im Fall der Aufgabe oder der Funktionslosigkeit, hat der Betroffene, statt eines bloßen verfahrensrechtlichen Wiederaufgreifens des Verfahrens, direkt Ansprüche auf Schutzauflagen[710]. Das Risiko nachträglicher Änderungen trägt hier somit größtenteils schon der Vorhabenträger[711]. Lediglich in den seltenen Fällen, in denen die Aufhebung des Planfeststellungsbeschlusses aufgrund einer Grundrechtsverletzung über § 49 Abs. II Nr. 5 VwVfG erforderlich wird, ist der Betroffene an die engen

---

[705] zur Bauleitplanung: BVerwG, Urt. v. 29.4.1977, E 54, 4 (11); anschließend für das Planfeststellungsrecht darauf verweisend: BVerwG, Urt. v. 7.7.1978, E 56, 110 (122); BVerwG, Urt. v. 31.8.1995, E 99, 166 (170 f.); BVerwG, Beschl. v. 26.2.1996, LKV 1996, S. 246 (248); BVerwG, Urt. v. 28.10.1998, E 107, 350 (354); BVerwG, Urt. v. 3.3.1999, NVwZ-RR 1999, S. 720 (721); BVerwG, Urt. v. 12.4.2000, E 111, 108;
[706] BVerwG, Urt. v. 29.4.1977, E 54, 4 (11)
[707] BVerwG, Urt. v. 31.8.1995, E 99, 166 (170 f.)
[708] VGH Kassel, Urt. v. 25.6.1991, UPR 92, S. 115 (116); BVerwG, Urt. v. 11.4.1986, NVwZ 86, S. 843 f.; Allesch/Häußler, in Obermayer, VwVfG, § 77/14
[709] vgl. oben S. 169 ff.
[710] BVerwG, Urt. v. 12.9.1980, NJW 81, S. 835 (837)
[711] vgl. VGH München, Urt. v. 12.10.1995, BayVBl. 96, S. 400 (402); Steinberg, Fachplanung, § 4/130; Bonk/Neumann, in Stelkens/Bonk/Neumann, VwVfG, § 75/49

Vorraussetzungen des § 49 VwVfG gebunden. Angesichts der Grundrechtsverletzung wird dann jedoch i.d.r. eine Ermessensreduzierung auf Null gegeben sein. Unmittelbar Betroffene sind dagegen allein auf die Fälle der Erledigung angewiesen. Allerdings ist die Wahrscheinlichkeit eines nachträglichen Wegfalls der Enteignungsrechtfertigung -außer in den Fällen der Erledigung- als gering einzuschätzen, da im Rahmen des Planfeststellungsverfahrens und seiner langjährigen Vorarbeiten i.d.R. eingehende Alternativprüfungen stattfinden. Zudem ist in den Fällen einer öffentlichen Trägerschaft davon auszugehen, dass diese bei derartigen nachträglichen Änderungen entweder einen Antrag nach § 76 VwVfG auf Änderung des Planfeststellungsbeschlusses stellt oder das Vorhaben insgesamt i.S.v. § 77 VwVfG aufgibt[712].

bb) Möglichkeiten der Planfeststellungsbehörde hinsichtlich öffentlicher Interessen

Die Möglichkeit der Planfeststellungsbehörde nachträglich zum Schutz von Gemeinwohlbelangen auf den Planfeststellungsbeschluss einzuwirken, könnte sich zunächst auch aus § 75 Abs. II S. 2 – 4 VwVfG ergeben. Allerdings erfordert dieser den Antrag eines Betroffenen nach § 75 Abs. III VwVfG[713]. Die gegenteilige Ansicht, die Behörde könne auch von Amts wegen über § 75 Abs. II VwVfG tätig werden[714], ist dagegen nicht haltbar. Das Gesetz verlangt ausdrücklich in § 75 Abs. II S. 2 bzw. III VwVfG einen Antrag, so dass diese Regelung einer Auslegung nicht zugänglich ist. Eine andere Frage ist jedoch, ob die Behörde an den Antrag des Betroffe-

---

[712] Grupp, Aufhebung, DVBl. 90, S. 81 (89), der sogar weitergeht, indem er davon ausgeht, jeder Vorhabenträger veranlasse dies, falls das „öffentliche Interesse eine Korrektur der Rechtsverletzung gebiete(t)"; von einer „Pflicht zur Anpassung oder Abänderung" sprechen auch Hoppe/Schlarmann, Rechtsschutz, Rd. 677.
[713] Laubinger, in Ule/Laubinger, VwVfR, § 42/4; Dürr, in Knack, VwVfG, § 75/88
[714] Fickert, Planfeststellung, B PlafeR Erl. Nr. 36, Anm. 8; Bonk/Neumann, in Stelkens/Bonk/Sachs, VwVfG, § 75/56

nen gebunden ist oder ob sie darüber hinaus Schutzauflagen zugunsten des Allgemeinwohls erlassen kann. Letzteres ist zu verneinen[715]. § 75 Abs. II S. 2 – 4 VwVfG verfolgt den Zweck, den Betroffenen einen Ausgleich dafür zu gewähren, dass sie nicht die Möglichkeit des Wiederaufgreifens des Verfahrens nach § 51 VwVfG haben. Die Option nachträglicher Schutzauflagen soll diese „erhöhte" Bestandskraft mildern[716]. § 75 Abs. II S. 2 – 4 VwVfG soll dagegen nicht der Behörde eine die Bestandskraft durchbrechende Möglichkeit geben, nachträglich auf den Planfeststellungsbeschluss einzuwirken. § 75 Abs. II S. 2 VwVfG erwähnt anders als § 74 Abs. II S. 2 VwVfG auch nicht „Vorkehrungen zum Schutze der Allgemeinheit", sondern beschränkt sich ausdrücklich auf das „Recht eines anderen". Darüber hinaus widerspreche eine solche Ansicht § 76 VwVfG. Zwar sind gem. § 76 VwVfG Planänderungen vor Fertigstellung des Vorhabens möglich, wobei der Grund für die Änderung unerheblich ist[717]; auch Änderungen der Rechtslage können die Planänderung bewirken[718]. Bei erneuter Abwägung ist dann auf die Tatsachen- und Rechtslage zum Zeitpunkt der Änderungsentscheidung abzustellen[719]. Nach allgemeiner Ansicht verlangt § 76 VwVfG jedoch grundsätzlich den Antrag des Vorhabenträgers[720]. Nur in den Fällen des § 74 Abs. III VwVfG oder, wenn durch ein Gerichtsurteil der Planfeststellungsbeschluss teilweise aufgehoben wurde, kann die Behörde von Amts wegen nach § 76 VwVfG tätig werden[721]. Hätte die Be-

---

[715] a.A. Steinberg, Fachplanung, § 5/19
[716] BVerwG, Urt. v. 12.9.1980, NJW 81, S. 835; Bonk/Neumann, in Stelkens/Bonk/Sachs, VwVfG, § 72/133
[717] Bonk/Neumann, in Stelkens/Bonk/Sachs, VwVfG, § 76/11; Kopp/Ramsauer, VwVfG, § 76/2; Dürr, in Knack, VwVfG, § 76/17; Jarass, Aktuelle Probleme, DVBl. 97, S. 795 (798)
[718] a.A. wohl Zeitler, in Sieder/Zeitler, WHG, Bd. II, § 31/382
[719] Jarass, Aktuelle Probleme, DVBl. 97, S. 795 (798)
[720] Grupp, Aufhebung, DVBl. 90, S. 81 (86); Allesch/Häußler, VwVfG, in Obermayer, § 75/17; Kopp/Ramsauer, VwVfG, § 76/9; wohl auch Bonk/Neumann, in Stelkens/Bonk/Sachs, VwVfG, § 76/9; Dürr, in Knack, VwVfG, § 76/19; Laubinger, in Ule/Laubinger, VwVfR, § 43/3; a.A.: Fickert, Planfeststellung, B PlafeR Erl. Nr. 36, Anm. 8, der eine Änderung von Amts wegen deshalb zulassen möchte, weil die Behörde dazu verpflichtet sei das „raumwirksame Vorhaben nach dem letzten Erkenntnisstand in die Umwelt einzufügen, damit das öffentliche Wohl und Rechte Dritter durch das Vorhaben so gering wie möglich beeinträchtigt werden."
[721] Strittig ist, ob die Behörde in diesen Fällen das Verfahren des § 76 VwVfG anzuwenden hat, dazu: Kopp/Ramsauer, VwVfG, § 76/5; Jarass, Aktuelle Probleme, DVBl. 97, S. 795 (800 ff.)

hörde die Möglichkeit über § 75 Abs. II S. 2 – 4 VwVfG Auflagen zugunsten des Allgemeinwohls zu erlassen, könnte sie damit das Antragserfordernis des § 76 VwVfG umgehen.

Die Behörde ist somit neben den Fällen des § 77 VwVfG, in denen die Behörde auch von Amts wegen tätig werden kann[722], im Übrigen auf die Fälle der §§ 48, 49 VwVfG angewiesen. Auch hier ist die Anwendbarkeit wegen Ausschlusses des § 51 VwVfG durch § 72 Abs. I S. 1, 2. HS VwVfG umstritten. Da jedoch diese Norm -wie eben erwähnt- lediglich verhindern soll, dass die Behörde zu einer erneuten Durchführung des aufwändigen Planfeststellungsverfahrens gezwungen werden kann[723], ist die Anwendbarkeit der §§ 48, 49 VwVfG, neben oder ergänzend zu den Vorschriften der §§ 72 ff. VwVfG, durch die Planfeststellungsbehörde selbst nahezu herrschende Ansicht in Literatur und Rechtsprechung[724].

Will die Behörde somit auf den bestandskräftigen Planfeststellungsbeschluss in den hier relevanten Fällen einwirken, ist sie an die engen Vorraussetzungen des § 49 Abs. II Nr. 3 – 5 VwVfG gebunden[725]. Dies gilt sowohl hinsichtlich des speziellen öffentlichen Interesses an Gemeinwohlbelangen als auch bezüglich des allgemeinen öffentlichen Interesses am Gesetzesvollzug.

---

[722] Bonk/Neumann, in Stelkens/Bonk/Sachs, VwVfG, § 77/10
[723] BVerwG, Urt. v. 21.5.1997, DVBl. 98, S. 38 (39); Hoppe/Schlarmann, Planerische Vorhabengenehmigung, S. 119
[724] Dürr, in Knack, § 72/30; BVerwG, Urt. v. 21.5.1997, DVBl. 98, S. 38; bestätigt durch BVerwG, Beschl. v. 19.8.1997, LKV 98, S. 148; Allesch/Häußler, in Obermayer, VwVfG, § 72/41; Kopp/Ramsauer, VwVfG, § 72/21; Bonk/Neumann, in Stelkens/Bonk/Sachs, VwVfG, § 72/130; vom BVerwG noch offen gelassen im Urt. v. 14.9.1992, E 91, 17 (20 ff.); offen gelassen auch vom VG Darmstadt, Urt. v. 16.4.1997, NVwZ-RR 1998, S. 281; Hoppe/Schlarmann, Planerische Vorhabengenehmigung, S. 119; Laubinger, in Ule/Laubinger, VwVfR, § 43/17; Ronellenfitsch, in Marschall, BFStrG, § 17/254;
a.A.: Grupp, Aufhebung, DVBl. 90, S. 81 (87 f.), der Anwendungsfälle für die §§ 48, 49 VwVfG für unwahrscheinlich hält; Wolff/Bachof, VerwR, Bd. II, § 50/21.
[725] das öffentliche Interesse muss entweder *gefährdet* sein oder es müssen *schwere Nachteile* für das Gemeinwohl drohen

Aber auch dabei muss eine Einschränkung bei öffentlichen Vorhabenträgern gemacht werden, die aus rechtsstaatlichen Gründen verpflichtet sind, in diesen Fällen einen Antrag nach § 76 VwVfG zu stellen oder das Vorhaben ganz aufzugeben, so dass die Planfeststellungsbehörde den Beschluss nach § 77 VwVfG aufheben muss[726].

cc) Fachplanerische Besonderheiten

Spezialgesetzliche Besonderheiten ergeben sich zunächst aus § 32 Abs. IV S. 2 KrW-/AbfG. Danach ist es der Planfeststellungsbehörde (im Gegensatz zu § 75 Abs. II S. 2 – 4 VwVfG) möglich, von Amts wegen Auflagen auch zugunsten des Allgemeinwohls zu erlassen. Ähnliches regelt § 9 b Abs. III AtG, der jedoch Auflagen nur zur Erreichung der in § 1 Nr. 2 – 4 AtG bezeichneten -also atomrechtlichen- Zwecke zulässt. Daneben ist § 75 Abs. II S. 2 – 4 VwVfG anwendbar. § 9b Abs. I S. 3 AtG schließt allerdings die Anwendbarkeit des § 76 VwVfG aus.

Keine Änderungen ergeben sich aus den §§ 10 Abs. II u. 11 WHG, die einige Landeswassergesetze für anwendbar erklären[727], da sie inhaltlich mit § 75 Abs. II VwVfG korrespondieren. Hinsichtlich Emissionen, die von einer Anlage i.S.v. § 3 Abs. V BImSchG ausgehen, ist des Weiteren § 17 BImSchG anwendbar, der nachträgliche Schutzauflagen auch zum Allgemeinwohl ermöglicht. Spezialgesetzliche Regelungen in den jeweiligen Fachgesetzen gehen aber vor, soweit sie den Bestandsschutz in solchen Fällen abweichend regeln[728]. Zu beachten ist weiterhin der Geltungsbereich des Gesetzes gem. § 2 BImSchG. So findet es auf Flugplätze und Endlagerstätten für radioaktive Abfälle keine Anwendung. Als „Anlage" im Sin-

---

[726] siehe Verweise in Fn. 712
[727] § 64 Abs. IV BW WG; Art. 58 Abs. IV BayWG; § 54 Abs. III B WG; § 48 Abs. VIII Ham WG; § 72 Abs. V RP WG; § 72 Abs. IV Saarl WG; § 126 Abs. III SH WG
[728] Jarass, BImSchG, § 17/8; Czajka, in Feldhaus, BImSchR, § 17 BImSchG, S. 30 a

ne des § 3 Abs. V BImSchG kommt mithin nur eine Deponie nach dem Abfallrecht in Betracht. Das KrW-/AbfG enthält jedoch wie oben gezeigt eine spezielle Regelung. Der Anwendungsbereich des § 17 BImSchG im Planfeststellungsrecht ist daher zu vernachlässigen.

Im Bergbau gilt dagegen Besonderes: Über § 57 a Abs. IV S. 2 BBergG ist die Anwendbarkeit sowohl von § 74 Abs. II S. 2 u. 3 VwVfG als auch von § 75 Abs. II S. 2 - 4 VwVfG ausgeschlossen. Zudem wird § 76 VwVfG über §§ 57 a Abs. IV S. 2, 2.HS i.V.m. § 52 Abs. II c BBergG sowie § 77 VwVfG durch das Erfordernis eines Abschlussbetriebsplans modifiziert. Dagegen bietet das BBergG spezielle Regelungen, wie §§ 57 a Abs. V 2.HS i.V.m. 48 Abs. II S. 2 BBergG für nachträgliche Beschränkungen oder Verbote sowie die Anpassungspflicht nach §§ 110 ff. BBergG. Auch besteht die Möglichkeit von Auflagen über § 36 VwVfG[729]. Insgesamt ergibt sich somit aus dem die Betriebsführung begleitenden Charakter der bergrechtlichen Planfeststellung kein weitergehendes Risiko unberücksichtigter, nachträglicher Änderungen für Betroffene und wichtige Allgemeingüter.

dd) Zwischenergebnis

Sowohl Betroffene als auch die Planfeststellungsbehörde haben grundsätzlich Möglichkeiten auf den bestandskräftigen Planfeststellungsbeschluss nachträglich einzuwirken, so dass sie das oben festgestellte Risiko nachträglicher Änderungen nicht in vollem Umfang tragen. Im Fall des § 75 Abs. II S. 2 - 4 VwVfG trägt der Vorhabenträger dieses Risiko sogar selbst. Im Bereich des Abfall- und Atomrechts ist diese Risikoübertragung noch um Auflagen zugunsten des Gemeinwohls erweitert.

---

[729] dazu ausführlich Boldt/Weller, BBergG, Ergänzungsband, zu § 57a/51

Im Übrigen sind jedoch die Betroffenen wie auch die Behörde hinsichtlich allgemeiner und spezieller öffentlicher bzw. individualrechtlicher Interessen an die engen Voraussetzungen des § 49 Abs. II VwVfG gebunden. Unmittelbar Betroffene haben dagegen im Hinblick auf Art. 14 Abs. I GG nicht diese Möglichkeit. Gemildert wird diese Situation durch die besondere Ausgestaltung des Planfeststellungsverfahrens sowie für die Fälle der Funktionslosigkeit und der endgültigen Aufgabe des Vorhabens durch den speziellen § 77 VwVfG. Ferner ist bei öffentlicher Vorhabenträgerschaft - wie regelmäßig bei der Verkehrswegeplanung- mit einer Aufgabe des Vorhabens oder Antragstellung nach § 76 VwVfG zu rechnen, falls nachträglich Änderungen auftreten, die den Planfeststellungsbeschluss rechtswidrig machten. Hier beschränkt sich nach der bisherigen Untersuchung das Risiko der Betroffenen und der Allgemeinheit auf unerkannte nachträgliche Änderungen.

b) Überprüfungsverpflichtung

Es ist zu untersuchen, ob im Fall öffentlicher Vorhabenträger eine Überprüfung der Zulassungsvoraussetzungen auch nach Bestandskraft des Planfeststellungsbeschlusses noch stattfindet. Zunächst kommt hier die Planfeststellungsbehörde als Kontrollinstanz in Betracht. Diese könnte dann auf den Vorhabenträger einwirken[730], so dass dieser -aus den oben genannten Gründen- ein Verfahren nach § 76 einzuleiten oder sein Vorhaben gem. § 77 VwVfG aufzugeben hätte.

Eine nachträgliche Kontrolle durch die Behörde findet allerdings nur in Grenzen statt, da grundsätzlich mit Bestandskraft des Planfeststellungsbeschlusses ihre Verantwortlichkeit endet. Eine allgemeine Nachkontrolle im Sinne einer „post project analysis" ist grundsätzlich nicht Aufgabe der

---

[730] bei identischer Rechtsträgerschaft können auch interne Weisungen ergehen

Planfeststellungsbehörde[731]. Etwas anders gilt nur hinsichtlich der Auflagenerfüllung sowie Vorbehalten nach § 74 Abs. III VwVfG[732]. Nach Kühling[733] ergibt sich jedoch dann eine Pflicht für die Planfeststellungsbehörde „die Planung neu zu überdenken", wenn die „Grundannahmen noch vor oder während der Ausführung von der Wirklichkeit in unüberschaubarer Weise abweichen".

Da jedoch der Planfeststellungsbeschluss in den vorliegenden Fällen noch nicht vollzogen ist, ist eine Rechtspflicht des öffentlichen Vorhabenträgers zu bejahen. Dieser hat die Pflicht die Rechts- und Sachlage auf Änderungen hin zu überprüfen, wenn der Zeitabstand zwischen Erlass und Durchführung des Planfeststellungsbeschlusses so groß geworden ist, dass Änderungen wahrscheinlich sind[734], um dann gegebenenfalls ein Planänderungsverfahren nach § 76 VwVfG zu beantragen oder bei unüberwindbaren Änderungen sein Vorhaben i.S.d. § 77 VwVfG aufzugeben. Dies gebietet nicht nur der aus dem Rechtsstaatsgebot resultierende Grundsatz der Gesetzmäßigkeit der Verwaltung, sondern auch das dem Planfeststellungsbeschluss spezielle immanente Prognoserisiko sowie die durch ihn betroffenen Belange Dritter bzw. wichtigen Gemeinschaftsgüter. Eine Absicherung in Bezug auf Bedarfspläne findet außerdem über die fünfjährliche Überprüfung desselben sowie über die fünfjährliche Erneuerung des sog. Fünfjahresplans durch den Bundesminister für Verkehr statt[735].

---

[731] Kühling, Fachplanungsrecht, Rd. 367
[732] Pauly/Roscheck, Inanspruchnahme des Vorhabenträgers, DVBl. 96, S. 784 (786)
[733] Fachplanung, Rd. 365
[734] dazu oben S. 171 ff.
[735] dazu Lautner/Metz, Bundesfernstraßenplanung, VR 96, S. 253 (254)

c) Zwischenergebnis

Insgesamt ist festzuhalten, dass im Fall öffentlich-rechtlicher Trägerschaft für Betroffene und die Allgemeinheit von einer Risikoreduzierung auf Null hinsichtlich nachträglicher, unberücksichtigter Änderungen der Rechts- und Sachlage auszugehen ist. Bei privaten Vorhabenträgern bleibt dagegen teilweise das Risiko auf Seiten der Betroffenen und der Allgemeinheit, da zwar auch der Vorhabenträger sein Vorhaben freiwillig aufgeben oder einen Antrag auf Planänderung stellen könnte, doch ist er aufgrund der Bestandskraft des Planfeststellungsbeschlusses nicht dazu verpflichtet. Er unterliegt auch nicht denselben rechtsstaatlichen Bindungen wie ein öffentlicher Vorhabenträger. Im Ganzen ist dieses Risiko der Betroffenen und der Allgemeinheit jedoch aus den genannten Gründen als gering einzuschätzen.

4.6. Abwägung mit Planerhaltungsinteressen

Das festgestellte, verbleibende Risiko Betroffener und der Allgemeinheit hinsichtlich Vorhaben privater Träger sowie das daraus folgende schutzwürdige Interesse an der Befristung mit Erlöschensfolge, ist im Folgenden mit den Interessen an der Erhaltung des Planfeststellungsbeschlusses abzuwägen. Die Abwägung richtet sich nach den betroffenen Rechtspositionen, so dass zwischen privat- und gemeinnütziger sowie zwischen Grundeigentum und notwendiger Enteignung zu unterscheiden ist. Im Fall reiner Privatnützigkeit stehen sich somit -mangels unmittelbar Betroffener- die öffentlichen Interessen am Außerkrafttreten und die Baufreiheit des Vorhabenträgers gegenüber. Ist dagegen der Vorhabenträger nicht Grundeigentümer wird die Inanspruchnahme fremden Eigentums notwendig. Dann müssen die Interessen unmittelbar Betroffener Berücksichtigung finden. Denen stehen allerdings gewichtige Gemeinwohlbelange gegenüber.

a) Verhältnismäßigkeit einer Befristung mit Erlöschensfolge

Zunächst soll die Befristung mit Erlöschensfolge an sich am Übermaßverbot gemessen werden. Das pauschale Außerkrafttreten soll erst im Anschluss einer gesonderten Überprüfung unterworfen werden. Erste Voraussetzung der Verhältnismäßigkeit ist auch hier das Vorliegen eines tauglichen Mittels, den Interessen zu begegnen. Die Befristung mit Erlöschensfolge eröffnet -wie oben dargestellt[736]- die Möglichkeit, die Bestandskraft zu überwinden und Änderungen der Rechts- und Sachlage in einem möglichen erneuten Verfahren entgegenzuwirken. Damit wird sowohl dem allgemeinen Interesse an der Gesetzmäßigkeit als auch dem speziellen öffentlichen Interesse und den privaten Belangen abgeholfen. Mildere Mittel zur Überwindung der Bestandskraft als das Außerkrafttreten sind nicht denkbar. Allenfalls könnte an ein von einer Frist unabhängiges Außerkrafttreten gedacht werden. Dabei fehlte jedoch der funktionale Zusammenhang zu den Umsetzungsverzögerungen, die gerade einen Zeitbezug verlangen[737].

Fraglich ist, ob auch die Verhältnismäßigkeit im engeren Sinne gewahrt ist. Zu einer Abwägung kommt es allerdings dann nicht, wenn Umsetzungsverzögerungen schon in den Risikobereich nur einer Interessengruppe fallen. So trägt im Fall rein privatnütziger Vorhaben grundsätzlich der Vorhabenträger das Risiko von Umsetzungsschwierigkeiten, ob verschuldet oder nicht. Eine Ausnahme ist lediglich in den Fällen eines rechtswidrigen, behördlichen Eingriffs denkbar[738]. Untersagungsverfügungen aufgrund zusätzlicher Genehmigungen scheiden aufgrund der Konzentrationswirkung des Planfeststellungsbeschlusses jedoch aus. Es verbleibt somit bei den Umsetzungsschwierigkeiten, die aus dem Risikobereich des Vorhabenträgers stammen. Dazu gehört das Risiko, durch das Außerkraft-

---

[736] siehe oben S. 165 f.
[737] die darüber hinaus denkbare Variante eines Vorbehalts, wonach im Falle einer Änderung der Planfeststellungsbeschluss außer Kraft zu treten hat, scheidet demnach aus; siehe dazu oben S. 160 (Fn. 638) u. S. 173; siehe auch noch unten Fn. 760
[738] dazu im Gewerberecht siehe Odenthal, Erlöschen, GewArch 94, S. 48 ff.

treten des Planfeststellungsbeschlusses getätigte Investitionen für Verfahren und Vorbereitungen zu verlieren. Dieses Investitionsrisiko geht zu Lasten des Vorhabenträgers, so dass es im Fall rein privatnütziger Vorhaben nicht zu einer Abwägung der Interessen kommt und eine Befristung mit Erlöschensfolge somit auch nicht gegen das Übermaßverbot verstoßen kann. Gegen eine Befristung spricht auch nicht die damit möglicherweise verbundene „Freibriefsituation". So könnte der Vorhabenträger infolge des drohenden Fristablaufs dazu angehalten sein, das Vorhaben unter Realisierungsdruck noch auszuführen, um mögliche Änderungen zu entgehen[739]. Eine solche Situation bietet sich im Planfeststellungsrecht aber gerade nicht, da -wie gezeigt- auch noch nach Unanfechtbarkeit umfassend auf nachträgliche Änderungen reagiert werden kann. Dem Vorhabenträger wird daher von vornherein kein „Freibrief" zur Hand gelegt.

Eine andere Situation bietet sich bei Gemeinnützigkeit des geplanten Vorhabens. Hier kann das Investitionsrisiko des Vorhabenträgers nicht in vollem Umfang zu seinen Lasten gehen. Im Hinblick auf den Gemeinwohlbezug solcher Vorhaben muss auch der von dem Vorhaben profitierenden Allgemeinheit ein Teil des Risikos aufgebürdet werden. Mangels eindeutiger Zuordnung der Umsetzungsverzögerungen zu einer Risikosphäre, müssen im Folgenden die Interessen abgewogen werden:

Auf der einen Seite stehen (i.d.R.) unmittelbar Betroffene sowie öffentliche Interessen am Gesetzesvollzug und der Schutz wichtiger Gemeingüter. Demgegenüber steht das öffentliche und private Interesse an der Umsetzung gemeinnütziger Vorhaben sowie das rechtsstaatliche Verlangen nach Verwaltungseffizienz[740]. Angesichts des beschriebenen geringen Risikos für unmittelbar Betroffene und das Allgemeinwohl, nachträgliche Änderungen zu ihren Lasten zu erfahren, könnte der Schluss gezogen werden,

---

[739] so Wigginghaus, Rechtsstellung, S. 97
[740] siehe ausführlich oben S. 108 ff.

dieses Risiko sei den Interessengruppen auch bei Umsetzungsverzögerungen zumutbar. Da der Planfeststellungsbeschluss für unmittelbar Betroffene aber mit nachteiligen Wirkungen versehen ist, kann sich dieser Schluss nicht mehr rechtfertigen. Neben der oben erörterten Unzumutbarkeit mittelbarer Nachteile infolge der enteignungsrechtlichen Vorwirkung, wird bei entsprechender Änderung der Rechts- und Sachlage auch die Rechtfertigung von Nutzungsbeschränkungen, wie Veränderungssperren oder Anbauverboten, fragwürdig. Zudem ist aufgrund der enteignungsrechtlichen Vorwirkung im Enteignungsverfahren bzgl. der Erforderlichkeit auf den Zeitpunkt der Planfeststellung abzustellen[741]. Nachträgliche Änderungen finden keine Berücksichtigung. Abgemildert wird diese Rechtslage zwar durch den speziellen § 77 VwVfG für den Fall der endgültigen Aufgabe des Vorhabens sowie durch die besondere Ausgestaltung des Planfeststellungsverfahrens[742], doch können insgesamt die Planerhaltungsinteressen nicht überwiegen. Die durch den bestandskräftigen Planfeststellungsbeschluss erlangte Rechtsposition des Vorhabenträgers sowie die Gemeinwohlaspekte hinsichtlich der Umsetzung gemeinnütziger Vorhaben sind nicht in der Lage, in Abwägung mit dem Eigentumsgrundrecht der Betroffenen, die gewichtigere Position einzunehmen. Der Vorhabenträger ist es, der Einfluss auf den Gang der Umsetzung ausüben kann und muss, nicht die betroffenen Grundstückseigentümer. Kommt zusätzlich der Schutz wichtiger Gemeinschaftsgüter hinzu, müssen die Planerhaltungsinteressen zurückstehen. Insgesamt kann daher die Verhältnismäßigkeit einer Befristung mit Erlöschensfolge festgestellt werden.

---

[741] vgl. z.B. § 19 Abs. II FStrG
[742] siehe oben S. 27 f. u. 172 f.

b) Erforderlichkeit der Pauschalität?

Es stellt sich die Frage, ob gerade ein *pauschales* Erlöschen erforderlich ist oder ob sich nicht mildere Mittel anbieten. So ist genauso eine gesetzliche Aufhebungspflicht der Behörde im Fall tatsächlicher Änderungen denkbar. Auch eine bloße Aufhebungs*möglichkeit* kann in Betracht kommen[743], da im Rahmen der Ermessensentscheidung die einzelnen Interessen Berücksichtigung fänden. Gegen die Gleichwertigkeit eines solchen Mittels könnte allenfalls das damit den unmittelbar Betroffenen zukommende Prozessrisiko sprechen, zumal die Betroffenen keinen Einfluss auf die Umsetzung und deren Fortkommen haben[744]. Dem kann jedoch durch eine Aufhebungs*verpflichtung* oder aber durch eine Beweislastumkehr begegnet werden. Der Vorhabenträger müsste dann im Fall von Umsetzungsverzögerungen über einen bestimmten Zeitraum hinweg beweisen, dass keine relevanten Änderungen der Rechts- und Sachlage eingetreten sind, die eine Ergänzung oder Aufhebung des Planfeststellungsbeschlusses rechtfertigen können.

Für ein solches Ergebnis spricht schließlich auch der sog. Grundsatz der Planerhaltung[745]. Dieser kommt nicht nur in dem für die Fehlerbeseitigung vor Unanfechtbarkeit einschlägigen § 75 Abs. I a VwVfG zum Ausdruck, sondern auch durch die generelle Anordnung der Duldungswirkung gem. § 75 Abs. II S. 1 GG. Die Aufhebung des Planfeststellungsbeschlusses ist danach grundsätzlich ausgeschlossen; eine Ausnahme gilt -wie oben gezeigt- lediglich für die eng begrenzten Fälle des § 49 Abs. II VwVfG und nur, wenn Schutzauflagen nach § 75 Abs. II VwVfG oder ein Spezialge-

---

[743] so noch in einzelnen Wassergesetzen bzgl. der rechtzeitigen Beendigung des Vorhabens, vgl. oben S. 44; im Ergebnis ähnlich Wigginghaus, Rechtsstellung, S. 98
[744] so Wigginghaus, Rechtsstellung, S. 106 zur zeitlichen Geltungskraft von Enteignungsakten
[745] erstmals im Planfeststellungsrecht so benannt von Sendler, in Kormann, Aktuelle Fragen, S. 9 (28 ff.); dazu auch: Hoppe, Erste Überlegungen, in Schlichter-FS, S. 87 ff.; ders., Rechtsgrundsatz, S. 390 ff.; Sendler, Plan- und Normerhaltung, in Hoppe-FS, S. 1011 ff.; Gaentzsch, Bemerkungen zur Planerhaltung, DVBl. 00, S. 741ff.

setz[746] nicht abhelfen können[747]. Die Aufhebung des Planfeststellungsbeschlusses stellt mithin ungeachtet des Spezialfalls des § 77 VwVfG die Ultima Ratio dar. Für einen solchen grundsätzlichen Vorrang einer bloßen Planänderung oder -ergänzung gegenüber der Aufhebung sprechen letztlich dieselben, oben angeführten, Interessen an der Planerhaltung -also Interessen des Vorhabensträgers, Drittbegünstigter sowie solche an einer effektiven Verwaltung. Der Grundsatz der Planerhaltung, wie er im Rahmen der Fehlerheilung rechtswidriger Planfeststellungsbeschlüsse aus dem Bauplanungsrecht übernommen wurde, betrifft dabei den gesamten Bereich nachträglicher Einwirkungen auf den Planfeststellungsbeschluss. Dieser bezieht sich nicht lediglich auf die Zeitspanne bis zur Unanfechtbarkeit des Planfeststellungsbeschlusses[748], sondern erstreckt sich darüber hinaus auf die Durchbrechung der Bestandskraft. So wird dieser Grundsatz von der Rechtsprechung im Fall möglicher Aufhebungsansprüche nach §§ 48, 49 VwVfG[749], aber auch bei der Frage nach der Funktionslosigkeit des Planfeststellungsbeschlusses, schon praktiziert[750]. Zwar folgt ein solcher Gedanke der Rechtserhaltung aus der Bestandskraft und den engen Voraussetzungen der §§ 48, 49 VwVfG, doch erlangt dieses allgemeine, das Recht durchziehende Prinzip[751] besonderes Gewicht im Planfeststellungsrecht und bestätigt damit den Vorrang der Planerhaltungsinteressen in der Frage nach der Erforderlichkeit einer Frist mit *pauschaler* Erlöschensfolge.

Das Argument der potentiellen, nachträglichen Änderung der Rechts- und Sachlage verlangt selbst somit nicht nach einem Erlöschen des Planfeststellungsbeschlusses unabhängig von der Frage, ob tatsächlich eine relevante Änderung eingetreten ist.

---

[746] so im Atomgesetz und Abfallrecht, siehe oben S. 185
[747] siehe dazu auch oben S. 178
[748] so angenommen von Hildebrandt, Der Planergänzungsanspruch, S. 153
[749] Rsp. siehe Fn. 697; so auch Hoppe, Rechtsgrundsatz, S. 390 ff.; Bonk/Neumann, in Stelkens/Bonk/Sachs, VwVfG, § 72/131
[750] Funktionslosigkeit kann danach auch nach langer Zeitspanne nicht ohne weiteres angenommen werden, z.B. BVerwG, Urt. v. 31.8.1995, E 99, 166 (170 f.)
[751] Hoppe, Rechtsgrundsatz, S. 390 (393)

4.7. Zwischenergebnis

Die Überprüfung des Arguments der potentiellen, nachträglichen Änderungen der Rechts- und Sachlage hat gezeigt, dass dieses zunächst bei Vorhaben mit öffentlicher Trägerschaft nicht anzuführen ist. Bei privater Trägerschaft eines gemein- oder privatnützigen Vorhabens zeigt sich dagegen die grds. Verhältnismäßigkeit einer Befristung mit Erlöschensfolge. Letztlich scheitern aber auch diese Fälle an der Erforderlichkeit gerade eines *pauschalen* Erlöschens.

5. Allgemeines Rechtssicherheitsbedürfnis aller Betroffener

Hat die bisherige Untersuchung nicht die Erforderlichkeit einer Befristung des Planfeststellungsbeschlusses mit *pauschaler* Erlöschensfolge gezeigt, so könnte sich diese aus Rechtssicherheitsgründen ergeben. Mit den Worten des Bundesverfassungsgerichts ist Rechtssicherheit ein wesentlicher Bestandteil des aus Art. 20 Abs. III GG resultierenden Rechtsstaatsgebots und somit eine der Leitideen des Grundgesetzes[752]. Ein Rechtssicherheitsbedürfnis besteht auch im Hinblick auf die Vorhersehbarkeit von Rechtsfolgen[753]. Bei Planfeststellungsbeschlüssen kann sich ein solches Bedürfnis in Bezug auf das „Ob" und „Wann" der Umsetzung ergeben.

Hinsichtlich des „Ob" der Umsetzung drückt zwar schon die Bestandskraft des auf einem förmlichen Verfahren beruhenden Planfeststellungsbeschlusses eine Verlässlichkeit des Rechts aus und kann einen Vertrauenstatbestand begründen[754]. Doch kann dieser Umstand für Dritte (Begünstige

---

[752] BVerfG, Beschl. v. 12.12.1957, E 7, 194 (196); ebenso: Beschl. v. 8.6.1977, E 45, 142 (167); Beschl. v. 9.8.1978, E 49, 148 (164)
[753] Wolff/Bachof, VerwR, Bd. I, § 30 I 1, S. 427
[754] siehe schon oben S. 110; schließlich sind die Betroffenen durch die Publizität auch auf die geplanten Änderungen vorbereitet, vgl. Harnischfeger, Planung in der sozialstaatlichen Demokratie, S. 111

oder Betroffene) keine Rechtssicherheit bzgl. der Umsetzung gewähren, da der Vorhabenträger nicht verpflichtet ist, das Vorhaben auch auszuführen[755]. Bei sich nicht alsbald anschließender Umsetzung kann für Dritte daher eine Unsicherheit darüber aufkommen, ob die Realisierung des Vorhabens überhaupt noch stattfinden wird. Unmittelbar Betroffene sind im Unklaren über die Zukunft ihrer Grundstücke. Mittelbar Betroffene wissen nicht, ob sie mit Belastungen infolge des realisierten Projektes noch zu rechnen brauchen. Mit wachsendem Zeitabstand oder länger währender Unterbrechung der Umsetzung könnte mithin ein negativer Vertrauensschutz dahingehend aufkommen, dass mit der Realisierung nicht mehr gerechnet werden muss. Aber auch Drittbegünstigte sind bei Untätigbleiben des Vorhabenträgers darüber verunsichert, ob sich Investitionen lohnen. Eine Befristung hätte somit den Vorteil, dass sowohl Betroffene als auch Belastete wissen, woran sie sind[756].

Eine solche Argumentation in Verbindung mit der Geltungsdauer von Planfeststellungsbeschlüssen[757] übersieht jedoch den speziellen § 77 VwVfG, wonach der Planfeststellungsbeschluss aufzuheben ist, wenn das Vorhaben endgültig aufgegeben wird. Durch diese Vorschrift wird den Beteiligten insofern Rechtssicherheit eingeräumt, als dass sie bis zu dieser nach außen erkennbaren Aufhebung des Verwaltungsaktes mit der Umsetzung rechnen können und auch rechnen müssen[758]. Ein berechtigtes Vertrauen auf die Nichtdurchführung des Planfeststellungsbeschlusses kann

---

[755] Bonk/Neumann, in Stelkens/Bonk/Sachs, VwVfG, § 75/74
[756] vgl. schon Blümel, Planfeststellung II, S. 356 zur Befristung von vorzeitigen Besitzeinweisungen
[757] Wigginghaus, Rechtsstellung, S. 99 f.; Kügel, in Obermayer, VwVfG, § 75/111; Bonk/Neumann, in Stelkens/Bonk/Sachs, VwVfG, § 75/75; vgl. auch die Begründung zu § 61 Abs. II EVwVfG (1963), Musterentwurf, S. 223, wobei der Entwurf zum VwVfG selbst noch keine dem § 77 VwVfG entsprechende Regelung vorsah
[758] Hieran zeigt sich letztlich das noch oben (S. 179 f.) offengelassene Anwendungsbedürfnis des § 77 VwVfG auch in Fällen, in denen noch nicht mit der Durchführung begonnen wurde oder Funktionslosigkeit des Planfeststellungsbeschlusses eintritt. Denn Sinn und Zweck des § 77 VwVfG ist es nicht nur die Folgenbeseitigung zu regeln, sondern auch Rechtssicherheit im Falle der Aufgabe zu gewähren.

demnach gar nicht erst aufkommen[759]. Von den seltenen Fällen der Funktionslosigkeit eines Planfeststellungsbeschlusses abgesehen, existiert eine rechtssicherheitsbedürftige Schwebelage bzgl. des „Ob" einer Umsetzung demzufolge nicht.

Die Rechtspflicht den Planfeststellungsbeschluss bei endgültiger Aufgabe aufzuheben, kann aber eine Schwebelage hinsichtlich des „Wann" einer Umsetzung nicht beseitigen. Die mit der Umsetzung eintretenden, belastenden Rechtsfolgen und begünstigenden Umstände verlangen nach einer Kalkulierbarkeit. Diese kann nur durch eine Befristung des Planfeststellungsbeschlusses erreicht werden[760]. Fraglich ist aber, ob auch gerade das pauschale Erlöschen des Planfeststellungsbeschlusses Rechtsfolge des Fristablaufs sein muss. Zu denken ist an einen Übernahmeanspruch. Ein solcher käme jedoch nur für die Fälle in Betracht, in denen das betroffene Grundstück später sowieso in Anspruch genommen werden soll. Wie oben gezeigt, ist bei unmittelbarer Betroffenheit ein Übernahmeanspruch taugliches Mittel, um die Unzumutbarkeit im Ablauf der Zeit zu kompensieren. Es fragt sich aber, ob ein solcher Anspruch auch den Rechtssicherheitsbedürfnissen entsprechen kann. Einerseits hat der Betroffene dann das Initiativrecht und kann die Enteignung vorverlagern. Er hat es in der Hand, den Schwebezustand zu beenden. Dieses Enteignungsverfahren mit vertauschten Rollen[761] schafft insofern Rechtsklarheit, als dass mit Ausübung dieses Rechts für den Betroffenen die Rechtsunsicherheit beendet ist. Da jedoch der Anspruch auf Übernahme mit der Überschreitung der Zumutbarkeitsschwelle verknüpft ist[762], ist dem Betroffenen die Kalkulation dieser Voraussetzung nicht möglich. Vor Erreichen der Belastungsgrenze ist es daher

---

[759] so aber angenommen von Kukk, Nicht durchgeführte Planfeststellungsbeschlüsse, NuR 00, S. 492 (494) unter Heranziehung des „Gedankens der Verwirkung"

[760] Die oben angedachte (S. 160) Möglichkeit eines Vorbehalts (i.S.d. § 74 Abs. III VwVfG) im Falle der Unzumutbarkeit die Grundstücke der unmittelbar Betroffenen zu übernehmen, scheidet im Hinblick auf Rechtssicherheitsaspekte somit aus. Eine andere Frage ist die nach der Notwendigkeit gerade einer gesetzlichen statt einer behördlichen Frist, siehe dazu unten S. 200 f.

[761] Bielenberg/Runkel, in Ernst/Zinkhahn/Bielenberg, BauGB, § 40/32

[762] siehe oben S. 151 f.

auch dem unmittelbar Betroffenen mit einem Übernahmeanspruch nicht möglich zu kalkulieren, wenn die Geltungsdauer des Planfeststellungsbeschlusses nicht begrenzt ist. Ein bloßer Übernahmeanspruch, der an die Zumutbarkeitsgrenze geknüpft ist, bedeute mithin ein Minus an Rechtssicherheit[763]. Dagegen kann ein Übernahmeanspruch, der nach Ablauf einer bestimmten Frist unabhängig von derartigen Voraussetzungen gewährt wird, auch dem Rechtsicherheitsbedürfnis unmittelbar Betroffener abhelfen[764].

Das pauschale Erlöschen des Planfeststellungsbeschlusses bleibt jedoch in den übrigen Fällen das einzige taugliche Mittel den Rechtssicherheitsbedürfnissen bzgl. des „Wann" der Umsetzung Rechnung zu tragen[765]. Eine bloße abstrakte Bestimmung des Umsetzungszeitraumes im Rahmen der Planrechtfertigung reicht dagegen mangels tatsächlicher Sanktion nicht aus. Nur eine Befristung kann den nötigen Nachdruck verleihen, um der Rechtssicherheit genüge zu tun. In Abwägung mit den Planerhaltungsinteressen müssen diese, angesichts der Gewichtigkeit des rechtsstaatlichen Gebots, letztlich somit mangels anderer tauglicher Mittel zurückstehen. Zu beachten bleibt jedoch, dass die Pauschalität in der Rechtsfolge ein Minus an Einzelfallgerechtigkeit im Hinblick auf die Gegeninteressen bedeutet. So sind Fälle denkbar, in denen es keine unmittelbar Betroffenen mit unkompensierten Vermögensnachteilen gibt[766] oder Änderungen in der Sach- oder Rechtslage nicht eingetreten sind. Ferner ist es, anders als im Gewer-

---

[763] Breuer, Bodennutzung, S. 251; Wigginghaus, Rechtsstellung, S. 102
[764] dem Rechtssicherheitsbedürfnis genügt somit nicht die oben (S. 160) ebenfalls eröffnete Möglichkeit, die Nachteile der unmittelbar Betroffenen durch das Zwischenstadium durch eine Geldentschädigung zu kompensieren; vgl. dazu auch das Ergebnis der Analyse der historischen Befristungen in Bezug auf den Zusammenhang zur Veränderungssperrenentschädigung, S. 66 f.
[765] diese einzig zutreffende Begründung für eine Frist mit *pauschalem* Erlöschen klingt schon bei Bulling/Finkenbeiner, Wassergesetz BW von 1976, § 64/26 an; vgl. auch VGH Mannheim, Urt. v. 5.3.1979, ZfW 1980, S. 232 (233)
[766] vgl. oben S. 152 ff., z.B. die Fälle, in denen die unmittelbar Betroffenen im Rahmen einer Veränderungssperre entschädigt werden

be- oder Baurecht[767], dem Vorhabenträger nicht ohne weiteres möglich, nach Erlöschen durch Fristablauf einen neuen Antrag auf Planfeststellung zu stellen. Da ein Planfeststellungsverfahren wesentlich zeit- und kostenintensiver ist, kann ein Zweitantrag u.U. für den Vorhabenträger -privat oder öffentlich- ein unüberwindbares Hindernis darstellen. Der Abstrich an Einzelfallgerechtigkeit in Bezug auf die Planerhaltungsinteressen birgt somit für den Vorhabenträger bzw. für die Allgemeinheit ein größeres Risiko hinsichtlich der tatsächlichen Umsetzung des Vorhabens sowie der Amortisation der aufgewendeten Investitionen im Vor- und Planfeststellungsverfahren. Zudem hat anders als z.B. im Baurecht der Vorhabenträger eines planfeststellungsbedürftigen Projektes nicht die Möglichkeit, während des Fristlaufs das Vorhaben unabhängig von potentiellen Änderungen der Rechts- und Sachlage umzusetzen. Die umfassenden, nachträglichen Einwirkungsmöglichkeiten auf den bestandskräftigen Planfeststellungsbeschluss gewähren diesem gerade keinen „Freibrief", der ein pauschales Erlöschen kompensieren könnte[768]. Damit es somit insgesamt nicht zu einem Ungleichgewicht kommt, ist ein Ausgleich dieses „Alles-oder-nichts-Mittels" auf der Ebene der Fristmodalitäten zu fordern. Dazu im folgenden Abschnitt.

IV. Ergebnis der Untersuchung

Die vorstehende Untersuchung hat gezeigt, dass zur Begründung einer Befristung des Planfeststellungsbeschlusses mit *pauschaler* Erlöschensfolge allein das Argument der Rechtssicherheit angeführt werden kann. Während

---

[767] dies ist gängiges Argument im Bau- und Gewerberecht, warum die Befristung mit pauschaler Erlöschensfolge nicht gegen Grundrechte des Antragstellers verstößt, vgl. z.B. das grundlegende Urteil des BVerwG, v. 20.6.1972, E 40, 153 (155 f.) zur Verfassungsmäßigkeit des § 3 Nr. 4 ApG; siehe auch BVerwG, Beschl. v. 26.5.1987, GewArch 87, S. 272 zu § 8 GaststättenG

[768] so argumentiert aber das BVerwG, Urt. v. 22.2.1991, NVwZ 91, S. 984 (985), in Bezug auf die Verfassungsmäßigkeit der zeitlich begrenzten Geltungsdauer einer Baugenehmigung („angemessene Zeit ... ohne Rücksicht auf die materielle Rechtslage")

das Argument der „Vorratsplanfeststellung" ganz ausscheidet, können weder nachträgliche Änderungen der Rechts- und Sachlage, noch die Unzumutbarkeit für unmittelbar Betroffene im Ablauf der Zeit nach einem solchen rigorosen Mittel verlangen. Der Pauschalität im Fall nachträglicher Änderungen -soweit dieses Argument nicht von vornherein ausscheidet- steht die Möglichkeit eines milderen Mittels entgegen, so dass ein pauschales Erlöschen in Abwägung mit den Planerhaltungsinteressen unverhältnismäßig wäre. Hinsichtlich der Unzumutbarkeit für unmittelbar Betroffene scheitert die Erlöschensfolge an genauso tauglichen Mitteln, diesen Interessen zu begegnen. Da jedoch aus allen drei Gründen eine Befristung erforderlich ist, aufgrund nachträglicher Änderungen der Rechts- oder Sachlage und des Rechtssicherheitsbedürfnisses sogar eine Frist mit Erlöschensfolge sowie aus Rechtssicherheitsbedürfnissen gerade eine Frist mit *pauschaler* Erlöschenfolge, tragen grds. auch alle drei Argumente zur folgenden Ausgestaltung der Frist bei. Dies gilt nur dann nicht, wenn das einzelne Argument, wie das der nachträglichen Änderungen im Fall der regelmäßigen öffentlichen Trägerschaft, überhaupt nicht eine Befristung begründen kann oder wenn im Fall der mittelbaren Nachteile für Enteignungsbetroffene schon eine Kompensationsvorschrift wie in § 9 Abs. IV LuftVG oder § 34 Abs. V HessStrG vorgesehen ist.

C) Ausgestaltung einer Frist mit pauschaler Erlöschensfolge im Einzelnen

Im Folgenden soll nun gefragt werden, wie eine Frist mit pauschaler Erlöschensfolge ausgestaltet sein muss, um den Interessen zu genügen.

I. Fristsetzung – Welche Art ist vorzuziehen?

Die Fristsetzung selbst kann auf verschiedene Art erfolgen. Einmal ist eine gesetzliche Frist mit festgeschriebener Fristlänge denkbar. Aber auch ein Fristsetzungsermessen der Behörde oder eine Fristsetzungspflicht mit Ermessen bzgl. der Fristlänge sind möglich. Gegen ein Fristsetzungsermessen könnte auf den ersten Blick das oben gefundene Ergebnis der Erforderlichkeit einer Befristung mit pauschaler Erlöschensfolge sprechen. Da jedoch „nur" das Rechtssicherheitsbedürfnis für eine solche Fristart spricht, kann im Einzelfall -wenn nämlich keine Drittbetroffenheit und damit kein Rechtssicherheitsbedürfnis gegeben ist- eine derartige Frist im Hinblick auf die Planerhaltungsinteressen unverhältnismäßig sein. Ein Fristsetzungsermessen könnte dann in diesen Fällen abhelfen und so eine größere Einzelfallgerechtigkeit bieten. Gleiches gilt für ein Fristlängenermessen. Auch hier kann die individuelle Behördenentscheidung auf Einzelfallumstände eingehen, zumal -wie eben gezeigt- die Fristlänge je nach den betroffenen Rechtspositionen unterschiedlicher Natur sein kann. Diese Fristsetzungsarten könnten mithin schon einen Pauschalitätsausgleich leisten.

Für ein Behördenermessen kann des Weiteren die planerische Gestaltungsfreiheit angeführt werden. So könnte eine gesetzliche Frist gegen das der Behörde eingeräumte Gestaltungsermessen und damit gleichzeitig gegen das Gewaltenteilungsprinzip verstoßen[769]. Dann müsste die Fristsetzung allerdings selbst zum Wesen der Planung und als Kernbefugnis[770] in den unantastbaren Bereich der Verwaltung gehören. Da es dem Gesetzgeber aber sogar möglich ist, in Einzelfällen die gesamte Planung an sich zu ziehen[771], muss das für die Frage der Fristsetzung als

---

[769] Rombach, Faktor Zeit, S. 219; allgemein zum Gewaltenteilungsprinzip: Schmidt-Bleibtreu, GG, Art. 20/43a f.; Schnapp, in: von Münch/Kunig, GG, Art. 20/32 ff.
[770] BVerfG, Urt. v. 27.4.1959, E 9, 268 (280); Beschl. v. 10.10.1972, E 34, S. 52 (59 f.)
[771] siehe dazu schon oben S. 93

bloße Umsetzungsmodalität generell denkbar sein. Zumal der Behörde im Rahmen der Fachplanung nur eingeschränkt eine planerische Gestaltungsfreiheit zukommt[772].

Dem Problem der Gewaltenteilung muss jedoch nicht weiter nachgegangen werden, wenn schon aus anderen Gründen insgesamt der gesetzlichen Frist der Vorzug zu geben ist. Zum einen kann gegen eine Ermessensentscheidung der Grundrechtsschutz der Betroffenen angeführt werden. Dieser könnte Abstriche erleiden, falls dieser vom Ermessen der Behörde abhängig gemacht wird[773]. Allerdings steht diesem Argument wiederum entgegen, dass auch im Fall einer Ermessensentscheidung die Behörde die Grundrechte der Betroffenen mitberücksichtigen muss, andernfalls ist die Entscheidung rechtswidrig. Genau hier liegt der eigentliche Grund für eine gesetzliche Befristung und damit für die zulässige Pauschalierung zu Lasten der Einzelfallgerechtigkeit. Die Behördenentscheidung als zusätzliche Fehlerquelle birgt die Gefahr der Rechtswidrigkeit und bietet damit ein weiteres Rechtsunsicherheitspotential, nicht nur für die Betroffenen, sondern auch für den Vorhabenträger. So vor allem, wenn die Entscheidung angefochten wird. Das Monopol des Gesetzgebers kann dadurch auch dem Problem widersprüchlicher Entscheidungen entgegenwirken[774]. Zudem kann die Rechtswidrigkeit der Fristsetzung womöglich nachteilige Folgen für den gesamten Planfeststellungsbeschluss haben, was letztlich das Argument für die Aufhebung des § 64 Abs. VI WG BW (1976) durch die WG-Novelle von 1988[775] war, der noch eine Fristsetzungspflicht mit Fristlängenermessen vorsah. Ferner sprechen Praktikabilitätsgründe für eine gesetzliche Frist, da andernfalls die Verwaltungskapazität übermäßig strapaziert würde.

---

[772] siehe oben S. 13 f.
[773] so Wigginghaus, Rechtsstellung, S. 150, zum Rückenteignungsanspruch
[774] Noll, Gesetzgebungslehre, S. 57
[775] siehe oben S. 53 f.; ob die fehlende oder fehlerhafte Fristsetzung heute noch zur Aufhebung des gesamten Planfeststellungsbeschlusses führen könnte, erscheint wegen § 75 Abs. I a VwVfG fragwürdig

Insgesamt ist der gesetzlichen Frist der Vorzug zu geben, wobei keine der drei Fristsetzungsarten letztlich einen Verstoß gegen das Grundgesetz bedeute, da sowohl für die eine wie auch die anderen sachliche Gründe angeführt werden können.

II. Fristbeginn

Als Ansatzpunkt für den Fristbeginn kommt der Erlass des Planfeststellungsbeschlusses sowie dessen Rechtskraft in Betracht. Während das Argument der nachträglichen Änderungen für den Zeitpunkt der Rechtskraft spricht, da erst Änderungen nach dieser ins Gewicht fallen[776], könnten sowohl die Belastungen der unmittelbar Betroffenen als auch das Rechtssicherheitsbedürfnis ein Ansetzen an den Erlass des Planfeststellungsbeschlusses fordern.

Wie oben gezeigt, können für unmittelbar Betroffene Belastungen mit Eingriffstiefe ab Erlass des Planfeststellungsbeschlusses vorliegen[777]. Genauso besteht von Anfang an Unsicherheit der Betroffenen darüber, ab wann mit Beeinträchtigungen verbindlich zu rechnen ist, so dass danach die Frist am Erlass ansetzen müsste. Dies beschneide private Vorhabenträger allerdings in ihrer Rechtsweggarantie aus Art. 19 Abs. IV GG[778]. Ein Vorhabenträger wird von einer Klage gegen seine Rechte verletzende Schutzauflagen absehen, wenn zeitgleich schon eine Erlöschensfrist liefe. Denn die lange Verfahrensdauer birgt das Risiko, im Anschluss nicht genug Zeit zur Umsetzung zu haben. Zudem ist es dem Vorhabenträger nicht zumutbar, schon während möglicher Klageverfahren -soweit überhaupt möglich- mit der Umsetzung zu beginnen. Das Investitionsrisiko wäre angesichts möglicher

---

[776] vgl. oben S. 164 ff.
[777] siehe oben S. 122 ff.
[778] vgl. Odenthal, Erlöschen, GewArch 1994, S. 48 (51) zur zeitlich begrenzten Geltungsdauer von Gewerbeerlaubnissen; Sauter, LBO BW, Bd. II, § 62/5 zur Geltungsdauer der Baugenehmigung

Planänderungen oder sogar einer möglichen Aufhebung des Planfeststellungsbeschlusses zu hoch. Dies gilt auch im Hinblick auf gemeinnützige Vorhaben, die von der Allgemeinheit finanziert werden. Einer solchen Argumentation widerspricht auch nicht die oben dargestellte grundsätzliche Risikoverteilung hinsichtlich Verzögerungen[779]. Denn es sind i.d.R. die Betroffenen selbst, die gegen Planfeststellungsbeschlüsse Rechtsmittel einlegen und damit eine Umsetzung hinauszögern. Es ist daher nicht einzusehen, dieses Risiko allein dem Vorhabenträger aufzubürden. Die Betroffenen schöpfen meist alle Mittel aus, um möglichst lange von dem Vorhaben verschont zu bleiben[780]. Aufgrund dieser vorwiegend von Interessengruppen ausgehenden Hinhaltetaktik wäre es im Fall der Planfeststellung unannehmbar, die Erlöschensfrist mit Erlass des Planfeststellungsbeschlusses zum Laufen zu bringen[781]. Die festgestellte Fixheit der Zumutbarkeitsgrenze hat dabei aber insoweit Berücksichtigung zu finden, als dass bei der Berechnung der Fristlänge der Zeitraum bis zur Rechtskraft erhalten bleibt. Dieser bemisst sich dann lediglich nach pauschalen Durchschnittswerten und nicht nach der konkreten Prozessdauer im Einzelfall. Diese Vorgehensweise kann einerseits das Risiko bzgl. einer möglichen Hinhaltetaktik beim Gebrauch von Rechtsmitteln auf die Betroffenen verlagern, während andererseits das allgemeine Risiko des Rechtsmittelgebrauchs vom Vorhabenträger durch Einbeziehung pauschaler Durchschnittswerte zu tragen ist.

Gleiches muss bei einer Klage gegen einen Planergänzungs- bzw. -änderungsbeschluss nach § 76 VwVfG gelten. Die Notwendigkeit einer Unterscheidung zwischen beiden Beschlussarten ist nicht ersichtlich[782]. Es

---

[779] so aber Wigginghaus, Rechtsstellung, S. 113
[780] dies wird an Beispielen wie dem Rechtstreit um die Ostseeautobahn (dazu: BVerwG, Urt. v. 31.1.2002, http://www.bverwg.de/presse/2002/pr-2002-02.htm) oder der Fildermesse in Leinfelden-Echterdingen deutlich (22.800 zum Teil standardisierte Einwendungen wurden hier dem RP schon im Planfeststellungsverfahren vorgelegt; dazu: www.fildermesse.de)
[781] a.A. Wigginghaus, Rechtsstellung, S. 113
[782] so will Fickert, Planfeststellung, B PlafeR, Erl. Nr. 32, Anm. 3, keine Fristlaufunterbrechung im Fall des Planergänzungsbeschlusses annehmen, der nicht gleichzeitig eine Planänderung enthält und auch nicht aus einem Vorbehalt i.S.d. § 74 Abs. III VwVfG resultiert

fragt sich allerdings, ob eine solche Klage nur den Fristlauf unterbricht oder hemmt oder, ob mit Bestandskraft des Änderungsbeschlusses eine neue Frist zu laufen beginnt. Bei rein formaler Betrachtung könnte Letzteres anzunehmen sein, da der Änderungsbeschluss mit dem ursprünglichen Planfeststellungsbeschluss eine rechtliche Einheit bildet[783] und damit der Ausgangsplanfeststellungsbeschluss in dem Änderungsbeschluss aufgeht[784]. Eine solche Argumentation ließe jedoch die materiellen Kriterien außer Acht. Trotz Rechtseinheit bleiben die Belastungen für die unmittelbar Betroffenen bestehen. Die Rechtssicherheit bzgl. des „Wann" der Umsetzung ist ebenfalls unverändert. Ferner können in der Klage gegen den Änderungsbeschluss materielle Gesichtspunkte gegen den bestandskräftigen Ausgangsbeschluss nicht mehr vorgebracht werden. Nachträgliche Änderungen der Rechts- und Sachlage blieben in Bezug auf den ursprünglichen Planfeststellungsbeschluss unberücksichtigt. Die Interessen an einer Befristung sind mithin unverändert, so dass eine solche Klage den Fristlauf allenfalls hemmen oder unterbrechen kann. Da infolge einer Planänderung oder -ergänzung erneut Vorbereitungen zu leisten sind, ist eine Unterbrechung des Fristlaufs i.S.v. § 217 BGB anzunehmen[785]. Eine pauschale Einberechnung des Unterbrechungszeitraums in die Fristlänge im Fall unmittelbarer Betroffenheit scheidet aufgrund des Einzelfallcharakters aus. Unter Umständen kann den Betroffenen dann jedoch ein Aufopferungsanspruch zukommen.

Es stellt sich weiter die Frage, ob entsprechend auch schon das Änderungs- oder Ergänzungsverfahren an sich den Fristlauf unterbrechen kann. Die Behinderung eines effektiven Rechtsschutzes hat dies zwar nicht zur Folge,

---

[783] BVerwG, Urt. v. 23.1.1981, E 61, 307 (309); Urt. v. 5.12.1986, E 75, 214 (223); Beschl. v. 24.10.1991, DVBl. 92, S. 310
[784] BVerwG, Urt. v. 11.4.1986, NVwZ 86, S. 834 (835)
[785] der Arbeit liegt noch das alte, bis 31.12.2001 geltende Schuldrecht zugrunde; nach dem neuen Schuldrecht entspricht die Unterbrechung dem „Neubeginn" der Verjährung gem. § 212 Abs. I, 1. HS n. F. BGB

doch kann der Vorhabenträger rein tatsächlich von der Umsetzung während eines solchen Verfahrens abgehalten werden, da er das Risiko späterer Umbauten nicht eingehen will. Jedoch könnten die vom Vorhabenträger beantragten und somit veranlassten Änderungen in seinen Risikobereich fallen, so dass eine Fristunterbrechung nicht gerechtfertigt wäre. Da der Vorhabenträger dadurch allerdings von einer Vorhabensänderung zugunsten nachträglich eingetretener Änderungen der Rechts- und Sachlage abgehalten würde, widerspräche eine solche Argumentation dem Schutzzweck einer Befristung. Nach obigem Untersuchungsergebnis haben in diesem Zeitraum außerdem grds. die Allgemeinheit bzw. die Betroffenen das Risiko nachträglicher Änderungen zu tragen. Es wäre daher widerläufig, hätte der Vorhabenträger nicht die Möglichkeit, einen dementsprechenden Antrag ohne Risiko zu stellen.

Die Unanfechtbarkeit hat sich, um dem Rechtssicherheitsbedürfnis zu genügen, nach dem Zeitpunkt zu bemessen, in dem auch gegenüber dem Letzten die Rechtsmittelfristen verstrichen sind. Im Fall nicht ordnungsgemäßer Zustellung ist zu unterscheiden, ob überhaupt keine Zustellung erfolgte, oder ob die Zustellung lediglich an formalen Mängeln, wie dem Fehlen einer Rechtsbehelfsbelehrung, leidet. Im letzteren Fall lässt sich der Fristbeginn über § 58 Abs. II VwGO unproblematisch bestimmen, so dass diese Variante aus Rechtssicherheitsgründen nicht ausgeklammert werden muss. Anders, wenn aufgrund fehlender Zustellung gar keine Frist zu laufen beginnt und ein Rechtsmittel bis zum Zeitpunkt der Verwirkung möglich bleibt. Hier lässt sich ein eindeutiger Fristbeginn nicht bestimmen, so dass zugunsten der Kalkulierbarkeit der Umsetzung auf die Berücksichtigung dieser Fälle verzichtet werden muss. Dies bedeutet zwar für den Vorhabenträger ein latentes Risiko hinsichtlich seiner Umsetzung, doch wird ein privater Vorhabenträger einen möglichen, dadurch verursachten Schaden im Wege der Amtshaftung wieder ausgleichen können. Ferner kann mit dem offensichtlichen Beginn der Durchführung eine Verwirkung angenommen werden, so dass Rechtsmittel nach diesem Zeitpunkt praktisch ausgeschlossen sind.

III. Länge der Frist

Eine konkrete Länge der Frist ist verfassungsrechtlich nicht vorgegeben[786]. Ausführungen über die bestimmte Anzahl von Jahren muss -wie Breuer es ausdrückt- juristische Verlegenheit auslösen[787]. Es können im Folgenden somit lediglich Anhaltspunkte und Kriterien für eine Fristbemessung gegeben werden, die sich an den oben aufgeführten Interessen der Beteiligten zu orientieren haben.

1. Anforderungen an die Fristlänge aufgrund des Rechtssicherheitsbedürfnisses

Um dem Rechtssicherheitsbedürfnis zu genügen, sind an die Länge der Frist keine besonderen Anforderungen geknüpft. Es reicht jeder für die Umsetzung erforderliche Zeitraum, solange nur ein zeitlicher Kalkulationspunkt gegeben ist. Die Fristlänge kann sich demnach allein an der konkreten Umsetzungsdauer des Vorhabens orientieren.

2. Anforderungen an die Fristlänge aufgrund des Arguments der nachträglichen Änderung

Ist das Argument der nachträglichen Änderung zu berücksichtigen, müssen Kriterien der Wahrscheinlichkeit relevanter Änderungen in die Bemessung

---
[786] Deutsch, Planungsschadenrecht, DVBl. 1995, S. 546 (553) zur 7-Jahresfrist des § 42 Abs. II BauGB
[787] Bodennutzung, S. 246

mit einfließen. Es ist zu fragen, in welchem Zeitraum Änderungen der oben genannten Art bzgl. unmittelbar Betroffener und Gemeinwohlbelangen wahrscheinlich sind. Da jedoch während der durchschnittlichen Durchführungsdauer Betroffene und die Allgemeinheit das Risiko nachträglicher Änderungen tragen, muss sich diese Zeit zum Wahrscheinlichkeitszeitraum hinzuaddieren. Dauert beispielsweise die durchschnittliche Umsetzung oder der durchschnittliche Durchführungsbeginn drei Jahre, muss die Frage nach der Wahrscheinlichkeit am Ende dieses Zeitrahmens ansetzen. Erst die Addition der gewonnenen beiden Zeiträume kann die Fristlänge begründen. Zu beachten ist ferner, dass eine zu knapp bemessene Frist Qualitätsmängel bei der Umsetzung zur Folge haben kann. So zeigt die Praxis, dass die fünfjährige Geltungsdauer im Straßenbau nur schwer und z.T. nur unter großem Zeitdruck einzuhalten ist[788].

3. Anforderungen an die Fristlänge aufgrund mittelbarer Nachteile durch das Zwischenstadium

Sind auch die Interessen unmittelbar Betroffener im Hinblick auf die Zumutbarkeit mittelbarer Nachteile zu berücksichtigen, muss sich die Fristlänge an der Zumutbarkeitsgrenze orientieren. Diese ist -wie oben dargestellt- fix, d.h. unabhängig von der (durchschnittlichen) Umsetzungsdauer[789]. Wann konkret auf das Jahr, den Monat oder Tag genau die Unzumutbarkeit der Eigentümer anzunehmen ist -wobei mangels Konformität mit Durchschnittswerten operiert werden müsste-, kann aus Art. 14 GG nicht

---

[788] vgl. die Begründung zum Gesetzentwurf zur Änderung des Fernstraßengesetzes, BT-Drucks. 14/2994; siehe auch schon oben S. 43 f.; ferner machten dies Auskünfte bei Regierungspräsidien des Landes Baden-Württemberg deutlich

[789] genauso ist die Zumutbarkeitsgrenze demnach von der Wahrscheinlichkeit von Umsetzungsschwierigkeiten unabhängig; so kann auch die Einstufung fernstraßenrechtlicher Vorhaben als vordringlicher Bedarf nicht eine die Zumutbarkeitsgrenze überschreitende Fristlänge rechtfertigen (eine Abhängigkeit der Fristlänge von einer solchen Einstufung wurde vorgeschlagen von Dolde, BT-Protokoll 14/51//14/73, S. 67); zumal Sinn und Zweck einer solchen Vorgehensweise fraglich ist, da im Fall einer solchen Einstufung die Finanzierung gerade sicherer ist als in den übrigen Fälle; dann ist eine Fristlängenverlängerung aber auch nicht notwendig

hergeleitet werden. Einem solchen Versuch hafte das „Odium einer gewaltsamen petitio principii" an[790]. Dem Gesetzgeber kommt vielmehr ein Gestaltungsspielraum zu[791], der sich an dem weiten Begriff der Zumutbarkeit zu messen hat. Die zwangsläufige Pauschalierung einer Zumutbarkeitsgrenze ist verfassungsrechtlich unbedenklich, soweit sie sich an durchschnittlichen Erfahrungswerten orientiert[792]. Wie oben schon angeklungen ist, kann im Einzelfall ein Aufopferungsanspruch aus §§ 74, 75 der Einleitung des Preußischen Allgemeinen Landrechts zugesprochen werden[793]. Sollte somit ausnahmsweise die Regelbelastungsgrenze schon früher überschritten werden, kann auf allgemeine Aufopferungsgesichtspunkte zurückgegriffen werden, ohne dass es hierfür einer gesetzlichen Grundlage bedarf. Das festgestellte, rechtsstaatliche Bedürfnis nach Rechtssicherheit rechtfertigt zudem eine partielle Ungleichbehandlung im Hinblick auf Art. 3 GG.

Anhaltspunkte für eine verfassungsgemäße Fristlänge können dabei Vergleiche mit anderen Befristungen sowie Entscheidungen der Rechtsprechung, in denen Zeitgrenzen als noch zumutbar oder schon unzumutbar angesehen wurden, liefern. Ein pauschaler Vergleich mit anderen Befristungsnormen verbietet sich allerdings. So praktiziert in der Entscheidung des Bundesverfassungsgerichts vom 12.11.1974 zum Rückenteignungsanspruch[794]: Für die Beurteilung der Verwendungsfrist nach Enteignungsrecht wurden ohne qualitative Unterscheidung die Fristen von Planfeststellungsbeschlüssen einiger Fachgesetze herangezogen. Dabei verkannte das Gericht, dass beiden Befristungen andere Motivationen und Begründungen zugrunde liegen, die eine undifferenzierte Übertragung verbieten[795]. Das Gericht ließ eine konkrete Bemessung letztlich auch offen, stellte aber fest,

---

[790] Breuer, Bodennutzung, S. 246
[791] vgl. Breuer, Bodennutzung, S. 249
[792] Breuer, Bodennutzung, S. 247
[793] siehe oben S. 158 f.
[794] BVerfG, Beschl. v. 12.11.1974, E 38, 175 (185 ff.)
[795] zu den Einzelheiten: Wigginghaus, Rechtsstellung, S. 103 ff.

zumindest die im vorliegenden Fall relevante Zeitspanne von 24 Jahren reiche für die Begründung eines Rückerwerbsanspruchs aus[796].

Das Bundesverwaltungsgericht erachtet in Bezug auf eine fernstraßenrechtliche Planfeststellung einen Zeitraum von 10 Jahren ab Bestandskraft noch als zumutbar[797]. Das Gericht orientiert sich allerdings selbst an der Frist des § 17 Abs. VII FStrG, die es hier gerade zu untersuchen gilt. Dem Urteil ist jedoch zu entnehmen, dass die gesetzlich vorgesehene Fristlänge von insgesamt 10 Jahren für die unmittelbar Betroffenen als zumutbar erachtet wird.

Ein Anhaltspunkt kann des Weiteren aus der Fristlänge für eine Veränderungssperre gezogen werden -soweit diese einer Befristung überhaupt unterliegt[798]. Da solche Nutzungsbeschränkungen nicht, wie im Fall des Planfeststellungsbeschlusses, „nur" mittelbar verursacht werden, kann daraus geschlossen werden, dass eine solche Mehrbelastung auch mit einer kürzeren Zumutbarkeitsgrenze korrespondiert. Dies folgt aus der oben festgestellten Fixheit der Belastungsgrenze, die gerade unabhängig von der Umsetzungsdauer zu bestimmen ist und sich allein nach der Beeinträchtigung des betroffenen Eigentumsgegenstands richtet [799]. Sind demnach Beschränkungen infolge einer Veränderungssperre über einen Zeitraum von 4 Jahren zumutbar, wie dies im Fall des § 17 Abs. I u. II BauGB ist, sind lediglich *mittelbare* Belastungen mindestens über einen solchen Zeitraum hinweg zumutbar. Damit korrespondieren auch die Ausgleichsregelungen der Veränderungssperren in den Fachgesetzen, welche erst nach 4 Jahren Dauer eine Kompensation des Eingriffs vorsehen.

---

[796] BVerfG, Beschl. v. 12.11.1974, E 38, 175 (185)
[797] BVerwG, Urt. v. 20.5.1999, NVwZ 00, S. 555 (558)
[798] siehe oben S. 29 f.
[799] so auch Leisner, Sozialbindung, S. 206; vgl. zur Fixheit oben S. 143 ff.

Angesichts des häufigen Zusammentreffens von Veränderungssperre und Belastungen infolge der potentiell drohenden Enteignung sowie meist schon faktischen Verwertungsschwierigkeiten in der Vorphase der Planfeststellung stellt sich das Problem, ob möglicherweise die Frage der Zumutbarkeit auf die dem Planfeststellungsbeschluss vorgelagerten Zeiträume zu erstrecken ist. Dies widerspräche aber der oben dargestellten Untersuchung bezüglich des Eingriffs in Art. 14 Abs. I S. 1 GG, wonach erst unter bestimmten Voraussetzungen bei Verwertungsschwierigkeiten die Eingriffstiefe erreicht ist[800]. Im Hinblick auf die Veränderungssperre liegt zwar ein solcher Eingriff schon vor, doch wird dieser eigenständig und unabhängig von der Geltungsdauer des Planfeststellungsbeschlusses durch spezielle Regelungen kompensiert[801]. Bei der Beurteilung der Zumutbarkeit ist somit auf den Beginn der Belastungen, die mit Erlass des Planfeststellungsbeschlusses eintreten, abzustellen. Zur Berücksichtigung des Zeitraumes bis zur Rechtskraft ist -wie oben erwähnt- auf eine pauschale Durchschnittsdauer möglicher Rechtsmittelverfahren abzustellen[802]. Damit kommt dem Umstand Bedeutung zu, dass infolge der Beschleunigungsgesetzgebung sowie strengerer Anforderungen an die Planfeststellung aufgrund gemeinschaftsrechtlicher Vorgaben, die Rechtskraft heute im Schnitt zwei bis vier Jahre eher eintritt[803].

4. Notwendiger Interessenausgleich aufgrund der Pauschalität der Fristsetzung

Bei der Bemessung der Fristlänge ist ferner zu beachten, dass die Planerhaltungsinteressen aufgrund der pauschalen Bemessung der Frist nach ei-

---

[800] siehe oben S. 128 f.
[801] siehe oben S. 161 f.
[802] siehe oben S. 204
[803] Dolde, BT-Protokoll 14/51//14/73, S. 22 f.; zur durchschnittlichen Dauer von Rechtsmitteln s.o. S. 34 f.

nem Ausgleich verlangen[804]. Da, wie oben gezeigt, aus Rechtssicherheitsaspekten die gesetzliche Fristsetzung vorzuziehen ist, verlangen die Planerhaltungsinteressen eine dementsprechend verhältnismäßige Fristlängenbemessung, so dass die Fristlänge entweder schon ein Zeitquantum für mögliche Umsetzungsschwierigkeiten anteilig mit umfassen muss oder dem Vorhabenträger eine Verlängerungsmöglichkeit einzuräumen ist. Aufgrund der Fixheit der Zumutbarkeitsgrenze für unmittelbar Betroffene darf jedoch die Regelbelastungsgrenze durch die Primärfrist nicht überschritten werden.

5. Zwischenergebnis

Die Abhängigkeit einer Frist von den Belangen unmittelbar Betroffener führt zur notwendigen Berücksichtigung einer starren Zumutbarkeitsgrenze, während die anderen Belange in Abwägung mit den Planerhaltungsinteressen auf Umsetzungsgegebenheiten Rücksicht nehmen.

IV. Verlängerungsmöglichkeit

Wie eben gezeigt, verlangen die Planerhaltungsinteressen grds. nicht nach einer Verlängerungsmöglichkeit. Die mit der pauschalen Fristsetzung einhergehende, mangelnde Einzelfallgerechtigkeit kann auch durch eine dementsprechend längere Frist ausgeglichen werden. Allerdings ist eine solche Frist zum einen an die fixe Zumutbarkeitsgrenze gebunden, so dass ein bestimmter Zeitraum nicht pauschal überschritten werden kann. Des Weiteren hat sich die Fristlänge hinsichtlich der nachträglichen Änderungen an pauschalen Erfahrungswerten bezüglich der Umsetzung bzw. des Durchführungsbeginns zu orientieren, so dass nicht jeder Einzelfall Berücksich-

---

[804] siehe oben S. 199 f.

tigung finden kann. Die Einrichtung eines Verlängerungsverfahrens bietet sich somit in den Fällen an, in denen Fachplanungsvorhaben im Einzelfall eine überdurchschnittliche Komplexität annehmen können oder Fachplanungsvorhaben so aufwändig sind, dass generell die Zumutbarkeitsgrenze überschritten wird. Eine Verlängerung ist dann jedoch nur möglich, wenn im Verlängerungsverfahren eine umfassende Einzelfallprüfung stattfindet, um den Interessen an einer Befristung zu genügen. Ein solches einzelfallorientiertes Verlängerungsverfahren bildet damit gleichzeitig, im Hinblick auf die Planerhaltungsinteressen, einen Ausgleich für die Pauschalität in der Erlöschensfolge, da mit Ablauf der Primärfrist der Planfeststellungsbeschluss nicht pauschal außer Kraft tritt, sondern erst, wenn sich die Notwendigkeit in einer Einzelfallprüfung gezeigt hat.

Materiell sind folgende Anforderungen an das Verlängerungsverfahren zu stellen: Ist die pauschale Zumutbarkeitsgrenze erreicht, ist zu prüfen, ob im konkreten Fall tatsächlich und wenn ja, ab wann mittelbare Nachteile für die Enteignungsbetroffenen entstanden sind und ob diese u.U. schon kompensiert sind. Eine Verlängerung ist nur dann möglich, wenn mittelbare Nachteile -soweit noch unkompensiert vorhanden- auch über den Verlängerungszeitraum noch zumutbar sind. In Bezug auf die pauschale Wahrscheinlichkeitsgrenze hinsichtlich nachträglicher Änderungen ist zu prüfen, ob solche schon zum Zeitpunkt der Verlängerungsentscheidung vorliegen, ohne dass bisher der Planfeststellungsbeschluss geändert wurde. Stellt sich dabei eine Änderung heraus, so kann dies allerdings nicht automatisch zum Außerkrafttreten des Planfeststellungsbeschlusses führen. Dies widerspräche zum einen dem Ausgleichscharakter eines solchen Verlängerungsverfahrens für die generelle Pauschalität der Erlöschensfolge. Zum anderen liefe das zwingende Außerkrafttreten vor allem dem Grundsatz der Planerhaltung zuwider[805]. Es ist daher zunächst zu untersuchen, ob der Änderung

---

[805] zu diesem Grundsatz siehe oben S. 193 f.

mit nachträglichen Auflagen abgeholfen werden kann[806]. Ferner kann es notwendig werden auf eine Planänderung nach § 76 VwVfG hinzuwirken. Durch einen entsprechenden Antrag kann dann der Fristlauf unterbrochen werden[807]. Die Berücksichtigung des Grundsatzes der Planerhaltung widerspricht dabei nicht der von den Rechtssicherheitsbedürfnissen geforderten Pauschalität, denn diese bleibt in der Sekundärfrist erhalten. Da zum Zwecke der Rechtssicherheit ein bloßer Kalkulationspunkt ausreicht, erfüllt auch die verlängerte Frist dieses Bedürfnis. Daran wird zugleich deutlich, dass die Verlängerungshöchstgrenze eine gesetzliche sein muss und nicht ihrerseits im Ermessen der Behörde liegen kann. Denn andernfalls ist es nicht von vornherein kalkulierbar, bis wann spätestens mit der Umsetzung begonnen sein muss. Aus demselben Grund sind Mehrfachverlängerungen nicht möglich.

Stellt sich keine schon existierende Änderung heraus, ist weiter abzuwägen, ob das mit wachsendem Abstand zum Erlass des Planfeststellungsbeschlusses steigende Änderungsrisiko im konkreten Fall den Betroffenen und der Allgemeinheit während der Verlängerung noch zumutbar ist. Da die Wahrscheinlichkeitsgrenze erreicht ist, muss neben der Prüfung, ob Änderungen eingetreten sind, auch prognostiziert werden, ob solche im Verlängerungszeitraum zu erwarten sind. Die konkrete Änderungswahrscheinlichkeit ist dann mit den Planerhaltungsinteressen abzuwägen, wobei der Grund für die Verzögerungen in die Entscheidung mit einfließt.

Dagegen ist keine erneute Abwägung über „Sinn oder Unsinn" des Vorhabens an sich durchzuführen, sondern lediglich eine Abwägung hinsichtlich der *Folgen* des bestandskräftigen Planfeststellungsbeschlusses. Es sind nur die Interessen und Rechtspositionen betroffen, die letztlich die Begründung für eine Befristungsregelung geliefert haben, also nur nach Bestandskraft

---

[806] neben dem § 75 Abs. II S. 2 VwVfG, kommen auch spezialgesetzliche Regelungen in Betracht, wie im Abfall- oder Atomrecht, s.o. S. 185 f.
[807] siehe oben S. 203 ff.

des Planfeststellungsbeschlusses aufgetretene Änderungen, mittelbare Nachteile für Enteignungsbetroffene durch das Zwischenstadium sowie Rechtssicherheitsaspekte bzgl. des „Wann" der Umsetzung. Es ist keine erneute Gesamtabwägung vorzunehmen, was schließlich der Bestandskraft des Planfeststellungsbeschlusses widerspräche. Eine solche rechtfertigt sich erst dann wieder, wenn die betroffenen Interessen einer Verlängerung des Planfeststellungsbeschlusses entgegenstehen und dieser damit zum Erlöschen kommt. Ferner widerspräche eine komplette Neuprüfung dem Charakter des Verfahrens als bloßem Verlängerungsverfahren. Wäre materiell hier kein Unterschied zu einem erneuten Planfeststellungsverfahren zu machen, wäre der Sinn des Verlängerungsverfahrens, ein Erlöschen zu verhindern, in Frage gestellt.

Dieser Aspekt der Verfahrenserleichterung muss sich schließlich auch auf die formellen Voraussetzungen des Verlängerungsverfahrens erstrecken. Aufgrund des belastenden Charakters der Verlängerung für unmittelbar Betroffene ist zwar auch hier ein Anhörungsverfahren durchzuführen[808], doch hat sich dieses auf den betroffenen materiellen Prüfungsumfang zu beschränken. Ferner verlangen die Rechtssicherheitsbedürfnisse nicht nur die Zustellung des Bescheides an die Betroffenen, sondern zumindest auch eine öffentliche Bekanntgabe, da andernfalls die Vielzahl der Rechtssicherheitsbedürftigen nicht erreicht werden kann. Ferner ergibt sich aus diesem Umstand, dass nicht nur offensichtliche Änderungen seit Unanfechtbarkeit zu berücksichtigen sind, sondern auch, entsprechend dem Untersuchungsgrundsatz der §§ 24 ff. VwVfG, der Behörde eine Ermittlungs*pflicht* zukommt. Allerdings kann sich die Ermittlungspflicht nur auf den oben aufgeführten materiellen Prüfungsumfang erstrecken. Hinsichtlich des Antrags auf Verlängerung könnte aus Rechtssicherheitsgründen und faktischer Verlängerung der Frist erforderlich sein, dass dieser vor Ablauf

---

[808] so auch Wigginghaus, Rechtsstellung, S. 118, in Bezug auf die Verlängerung der Verwendungsfrist im Rahmen einer Enteignung

der Frist gestellt und positiv beschieden werden muss, soll der Planfeststellungsbeschluss nicht außer Kraft treten. Dies hängt letztlich mit der Frage zusammen, welche Interessenpartei das Risiko eines zu spät gestellten Antrags bzw. einer verspäteten Behördenentscheidung trägt. Dieses Risiko liegt mangels Einflussmöglichkeiten der Betroffenen grds. auf Seiten des Vorhabenträgers. Im Fall gemeinnütziger Vorhaben kann das Risiko -wie oben in anderem Zusammenhang erläutert[809]- nicht ohne weiteres allein dem (privaten) Vorhabenträger zukommen. Insgesamt muss dieser Differenzierung aber nicht weiter nachgegangen werden, da schon gewichtige Aspekte gegen eine solche Forderung sprechen. Zum einen führt die damit verbundene frühe Antragsstellung zur faktischen Verkürzung der primären Frist, so dass der tatsächliche Umsetzungsbeginn ein zusätzliches Hindernis erfährt. Zum anderen kann es auf Seiten der Behörde zu einer Qualitätsminderung in der Antragsbearbeitung[810] sowie zur Bindung und damit Präferenzverschiebung von Verwaltungskapazität kommen[811], so dass mit einer derartigen stringenten Forderung hinsichtlich des Verlängerungsantrages keiner Interessenpartei gedient ist. Eine Antragsstellung vor Fristablauf genügt mithin den Interessen[812]. Allerdings muss dann die Verlängerungsentscheidung rückwirkenden Charakter haben, damit es tatsächlich nicht zu einer Fristlängenverlängerung kommt. Bei Erlöschen des Planfeststellungsbeschlusses entfielen auch rückwirkend die Rechtswirkungen und damit die Rechtfertigung für mittelbare Nachteile, so dass unmittelbar Betroffene einen Aufopferungsanspruch geltend machen können.

---

[809] siehe oben S. 191 f.
[810] Rombach, Faktor Zeit, S. 217; so auch die Begründung des Gesetzentwurfs der Länderkammer zum FStrÄG, BT-Drucks. 14/2994, S. 7
[811] vgl. Luhmann, Knappheit der Zeit, S. 143 (148)
[812] diese hat jedoch zwingend vor Fristablauf zu erfolgen, da andernfalls die Frist selbst ihrer Funktion beraubt würde

V. Ansatzpunkt: Durchführungsbeginn oder -ende? – Grenze zwischen zulässiger Pauschalität und hinreichendem Einzelfallausgleich

Weiter ist zu untersuchen, welches der richtige Ansatzpunkt einer Frist mit Erlöschensfolge ist, d.h. welche Umstände eintreten müssen, damit die Rechtsfolge des pauschalen Erlöschens nicht eintritt. In der gegenwärtigen Gesetzeslage finden sich die Varianten des Durchführungsbeginns und der Vollendung der Durchführung[813].

Die Zumutbarkeitsgrenze der Belastungen unmittelbar Betroffener ist -wie festgestellt- unabhängig von der Umsetzung zu bemessen und erstreckt sich vom Erlass des Planfeststellungsbeschlusses bis hin zur tatsächlichen Inanspruchnahme[814]. Richtiger Anknüpfungspunkt wäre mithin die Übernahme bzw. Enteignung der Grundstücke. Daran zeigt sich die denkbare Untauglichkeit einer Befristung der Umsetzungszeit für diese Fälle[815]. Um mit den angeführten Varianten diesem Interesse am ehesten abzuhelfen, wäre hier die Anknüpfung an die komplette Durchführung erforderlich, da nach der vollständigen Ausführung die betroffenen Grundstücke in jedem Fall in Anspruch genommen wurden. Auch das Argument der Rechtssicherheit bzgl. des „Wann" der Umsetzung spricht grds. für das Durchführungsende als Ansatzpunkt. Genauso verhält es sich mit dem Argument der nachträglichen Änderungen. Zwar haben grds. die Allgemeinheit bzw. die Betroffenen das Risiko nachträglicher Änderungen während der Durchführung zu tragen[816], doch nur in Bezug auf die durchschnittliche Umsetzungsdauer, nicht auch bei Realisierungsverzögerungen, die auch noch nach dem Beginn der Durchführung auftreten können.

---

[813] letztere gibt es in der gegenwärtigen Gesetzeslage nur noch neben Fristen für den Durchführungsbeginn und lediglich in wenigen Landeswassergesetzen; siehe dazu oben S. 54 f. u. 69 f.
[814] siehe oben S. 143 ff.
[815] siehe schon oben S. 160 f.
[816] vgl. oben S. 168 ff.

Einer solchen Anknüpfung steht jedoch der damit verbundene Zeitdruck für den Vorhabenträger entgegen[817]. Für sich gesehen ist zwar ein solcher, gerade im Hinblick auf die beschleunigte Umsetzung von Gemeinwohlvorhaben, erstrebenswert. Ist dieser aber mit der Sanktion eines *pauschalen* Erlöschens gekoppelt, erreicht eine solche Befristungsform im Hinblick auf die Planerhaltungsinteressen die Grenze der Verhältnismäßigkeit. Denn die Pauschalität hat zwingend das Erlöschen des Planfeststellungsbeschlusses zur Folge, unabhängig davon, ob tatsächlich Änderungen der Rechts- und Sachlage eingetreten sind oder ob Vermögensnachteile unmittelbar Betroffener überhaupt existieren bzw. möglicherweise schon kompensiert sind. Die Baufreiheit privater Vorhabenträger bzw. öffentliche Planerhaltungsinteressen haben mithin unabhängig von einer einzelfallorientierten Rechtfertigung zurückzustehen. Mangelnde Einzelfallgerechtigkeit infolge eines pauschalen Erlöschens machen es somit notwendig den Durchführungsbeginn genügen zu lassen, um die Verhältnismäßigkeit zu wahren.

Aber auch in den Fällen, in denen schon ein Pauschalitätsausgleich hinsichtlich des Erlöschens über ein einzelfallorientiertes Verlängerungsverfahren bei Erreichen der Obergrenzen stattfindet, ergibt sich der Durchführungsbeginn als verhältnismäßiger Anknüpfungspunkt: Erfolgt nämlich, wie regelmäßig im Zuge des Durchführungsbeginns, die zulässige Kompensation mittelbarer Nachteile der Enteignungsbetroffenen, rechtfertigt sich zugunsten dieser Interessen ein Außerkrafttreten des Planfeststellungsbeschlusses nicht mehr. Die Kompensation ist im freihändigen Grunderwerb oder in der Enteignung zu sehen. Es reichen auch ein Enteignungsantrag oder eine vorzeitige Besitzeinweisung aus, da in beiden Fällen eine Verzinsung bzw. eine Entschädigung für die Vermögensnachteile ab diesem Zeitpunkt stattfindet. Die Entschädigung im Rahmen einer vorzeitigen Besitzeinweisung umfasst die Kompensation der mittelbaren Nachteile infolge des Zwischenstadiums. Nicht vorstellbar sind dagegen

---

[817] so auch Wigginghaus, Rechtsstellung, S. 100

Fälle -wie sie entsprechend im Rahmen einer Veränderungssperrenentschädigung vorkommen können-, in denen die mittelbaren Nachteile nicht gleichzeitig Folge der vorzeitigen Besitzeinweisung sind[818].

Doch auch die übrigen Interessen an einer Befristung können einen Ansatzpunkt an der Durchführungsvollendung nicht rechtfertigen. Das oben Ausgeführte hat gerade gezeigt, dass das von (unmittelbar) Betroffenen und der Allgemeinheit getragene Änderungsrisiko gering ist[819]. Zudem kompensiert der spezielle § 77 VwVfG die Rechtsunsicherheit bzgl. des „Ob" der Umsetzung[820]. So kann ein Außerkrafttreten der Rechtsgrundlage in Abwägung mit den Planerhaltungsinteressen dann nicht mehr dem Verhältnismäßigkeitsgrundsatz entsprechen, wenn infolge des Durchführungsbeginns nicht unerhebliche Aufwendungen gemacht werden. Zwar genießen noch nicht vollendete Gebäudeteile für sich allein noch keinen Bestandsschutz, doch ist nicht nur in Abwägung mit Vertrauensaspekten eines privaten Vorhabenträgers[821], sondern auch in Bezug auf fiskalische Interessen der Allgemeinheit, im Fall schon getätigter, nicht unerheblicher Investitionen, diesen Interessen der Vorzug zu geben. Letztlich bedeutet es nicht nur für den Vorhabenträger, sondern auch für alle Drittbegünstigten ein steigendes Investitionsrisiko, je später ein Planfeststellungsbeschluss außer Kraft treten kann. Für Vorhabenträger und Drittbegünstigte wird die Rechtssicherheit bzgl. des „Ob" der Umsetzung unverhältnismäßig beschränkt, wenn durch eine Befristung in diesem Stadium ein künstliches Unsicherheitsmoment geschaffen würde. Dies wird von dem Argument der Qualitätssicherung im Fall gemeinnütziger Vorhaben gestützt. So kann ein

---

[818] vgl. oben S. 155 f.
[819] siehe oben S. 189
[820] siehe oben S. 195 f.
[821] vgl. dazu die Argumentation der Literatur zum Fall der Aufhebung eines Verwaltungsaktes aufgrund tatsächlicher Rechtsänderung gem. § 49 Abs. II Nr. 4 VwVfG: ab dem „ins Werk setzen" oder bei „Vornahme besonderer Anstalten" sollen aufgrund der im Vertrauen auf den Bestand des Verwaltungsaktes getätigten Investitionen eine Aufhebung desselben nicht mehr möglich sein; dazu: Erichsen, Allg. VerwR, § 17/4; Forsthoff, LdVwR I, § 13, S. 268 f.; Meyer/Borgs-Maciejewski, VwVfG, § 49/33; Bronnenmeyer, Widerruf, S. 150 ff.; Sachs, in Stelkens/Bonk/Sachs, VwVfG, § 49/76; Meyer, in Knack, VwVfG, § 49/59

übermäßiger Zeitdruck eine Qualitätsminderung in der Umsetzung zur Folge haben[822]. Gegen die Anknüpfung an den Durchführungsbeginn kann auch nicht eine damit verbundene Missbrauchsgefahr angeführt werden. Handlungen, die lediglich symbolisch zur Fristwahrung getätigt werden, können durch entsprechende Anforderungen an einen Durchführungsbeginn entweder gesetzlich oder durch die Rechtsprechung verhindert werden[823]. Nach Durchführungsbeginn sind die Betroffen zur Durchsetzung ihrer Rechtspositionen somit grds. auf Einzelfallmittel angewiesen, so dass der Durchführungsbeginn die Grenze zwischen zulässiger Pauschalität und hinreichendem Einzelfallausgleich markiert.

Insgesamt verlangt demnach das Übermaßverbot nach einem Ansetzen an den Durchführungsbeginn, wodurch gleichzeitig der Pauschalitätsausgleich hinsichtlich der Erlöschensfolge geleistet werden kann.

VI. Umsetzungsunterbrechung – neuer Fristlauf?

Aus dem Vorangesagten ergibt sich letztlich auch, dass der Fristlauf bei Umsetzungsunterbrechungen nach einmaligem Durchführungsbeginn nicht von neuem beginnen oder weiterlaufen kann. Sind nicht unerhebliche Investitionen getätigt, hat der Planfeststellungsbeschluss die Eigenschaft der Unbefristetheit zu erlangen. In Bezug auf unmittelbar Betroffene ist es unerheblich, ob tatsächlich schon eine Kompensation stattgefunden hat. Da eine solche regelmäßig in der oben beschriebenen Art stattfindet, reicht für mögliche Einzelfälle ein Entschädigungsanspruch, hergeleitet aus dem allgemeinen Aufopferungsgedanken, aus. Ausnahmefälle muss der Gesetzge-

---

[822] vgl. nur den Fall des neuen Lehrter Bahnhofs in Berlin, der aufgrund des Zeitdrucks mit einem kürzeren Dach (140 m!) versehen wird, obwohl dadurch nicht nur die vorderen und hinteren Wagen eines ICE's, sondern auch ein Treppenabgang im Freien stehen werden; siehe dazu: http://www2.tagesspiegel.de/archiv/ 2002/02/01/ak-be-5511258.html
[823] auf Letzteres verwies die Begründung zu § 61 Abs. II EVwVfG (1963), Musterentwurf, S. 223

ber grds. nicht berücksichtigen[824]. Liegt eine nicht unerhebliche, kausale Aufwendung aber noch nicht vor und ist dennoch ein Durchführungsbeginn möglich, unterbricht dieser lediglich den Fristlauf i.S.v. § 217 BGB[825]. Der erneute Fristlauf ist gegenüber der bloßen Hemmung die richtige Rechtsfolge, da andernfalls der Pauschalitätsausgleich durch den Anknüpfungspunkt „Durchführungsbeginn" nicht ausreichend Berücksichtigung fände.

Für den Sonderfall des gestuften Ausbaus bedeutet dies, dass infolge der Umsetzung der ersten Stufe in jedem Fall nicht unerhebliche Investitionen getätigt wurden, die ein Außerkrafttreten des Planfeststellungsbeschlusses am Übermaßverbot scheitern ließen. An diesen Fällen zeigt sich deutlich die Unverhältnismäßigkeit einer jeden anderen Ansicht: Erfolgt die Durchführung der weiteren Baustufen wegen Erlöschens des Planfeststellungsbeschlusses nicht mehr, entstehen unbrauchbare Teilabschnitte, wie z.B. Brücken ohne Anbindung, die u.U. kostspielig wieder beseitigt werden müssen. Der Fristlauf beginnt somit auch in den Fällen des gestuften Ausbaus nach Fertigstellung der ersten Stufe nicht von neuem oder läuft gar auch während deren Umsetzung weiter. Der Planfeststellungsbeschluss erlangt vielmehr auch hier die Eigenschaft der Unbefristetheit, wenn nicht unerhebliche Investitionen zur Umsetzung des (gesamten) Vorhabens getätigt wurden. Dies ist spätestens mit Fertigstellung der ersten Baustufe der Fall. In Bezug auf die Enteignungsbetroffenen der zweiten Stufe ist zwar festzustellen, dass eine Kompensation der mittelbaren Nachteile während der Umsetzung der ersten Stufe regelmäßig nicht stattfindet, doch können auch hier die unmittelbar Betroffenen ohne Verfassungsverstoß auf Einzelfallmittel verwiesen werden. Denn der gestufte Ausbau stellt selbst einen Sonderfall dar, der keiner besonderen gesetzlichen Regelung in Bezug auf die Geltungsdauer des Planfeststellungsbeschlusses bedarf.

---

[824] vgl. dazu schon oben S. 159
[825] der Arbeit liegt noch das alte, bis 31.12.2001 geltende Schuldrecht zugrunde; vgl. Fn. 785

VII. Voraussetzungen für den Durchführungsbeginn

Bei der Beurteilung der Voraussetzungen für den Durchführungsbeginn muss unterschieden werden, ob selbiger den Pauschalitätsausgleich bzgl. der Erlöschensfolge leistet oder ob dieser schon durch eine Verlängerungsmöglichkeit erreicht wird.

1. Durchführungsbeginn als Pauschalitätsausgleich

Der Durchführungsbeginn hat, wenn er den Interessen an einer Befristung zumindest in einer verhältnismäßigen Weise abhelfen soll, bestimmte Voraussetzungen zu erfüllen. Entsprechend einer Negativabgrenzung muss dieser nicht vollen Ausgleich leisten, da andernfalls der Durchführungsbeginn nicht den oben beschriebenen Kompromiss zwischen den Interessen herstellen könnte. Er muss demnach nicht vollständige Rechtssicherheit und Kompensation mittelbarer Nachteile gewähren.

Auf der anderen Seite muss für die Enteignungsbetroffenen die Kompensation zumindest unmittelbar bevorstehen, entweder in Form der Entschädigungsleistung für die Inanspruchnahme oder durch einen Ausgleich der mittelbaren Nachteile. Letzterer kann durch die Entschädigung im Rahmen einer vorzeitigen Besitzeinweisung oder durch einen Antrag auf Enteignung und der damit verbundenen Verzinsung des Entschädigungsbetrags erreicht werden. Im Zeitraum bis zur Entschädigungsleistung wird dadurch die ausbleibende wirtschaftliche Verwertung der Entschädigung bzw. des Grundstücks ausgeglichen[826]. Eine Kompensation steht infolgedessen dann unmittelbar bevor, wenn Enteignungs- oder Grunderwerbsverhandlungen laufen oder ein Antrag auf vorzeitige Besitzeinweisung gestellt wird.

---

[826] vgl. schon oben S. 157

In Bezug auf das Rechtssicherheitsbedürfnis ist an den Durchführungsbeginn die Voraussetzung der absehbaren Realisierung zu knüpfen. Dabei kann es nicht darauf ankommen, ob der Vorhabenträger Maßnahmen ergreift, die selbst genehmigungsbedürftig -wie der Aushub der Baugrube- oder bloße Vorbereitungen sind. Solange Letztere im Sachzusammenhang zur Ausführung des geplanten Projektes stehen und unmittelbar zur Umsetzung beitragen, ist es unerheblich, ob es sich um eine genehmigungsbedürftige Maßnahme handelt oder nicht. Auch kommt es nicht darauf an, ob der Vorhabenträger mit der Ausführung vom Planfeststellungsbeschluss abweicht. Denn Zweck der Befristung ist es nicht ein aliud oder sonstige Abweichungen zu verhindern. Wird tatsächlich Nichtgenehmigtes gebaut oder weicht eine Ausführung vom Geplanten wesentlich ab und hat der Vorhabenträger kein Planänderungsverfahren nach § 76 Abs. I VwVfG beantragt, können Betroffene mit einer Klage auf Unterlassen bzw. Folgenbeseitigung gegen einen solchen „Schwarzbau" vorgehen[827].

Ferner ist keine besondere Ernsthaftigkeit zu fordern, da sich diese schon aus dem Aufwand und den Investitionen im Rahmen des Planfeststellungsverfahrens ergibt[828]. Doch muss im Hinblick auf die zeitliche Kalkulierbarkeit des Eintritts der Rechtsfolgen die vollständige Realisierung terminlich abschätzbar sein. Dies setzt notwendig voraus, dass der Durchführungsbeginn in irgendeiner Weise nach außen in Erscheinung tritt. Reine Behördeninterna reichen nicht aus. Außerdem verlangt das Argument der nachträglichen Änderungen, dass aus dem Beginn auf die stetige Fortsetzung der Umsetzung zu schließen ist, da das Risiko nachträglicher Änderungen im Fall von Umsetzungsverzögerungen grds. vom Vorhabenträger zu tragen ist.

---

[827] dazu im Einzelnen: Hoppe/Schlarmann, Rechtsschutz, Rd. 339 ff.
[828] siehe oben im Rahmen des Untersuchungspunktes „Vorratsplanfeststellung", S. 111 ff.

Insgesamt liegt demnach ein tauglicher Durchführungsbeginn vor, wenn die getroffene, nicht lediglich behördeninterne Maßnahme eine stetige Umsetzung des gesamten Vorhabens in absehbarer Zeit erwarten lässt und eine Kompensation mittelbarer Nachteile für unmittelbar Betroffene in Aussicht stellt. Existieren Enteignungsbetroffene, sind zumindest Grunderwerbsverhandlungen oder ein Antrag auf vorzeitige Besitzeinweisung zu verlangen. Beides erfüllt jedoch gleichzeitig die Merkmale der zu erwartenden stetigen, vollständigen Umsetzung in absehbarer Zeit, da kein Vorhabenträger in Grunderwerbsverhandlungen einsteigt oder sich durch eine vorzeitige Besitzeinweisung entschädigungspflichtig macht, ohne dass sich die alsbaldige komplette Realisierung anschließt. Darüber hinausgehende Maßnahmen sind in solchen Fällen nicht zu verlangen.

Nicht Voraussetzung für den Durchführungsbeginn ist die Tätigung nicht unerheblicher Aufwendungen. Dies ist lediglich Bedingung für die Unbefristetheit des Planfeststellungsbeschlusses. Beides kann allerdings zusammentreffen, wenn z.B. Bauverträge abgeschlossen werden, die bei Abstandnahme eine Vertragsstrafe vorsehen. Fallen dagegen Durchführungsbeginn und Unbefristetheit auseinander, wenn beispielsweise mit bloßen Enteignungsverhandlungen begonnen wird, ist der Fristlauf lediglich i.S.v. § 217 BGB unterbrochen[829]. Schließen sich nicht unerhebliche Investitionen daher nicht alsbald an, beginnt der Fristlauf von neuem. Der Durchführungsbeginn steht mithin unter dem Vorbehalt sich alsbald anschließender, nicht unerheblicher Investitionen, andernfalls beginnt die Frist von neuem. Mit der fristunterbrechenden Handlung wird somit schon der Wille zur alsbaldigen, stetigen Umsetzung bekundet. Erfüllt sich diese nicht im Wege einer Bekräftigung durch Investitionen, setzt der Fristlauf wieder ein.

---

[829] der Arbeit liegt noch das alte, bis 31.12.2001 geltende Schuldrecht zugrunde; vgl. Fn. 785

2. Durchführungsbeginn aufgrund des Investitionsrisikos

Rechtfertigt sich der Ansatzpunkt „Durchführungsbeginn" nicht mit dem Pauschalitätsausgleich, ist an diesen von vornherein die weitere Voraussetzung der nicht unerheblichen, kausalen Aufwendungen zu knüpfen. Auch diese müssen nicht genehmigungsbedürftige Maßnahmen umfassen, solange die bloße Vorbereitung im Sachzusammenhang zur konkreten Umsetzung steht. Gleichzeitig erhält der Planfeststellungsbeschluss damit den Charakter der Unbefristetheit. In Bezug auf mögliche Enteignungsbetroffene reicht auch hier eine bloße in Aussicht gestellte Kompensation aus, da in diesen Fällen -wie erwähnt- ein Einzelfallausgleich direkt über einen Aufopferungsanspruch möglich ist.

VIII. Übertragung auf gegenwärtige Befristungsregelungen – Verfassungswidrigkeit einzelner Regelungen?

Die Untersuchung hat deutlich gemacht, dass einzelne Befristungsvarianten rechtlich geboten oder zumindest anderen vorzuziehen sind. Es stellt sich daher die Frage nach der Konsequenz für Befristungen in der gegenwärtigen Gesetzeslage, die von dem Gesagten abweichen. Im Hinblick auf die Fristsetzung ergibt sich keine Schwierigkeit, da alle drei Arten verfassungsrechtlich möglich sind. Vorzuziehen ist jedoch die gesetzliche Frist, so dass zu empfehlen ist, das Nordrhein-Westfälische, Berliner und Brandenburger Wassergesetz anzupassen[830]. Ferner hat sich gezeigt, dass ein Anknüpfungspunkt „Durchführungsvollendung" abzulehnen ist, da dieser aufgrund des damit verbundenen hohen Investitionsrisikos den Planerhaltungsinteressen widerspricht. In allen vier Fällen der gegenwärtigen Gesetzeslage, im Nordrhein-Westfälischen, Berliner und Brandenburger Wassergesetz sowie im Hessischen Straßengesetz, stellen Beendigungsfristen

---

[830] gleiches gilt für § V 25 E-UGB I

eine neben den Fristen für den Durchführungsbeginn zusätzliche Befristung dar. Im Fall des Hessischen Straßengesetzes kommt hinzu, dass aufgrund der öffentlichen Trägerschaft und der Auslagerung der Interessen unmittelbar Betroffener durch Einräumung eines Übernahmeanspruchs lediglich Rechtssicherheitsaspekte für eine solche Anknüpfung sprächen. Im Hinblick auf das Prinzip der Verwaltungseffektivität und den Verfassungsauftrag zur Daseinsvorsorge erscheint eine solche Regelung mit pauschalem Erlöschen trotz Verlängerungsmöglichkeit als verfassungsrechtlich bedenklich. Genauso verhält es sich mit dem Berliner Wassergesetz, das vor allem im Fall betroffener Eigentumsfreiheit privater Vorhabenträger aufgrund Verstoßes gegen das Übermaßverbot Verfassungswidrigkeit erlangen kann. Beim Nordrhein-Westfälischen und Brandenburger Wassergesetz steht dagegen die Aufhebung des Planfeststellungsbeschlusses nach fruchtlosem Fristverstreichen im Ermessen der Behörde, so dass die Belange des Vorhabenträgers und des Allgemeinwohls Berücksichtigung finden können. Im Einzelfall kann dann aber auch hier eine Aufhebung gegen die Verfassung verstoßen.

D) Stellungnahme zu den strittigen Anwendungs- und Auslegungsfragen der gegenwärtigen Gesetzeslage – zugleich: Zusammenfassung

Im Folgenden ist mit dem gefundenen Ergebnis zu den oben offen gelassenen strittigen Anwendungs- und Auslegungsfragen der gegenwärtigen Gesetzeslage Stellung zu nehmen:

I. Zeitliche und sachliche Anwendbarkeit der Befristungsregelungen

1. *Anwendbarkeit auf sog. „Altfälle"*

Für den Meinungsstreit hinsichtlich der Anwendbarkeit der Befristungsregelungen auf sog. Altfälle bedeuten die Ausführungen zunächst nur, dass es grundsätzlich eine Rechtfertigung für derartige Befristungen gibt. Da es sich bei diesen Fällen i.d.R. um Vorhaben mit öffentlicher Trägerschaft handelt, greift jedoch das Argument der nachträglichen Änderungen nicht. Dem steht auch nicht der 1977 neu eingeführte § 75 Abs. II S. 2 VwVfG entgegen, da dieser auf solche Fälle Anwendung findet[831]. Gleiches muss für § 77 VwVfG gelten, da dieser zwar die Aufhebung des Planfeststellungsbeschlusses regelt und damit rechtsgestaltend auf diesen rückwirkend einwirkt, doch im Grunde deklaratorischer Natur ist. Im Fall der Erledigung findet ein Außerkrafttreten über § 43 Abs. II VwVfG statt. Die behördliche Aufhebung dient lediglich der Rechtssicherheit. Die Befristung auch der Altfälle rechtfertigt sich materiell allerdings mit den mittelbaren Nachteilen unmittelbar Betroffener sowie dem generellen Rechtssicherheitsbedürfnis.

Es fragt sich jedoch, ob nicht allgemeine rechtsstaatliche Grundsätze einer Anwendung entgegenstehen. § 96 Abs. III VwVfG kann nur entnommen werden, dass Fristen, deren Lauf vor Inkrafttreten des VwVfG begonnen hat, nach den bisher geltenden Rechtsvorschriften berechnet werden. Durch das VwVfG neu eingeführte Fristen werden durch § 96 Abs. III VwVfG nicht geregelt[832]. § 96 Abs. I VwVfG hilft jedoch insoweit weiter, als er für damals laufende Verfahren anordnet, diese nach den Regeln des VwVfG zu Ende zu führen. Dies entspricht dem Grundsatz des intertempo-

---

[831] BVerwG, Urt. v. 12.9.1980, E 61, 1 (4) zum inhaltsgleichen § 17 Abs. VI S. 2 a.F. FStrG
[832] Stelkens/Kallerhoff, in Stelkens/Bonk/Sachs, VwVfG, § 96/14; Kopp/Ramsauer, VwVfG, § 96/10; Tiedemann, in Obermayer, § 96/10; Clausen, in Knack, § 96/3

ralen Prozessrechts[833]. Das Verwaltungsverfahren könnte aber in den vorliegenden Fällen schon beendet sein. Gemäß § 9 2.HS VwVfG bildet der Erlass eines Verwaltungsaktes den Abschluss eines Verwaltungsverfahrens. Spätestens im Zeitpunkt der Unanfechtbarkeit ist das Verfahren als beendet anzusehen[834]. Auch ist der Fristlauf bzw. der Fristablauf nicht als eigenständiges Verwaltungsverfahren anzusehen, da er anders als z.B. die Rücknahme oder der Widerruf eines Verwaltungsaktes kein Aufhebungsverfahren mit sich bringt[835]. Der Planfeststellungsbeschluss tritt vielmehr ipso iure außer Kraft. § 96 Abs. I VwVfG ist somit nicht auf § 75 Abs. IV VwVfG anwendbar, da er nichts darüber aussagt, wie existente Verwaltungsakte nach abgeschlossenem Verwaltungsverfahren zu behandeln sind. Es kann ihm jedoch entnommen werden, dass auf abgeschlossene Verfahren die Vorschriften des VwVfG zumindest nicht uneingeschränkt anwendbar sind. Dies entspricht auch dem allgemeinen Rechtsgrundsatz, nach dem abgeschlossene Verfahren ihre Rechtswirkungen auch für spätere Folgeverfahren grundsätzlich behalten[836]. Folglich ist § 75 Abs. IV VwVfG auf vor dem 1.1.1977 erlassene Planfeststellungsbeschlüsse nicht anwendbar. Diese Planfeststellungsbeschlüsse wären somit von unbeschränkter zeitlicher Geltungsdauer.

Dies ist jedoch deshalb fraglich, weil § 96 VwVfG Ausdruck des rechtsstaatlich gewährten Vertrauensschutzes ist und aus diesem Grund

---

[833] BVerfG, Beschl. v. 7.7.1992, E 87, 48; Stelkens/Kallerhoff, in Stelkens/Bonk/Sachs, VwVfG, § 96/1
[834] strittig, aber für vorliegendes Problem irrelevant: Kopp/Ramsauer, VwVfG, § 9/30 und Clausen, in Knack, VwVfG, § 9/31, wollen erst mit der Unanfechtbarkeit des Verwaltungsaktes das Verwaltungsverfahren beendet sehen; a.A. Stelkens/Schmitz, in Stelkens/Bonk/Sachs, VwVfG, § 9/182 und Riedl, in Obermayer, VwVfG, § 9/36, die in der Bekanntgabe des Verwaltungsaktes den Abschluss des Verwaltungsverfahrens sehen; a.A.: Ule, in Ule/Laubinger, VwVfR, § 53/1f., der den Erlass eines Verwaltungsaktes und damit den Abschluss des Verfahrens in dem Zeitpunkt sieht, in dem der Verwaltungsakt die Behörde verlässt.
[835] diesbezüglich wird vertreten, dass die neuen Fristen auf Altfälle anwendbar sind, jedoch mit der Einschränkung, dass die Frist erst mit Inkrafttreten des VwVfG zu laufen begann: BVerwG, Urt. v. 14.12.1989, NJW 1991, S. 766 (767); BayVGH, Urt. v. 21.1.1980, BayVBl 80, S. 501 (502); VGH Mannheim, Urt. v. 25.3.1981, VBlBW 81, S. 293
[836] Stelkens, in Stelkens/Bonk/Sachs, VwVfG, § 96/2

eine sog. echte Rückwirkung von Gesetzes wegen nicht zulässt. Träger öffentlicher Gewalt, die in den meisten „Altfällen" Vorhabenträger waren bzw. sind, können sich aber nicht auf Vertrauensgesichtspunkte berufen. Es besteht demnach kein rechtsstaatlicher Grund für die Nichtanwendung der Befristungsnormen auf diese „Altfälle". In Bezug auf Planfeststellungsbeschlüsse, die gegenüber einem privaten Vorhabenträger ergingen, kann dies allerdings nicht gelten. Hier muss es bei dem allgemeinen rechtsstaatlich motivierten Grundsatz bleiben, dass einmal abgeschlossene Verwaltungsverfahren ihre Rechtswirkungen grundsätzlich beibehalten[837].

Für die hier relevanten Fälle einer öffentlichen Trägerschaft hieße dies, dass die Fristen auf Altfälle uneingeschränkt Anwendung fänden. Hier ist der h.M. zuzustimmen, die den Fristlauf allerdings erst mit Inkrafttreten der neuen Regelung beginnen lassen will[838]. Denn andernfalls bestünde die Gefahr, dass Verlängerungsmöglichkeiten versäumt werden und nur aus diesem Grund ein neues Planfeststellungsverfahren notwendig wird. Wäre diese Rechtsfolge vom Gesetzgeber gewollt, hätte er eine dementsprechende Übergangsregelung geschaffen[839]. Der Fristlauf kann hier also erst mit Inkrafttreten des jeweiligen ändernden Gesetzes zu laufen beginnen und zwar unabhängig davon, ob der Planfeststellungsbeschluss länger als die Sekundärfrist in Kraft ist[840]. Eine andere Auffassung liefe dem Grundsatz der Effektivität staatlicher Verwaltung zuwider[841].

---

[837] allgemein zu Rückwirkung und Vertrauensschutz: Ossenbühl, in Erichsen, Allg. VerwR, § 8 I 3
[838] siehe oben S. 73 f. u. Fn. 300
[839] so in Art. 96 Abs. V BayVwVfG
[840] so aber vertreten von Schroeter, s.o. Fn. 301
[841] dazu oben Fn. 447

2. Sachliche Anwendbarkeit des VwVfG

In der Darstellung der gegenwärtigen Gesetzeslage wurde die Frage der Anwendbarkeit des VwVfG auf das Luftverkehrsgesetz sowie das Flurbereinigungsgesetz offen gelassen[842]. Bezüglich Letzterem scheidet zunächst wiederum das Argument der nachträglichen Änderungen aufgrund öffentlicher Trägerschaft aus. Bei mittelbaren Belastungen für unmittelbar Betroffene könnten im Fall der Flurbereinigung Zweifel aufkommen: Zwar sind die Eigentümer über § 34 FlurbG Nutzungsbeschränkungen -und damit sogar unmittelbaren Nachteilen- unterworfen, doch helfe das Außerkrafttreten des Planfeststellungsbeschlusses diesen Nachteilen nicht ab, da die Wirksamkeit des Flurbereinigungsbeschlusses davon unberührt bliebe. Bis zu dessen Erlöschen bleiben die Beschränkungen des § 34 FlurbG bestehen. Zudem ist fraglich, ob sich die fehlende alsbaldige Ausführung des planfestgestellten Vorhabens hier für die Teilnehmer, im Gegensatz zu Betroffenen anderer Planfeststellungsverfahren, mittelbar als Belastung auswirkt. Im Hinblick auf die Schaffung gemeinschaftlicher Anlagen kann eine solche Belastung gerade nicht festgestellt werden, da diese nicht wie ein „Damoklesschwert" über ihren Grundstücken hängt und dieselben in ihrem Wert mindert. Vielmehr kommen die geplanten gemeinschaftlichen Anlagen den wirtschaftlichen Interessen der Teilnehmer entgegen. Anderes kann bzgl. öffentlicher Anlagen gelten: Hier stellt das Flurbereinigungsrecht nichts anderes als eine Sonderregelung zu den straßen- und wasserrechtlichen Planfeststellungsverfahren dar. Es können mittelbare Nachteile für die betroffenen Grundstücke im Hinblick auf Verkauf, Verpachtung etc. entstehen. Allerdings erreichen diese Belastungen nicht die oben geforderte Eingriffsqualität, da die Flurbereinigung selbst keine Enteignung darstellt, sondern lediglich eine Inhalts- und Schrankenbestimmung des Eigentums gem. Art. 14 Abs. I S. 2 GG[843]. Den Betroffenen droht nicht die

---

[842] siehe oben S. 57 u. 59 f.
[843] Krohn/Löwisch, Eigentumsgarantie, Rd. 194

Enteignung, die durch eine enteignungsrechtliche Vorwirkung konkretisiert wäre. Zudem ist dem Einzelteilnehmer i.d.R. erst nach Abschluss der Flurbereinigung anhand der Flächenzuteilung seine Betroffenheit erkennbar[844]. Insgesamt bewegen sich seine Belastungen mithin noch unterhalb der Eingriffsschwelle. Allerdings ist eine Befristung auch hier aus Rechtssicherheitsgründen erforderlich. Insofern ist durch die Anwendung des § 75 Abs. IV LVwVfG auf das Flurbereinigungsgesetz eine Regelungslücke zu schließen[845].

Im Fall des Luftverkehrsgesetzes ist zunächst festzustellen, dass es aufgrund der Belastungen und des Schwebezustandes für Enteignungsbetroffene einer Befristung nicht bedarf, da § 9 Abs. IV LuftVG eine ausreichende Kompensation in Form eines Übernahmeanspruchs unabhängig vom Erreichen einer Zumutbarkeitsgrenze vorsieht. Für eine Befristung sprechen jedoch auch hier die Möglichkeit nachträglicher Änderungen im Fall privater Vorhabenträger sowie das Bedürfnis nach Rechtssicherheit für mittelbar Betroffene und Begünstigte unabhängig von der Trägerschaft. Allerdings fragt es sich, ob § 75 Abs. IV LVwVfG hier aus formaljuristischen Gründen überhaupt anwendbar ist. § 9 Abs. IV LuftVG könnte als Spezialvorschrift die Anwendbarkeit des subsidiären LVwVfG ausschließen[846]. Da aber nur die genannten Interessen unmittelbar Betroffener von § 9 Abs. II LuftVG erfasst werden, steht einer Anwendung des LVwVfG hier grundsätzlich nichts entgegen. Dabei könnte es allerdings zu widersprüchlichen Anwendungsergebnissen kommen. Tritt nämlich der Planfeststellungsbeschluss nach fünf Jahren mangels Durchführungsbeginn außer Kraft, macht es wenig Sinn den Grundstückseigentümern noch einen Übernahmeanspruch einzuräumen. Der spezielle § 9 Abs. II LuftVG kann

---

[844] Steinberg, Fachplanung, § 1/106
[845] so im Ergebnis auch der Arbeitskreis aus Vertretern des BML und der Landwirtschaftsministerien der Länder mit einer Liste über die anwendbaren Vorschriften der Verwaltungsverfahrensgesetze, abgedruckt bei Quadflieg, Recht der Flurbereinigung, Stand: April 1989, Köln 1977, Einleitung, Rd. 258
[846] zur Subsidiarität siehe oben S. 37 f.

demnach nur dann zur Anwendung kommen, wenn das LVwVfG -wie im Fall des Art. 75 Abs. IV BayVwVfG- eine Verlängerungsmöglichkeit vorsieht.

II. Beantwortung der strittigen Auslegungsfragen

1. Fristbeginn – Vorraussetzungen für Unanfechtbarkeit

Hinsichtlich der Voraussetzungen für die Unanfechtbarkeit wurde im Rahmen der Diskussion um den Fristbeginn herausgestellt, dass es grds. auf das Verstreichen der Rechtsmittelfrist gegenüber dem letzten Anfechtungsberechtigten ankommt[847]. Eine Ausnahme ist nur im Fall ausgebliebener Zustellung zu machen. Ferner kommt es auf die Vollziehbarkeit des Planfeststellungsbeschlusses entgegen vertretener Ansicht in der Literatur[848] nicht an, da auch in diesem Fall dem Vorhabenträger -ob privat oder öffentlich- angesichts des finanziellen Risikos der Durchführungsbeginn nicht zugemutet werden kann. Im Fall einer Klage gegen einen Planergänzungs- oder -änderungsbeschluss sowie in den Fällen laufender Planänderungs- oder ergänzungsverfahren, findet eine Unterbrechung des Fristlaufs i.S.v. § 217 BGB statt[849].

2. Voraussetzungen des Durchführungsbeginns

Ein Durchführungsbeginn ist entsprechend obiger Ausführungen grds. anzunehmen, wenn die getroffene, nicht lediglich behördeninterne Maßnahme eine stetige Umsetzung des gesamten Vorhabens in absehbarer Zeit erwarten lässt und eine Kompensation mittelbarer Nachteile für Enteig-

---

[847] so auch die h.M., siehe oben Fn. 303
[848] siehe oben Fn. 306
[849] der Arbeit liegt noch das alte, bis 31.12.2001 geltende Schuldrecht zugrunde; vgl. Fn. 785

nungsbetroffene in Aussicht stellt. Eine besondere „Ernsthaftigkeit" dahingehend, dass die Durchführung des Vorhabens gewollt ist[850], ist nicht zu verlangen, da eine solche durch den spezielle § 77 VwVfG im Hinblick auf die Rechtssicherheit bzgl. des „Ob" abgedeckt ist[851] und der Vorhabenträger schon durch die Investitionen im Rahmen des aufwändigen Planfeststellungsverfahrens sowie dessen Vorlauf, eine solche Ernsthaftigkeit bewiesen hat[852]. Auch ist nicht das Ergreifen einer „planmäßigen" Maßnahme Voraussetzung[853], denn Zweck der Befristung ist es nicht, einen „Schwarzbau" zu verhindern[854].

Konkret liegt eine Maßnahme, die eine „stetige Umsetzung in absehbarer Zeit erwarten lässt", in jedem Fall vor, wenn verbindliche Bauverträge zur sich alsbald anschließenden Umsetzung geschlossen werden. Verträge, die in unbestimmter Zeit oder ferner Zukunft erst eingelöst werden sollen, reichen nicht aus. Auch die bloße Ausschreibung der Bauarbeiten als Vorstufe zur Bauvergabe kann entgegen vereinzelter Stimmen in der Literatur[855] nicht ausreichen, da sich hieran die stetige Umsetzung nicht zwingend anschließen muss. Bei öffentlichen Trägerschaften reicht die verbindliche Sicherstellung der Finanzierung -soweit, dies bei öffentlichen Geldern überhaupt denkbar ist[856]- aus, da dann durch die Beseitigung des Hauptverzögerungsgrundes auch mit der sich alsbald anschließenden Realisierung gerechnet werden kann. Ferner reicht generell die Einrichtung der Baustelle, da auch diese den Fortgang der baulichen Realisierung erwarten lässt; nicht dagegen die bloße Aufstellung der Bautafel. In Bezug auf die in Aussicht gestellte Kompensation mittelbarer Nachteile für Enteignungsbetroffene

---

[850] so vereinzelt vertreten, siehe oben Fn. 316
[851] siehe oben S. 195 f.
[852] siehe oben S. 222 ff.
[853] so vereinzelt vertreten, siehe oben Fn. 318
[854] siehe oben S. 222 ff.
[855] siehe oben Fn. 327
[856] die Verteilung öffentlicher Gelder ist in besonderem Maße von politischen Entscheidungen abhängig, siehe dazu in der Einleitung

reichen schließlich bloße Enteignungsverhandlungen oder die Antragsstellung auf vorzeitige Besitzeinweisung.

Zusätzlich zu den genannten Voraussetzungen sind nicht unerhebliche Aufwendungen zur Umsetzung des Vorhabens zu verlangen, wenn sich der Anknüpfungspunkt „Durchführungsbeginn" nicht aufgrund des Pauschalitätsausgleichs rechtfertigt. Dies ist dann der Fall, wenn die Befristungsregelung eine Verlängerungsmöglichkeit vorsieht und gleichzeitig die Primärfrist die für die Interessen an einer Befristung zumutbare Obergrenze bildet. Denn nur in solchen Fällen kann ein Verlängerungsverfahren einen echten Ausgleich für die pauschale Erlöschensfolge erbringen. Ob die Primärfrist dabei die zumutbare Obergrenze bildet, entscheidet sich je nach Fachplanungsgesetz und Vorhabenträgerschaft. Ist ein öffentlicher Vorhabenträger oder ein Fachplanungsvorhaben nach dem Abfall- oder Atomgesetz[857] gegeben, kann die Primärfrist mangels Relevanz nachträglicher Änderungen nicht die Wahrscheinlichkeitsgrenze, allenfalls die Zumutbarkeitsgrenze für mittelbare Nachteile Enteignungsbetroffener, darstellen. Letztere wird jedoch, wie aus dem Urteil des Bundesverwaltungsgerichts vom 20.5.1999 hervorgeht[858], nicht in der Primärfrist, sondern in der gesamten, verlängerten Frist gesehen. Folglich stellt die fünfjährige Primärfrist in den genannten Fällen nicht die den Pauschalitätsausgleich bewirkende Obergrenze dar. Es bleibt somit beim notwendigen Ausgleich über den Anknüpfungspunkt, so dass keine zusätzlichen, nicht unerheblichen Aufwendungen für den Durchführungsbeginn zu verlangen sind. Diese Voraussetzung ist nur bei privater Vorhabenträgerschaft erforderlich und nur dann, wenn die fünfjährige Primärfrist als (addierte) Wahrscheinlichkeitsgrenze hinsichtlich nachträglicher Änderungen anzusehen ist. Dann ist bei Vorhaben mit privater Trägerschaft nach dem Bayerischen, Berliner,

---

[857] ein Verlängerungsverfahren kommt hier nur über Art. 75 Abs. IV BayVwVfG in Betracht
[858] BVerwG, Urt. v. 20.5.1999, NVwZ 00, S. 555 (558)

Brandenburger oder Nordrhein-Westfälischen Wasserhaushaltsrecht[859] sowie bei Vorhaben nach dem LuftVG oder BBergG i.V.m. dem BayVwVfG die Zusatzvoraussetzung der nicht unerheblichen, kausalen Aufwendungen zu fordern.

3. Folgen der Durchführungsunterbrechung

Wie dargestellt, führt die Durchführungsunterbrechung grds. nicht zu einem erneuten Fristlauf. Vielmehr erlangt der Planfeststellungsbeschluss mit Tätigung nicht unerheblicher, kausaler Aufwendungen, wie beispielsweise dem Abschluss von Bauverträgen oder dem Grunderwerb, die Eigenschaft der Unbefristetheit[860]. Ist dies aber nicht der Fall, wird also fristgerecht begonnen, ohne dass sich alsbald Investitionen von nicht unerheblichem Ausmaß anschließen, beginnt der Fristlauf von neuem. Der Durchführungsbeginn unterbricht somit lediglich die Frist i.S.v. § 217 BGB, falls der Durchführungsbeginn und die Unbefristetheit zeitlich auseinander fallen[861]. Der Durchführungsbeginn selbst steht daher unter dem Vorbehalt sich alsbald anschließender, nicht unerheblicher Investitionen. Entgegen einer Meinung in der Literatur[862] reicht -wie dargestellt- § 77 VwVfG für diese Fälle nicht aus. Für die Besonderheit des gestuften Baus bedeutet die hier vertretene Ansicht jedoch, dass spätestens mit der Umsetzung der ersten Stufe der Planfeststellungsbeschluss die Eigenschaft der Unbefristetheit erlangt[863].

Fraglich ist, ob eine solche Argumentation auch unter den Wortlaut der gegenwärtigen Gesetzeslage subsumiert werden kann. Letztlich bedeutet sie

---

[859] nur diese Landeswassergesetze bzw. das BayVwVfG sehen eine Verlängerungsmöglichkeit vor, die auch in Fällen privater Vorhabenträgerschaft denkbar ist
[860] siehe oben S. 220 f.
[861] der Arbeit liegt noch das alte, bis 31.12.2001 geltende Schuldrecht zugrunde; vgl. Fn. 785
[862] siehe oben Fn. 332
[863] siehe oben S. 221 f.

aber nichts anderes als die verfassungskonforme Auslegung des unbestimmten Rechtsbegriffs „Durchführungsbeginn". Die Deutung, dass dieser Begriff unter dem Vorbehalt sich alsbald anschließender, nicht unerheblicher Investitionen steht, verdient gegenüber der zur Verfassungswidrigkeit führenden Gegenmeinung den Vorzug.

4. Auswirkungen auf das Verlängerungsverfahren

Nach dem oben Ausgeführten verlangen die Interessen an einer Befristung nach einem Verlängerungsverfahren, wenn die pauschalen Obergrenzen, sei es hinsichtlich der potentiellen Änderungen oder der Zumutbarkeitsgrenze mittelbarer Nachteile, überschritten werden sollen[864].

Es stellt sich daher zunächst die Frage, was in den Fällen der gegenwärtigen Gesetzeslage zu prüfen ist, bei denen wie im Fall des FStrG die pauschale Zumutbarkeitsgrenze noch nicht erreicht ist[865]. Eine Einzelfallprüfung in Bezug auf die Zumutbarkeit der mittelbaren Nachteile scheidet aus, da dies den Planerhaltungsinteressen widerspräche, die gerade eine Frist bis zur Grenze der pauschalen Zumutbarkeit rechtfertigen. Allenfalls könnte geprüft werden, ob ausnahmsweise eine mutwillige Verzögerung seitens des Vorhabenträgers vorliegt, die eine Rechtfertigung entfallen lassen könnte[866]. Im Fall des LuftVG i.V.m. dem BayVwVfG ist zu beachten, dass die Prüfung der Zumutbarkeit in jedem Fall ganz ausscheidet, da die mittelbaren Nachteile der Enteignungsbetroffenen durch § 9 IV LuftVG selbstständig kompensiert werden.

---

[864] siehe oben S. 212 ff.
[865] siehe oben S. 210
[866] zur Prüfung dieses Aspektes ist ein Verlängerungsverfahren jedoch nicht erforderlich, da solchen Einzelfällen auch über den allgemeinen Aufopferungsanspruch abgeholfen werden kann, vgl. oben S. 158 f.

Ferner ist fraglich, was im Hinblick auf mögliche Änderungen der Rechts- und Sachlage zu überprüfen ist. Wie oben dargestellt, kann dieses Argument bei öffentlichen Vorhabenträgern gerade nicht zur Begründung einer Befristung beitragen, da davon auszugehen ist, dass diese aufgrund ihrer rechtsstaatlichen Verpflichtung im Fall der Änderung selbst die notwendigen Schritte einleiten. In Betracht kommt lediglich die Funktion einer Kontrolle der Planfeststellungsbehörde über den Vorhabenträger. Damit können die Betroffenenrechte sowie das Allgemeinwohl eine Absicherung erfahren, die andernfalls auf die Gesetzmäßigkeit der Verwaltung vertrauen müssten. Die Gefahr, der öffentliche Vorhabenträger komme seiner Verpflichtung nicht nach, hält sich jedoch im Rahmen des Zumutbaren, so dass es von Verfassungs wegen einer solchen Kontrolle an sich nicht bedarf[867]. Das Verlängerungsverfahren bildet demnach in solchen Fällen eine bloße Redundanz. Dennoch hat eine Überprüfung der Sach- und Rechtslage auf Änderungen hin letztlich bei an sich nicht notwendigem, aber eingeleitetem Verlängerungsverfahren zu erfolgen, da eine Verlängerung ausgeschlossen ist, wenn ohnehin eine Änderung vom Vorhabenträger eingeleitet oder das Vorhaben aufgegeben werden müsste.

Im Einzelnen hat daher grds. -unabhängig von der Trägerschaft- folgende Einzelfalluntersuchung zu erfolgen:

- Bei Überschreitung der pauschalen Zumutbarkeitsgrenze -was bei den gegenwärtigen Primärfristen nicht der Fall ist-, (1) ob im konkreten Fall tatsächlich und wenn ja, ab wann mittelbare Nachteile für die Enteignungsbetroffenen entstanden sind und (2) ob die mittelbaren Nachteile -soweit noch unkompensiert vorhanden- auch über den Verlängerungszeitraum hinweg noch individuell zumutbar sind; die Zumutbarkeit hat sich dabei nur an dem konkreten Eigentumseingriff

---

[867] der Gesetzgeber kann jedoch auch aus reinen Billigkeitserwägungen heraus ein Verlängerungsverfahren vorsehen; ob dies sinnvoll ist, wird sich im Folgenden noch zeigen

zu orientieren und ist nicht in Abwägung mit den Planerhaltungsinteressen zu stellen; (3) es ist ferner zu prüfen, ob möglicherweise mutwillige Verzögerungen durch den Vorhabenträger die Rechtfertigung schon haben entfallen lassen.

- Bei Überschreitung der pauschalen Wahrscheinlichkeitsgrenze hinsichtlich nachträglicher Änderungen ist zu prüfen, (1) ob Änderungen seit Unanfechtbarkeit des Planfeststellungsbeschlusses eingetreten sind, ohne dass eine Planänderung eingeleitet wurde; ist Letzteres der Fall, unterbricht diese bis zur Änderungsentscheidung den Fristlauf i.S.v. § 217 BGB[868]; findet dagegen noch kein Änderungsverfahren statt, ist darauf hinzuwirken bzw. entsprechende (Schutz-)Auflagen sind zu erteilen; kann mit Auflagen oder einer Änderung nicht abgeholfen werden, ist die Verlängerung zu versagen und der Planfeststellungsbeschluss erlischt; (2) liegen keine Änderungen vor, ist abzuwägen, ob das Änderungsrisiko den Betroffenen und der Allgemeinheit während des Verlängerungszeitraumes zumutbar ist. Dabei hat eine Prognose für den Verlängerungszeitraum und eine abstrakte Bestimmung des Änderungsrisikos hinsichtlich Belangen unmittelbar Betroffener und des Allgemeinwohls stattzufinden; Letzteres ist dann mit den Planerhaltungsinteressen abzuwägen, wobei die Gründe für die Verzögerung eine Rolle spielen. Änderungen dahingehend, dass eine Umsetzung nicht mehr möglich ist oder aufgegeben wurde, führen dagegen zwingend zur Versagung einer Verlängerung.

Formell sind aufgrund der Sachnähe -bei fehlender gesetzlicher Regelung- die Planfeststellungsvorschriften hinsichtlich Anhörung, Zustellung, Auslegung und Anfechtung entsprechend anzuwenden, allerdings mit der Vorgabe, dass es sich gerade nicht um ein neues Planfeststellungsverfahren

---

[868] der Arbeit liegt noch das alte, bis 31.12.2001 geltende Schuldrecht zugrunde; vgl. Fn. 785

handelt, sondern lediglich um die Verlängerung der Geltungsdauer des Planfeststellungsbeschlusses[869]. Ferner hat die zuständige, sachnähere Planfeststellungsbehörde bei ihrer Entscheidung den Untersuchungsgrundsatz der §§ 24 ff. VwVfG zu beachten, so dass ihr nicht nur ein Ermittlungsrecht, sondern auch eine Ermittlungspflicht zukommt. Allerdings kann sich diese Ermittlungspflicht nur auf den oben aufgeführten materiellen Prüfungsumfang erstrecken. Der Antrag auf Verlängerung muss - soweit das Gesetz nichts anderes vorsieht[870]- vor dem Erlöschen gestellt und positiv beschieden werden, soll der Planfeststellungsbeschluss nicht außer Kraft treten. Eine Auslegung der gegenwärtigen Gesetzeslage, entsprechend der oben vertretenen Ansicht[871], ist nicht möglich. Ferner hat sich herausgestellt, dass die vom E-UBG I (1999) vorgesehene sekundäre Ermessensfrist[872] im Hinblick auf die Rechtssicherheitsbedürfnisse unzureichend ist. Die in der gegenwärtigen Gesetzeslage vorgesehene Höchstgrenze, die ein Fristlängenermessen innerhalb des Verlängerungszeitraumes zur Folge hat, steht diesen Belangen indessen nicht entgegen, da die gesetzliche Maximalfrist die notwendige Rechtssicherheit leistet.

E) Resümee

Nach der analytischen Untersuchung der Rechtfertigung einer Befristungsregelung im Planfeststellungsrecht und seiner rechtlich gebotenen Ausgestaltung, stellen sich zum Abschluss zweierlei Fragen:

---

[869] so auch die h.M., siehe oben S. 82 ff.
[870] eine dem z.B. dem § 62 Abs. II S. 2 LBO BW vergleichbare Vorschrift, die eine rückwirkende Verlängerung zulässt, sehen die Planfeststellungsvorschriften (noch) nicht vor
[871] siehe oben S. 215 f.
[872] siehe oben S. 61 f.

I. Rechtsvereinheitlichung – Pauschalität zwischen und in den Gesetzen?

Zum einen ist es die Frage nach Rechtsvereinheitlichung. Wie oben dargestellt[873], ist eine Tendenz dahingehend zu beobachten, die einzelnen Fachgesetze den allgemeinen Verwaltungsverfahrensgesetzen anzupassen bzw. den Schwerpunkt der Regelungen auf diese zu verlagern. Nach den eben erfolgten Differenzierungen erscheint es jedoch fraglich, ob es sinnvoll ist, diese Vereinheitlichung der Befristungsregelungen im Planfeststellungsrecht fortzusetzen oder sogar eine Harmonisierung zwischen den Normen zur Planfeststellung und denen anderer Genehmigungsarten, wie es der Entwurf zum UGB I von 1999 vorsieht, anzustreben. Letzteres ist schon aufgrund der Differenziertheit der jeweils genehmigten Vorhaben, Anlagen, Einrichtungen oder Nutzungen abzulehnen[874]. So ist im Planfeststellungsrecht die Mehrdimensionalität des Beschlusses zu beachten, die konkrete Auswirkungen auf die Planerhaltungs- aber auch Gegeninteressen mit sich bringt. Genauso machen die Komplexität und Raumbezogenheit dieser Verfahrensart mit der Folge spezieller Regelungen, die diese Besonderheiten berücksichtigen, eine Angleichung unmöglich. Zumal die Untersuchung gezeigt hat, dass die Erforderlichkeit einer Befristungsregelung entscheidend von den gesetzlichen Regelungen zum Planfeststellungsrecht abhängt.

Aber auch eine Pauschalierung innerhalb des Planfeststellungsrechts ist abzulehnen. Zwar kann damit einer „fortbestehenden Zersplitterung des Planfeststellungsrechts" begegnet werden[875]. Doch besteht bei der vorliegenden Thematik die Gefahr, dass Sachgesetzlichkeiten und bereichsspezifische Besonderheiten des jeweiligen Fachgesetzes verloren

---

[873] siehe oben S. 65
[874] siehe dazu schon oben S. 88 ff.
[875] Breuer, Verfahrens- und Formfehler, in Sendler-FS, S. 357

gehen[876]. So ist nach der erfolgten Analyse fraglich, ob die Wahrscheinlichkeitsgrenze in Bezug auf potentielle, nachträgliche Änderungen bei jedem Fachplanungsvorhaben gleich zu bemessen ist. Wie gezeigt, bemisst sich eine daran orientierte Fristlänge aus der Addition von durchschnittlicher Dauer für die Durchführungsvorbereitungen und dem Wahrscheinlichkeitszeitraum hinsichtlich möglicher Änderungen[877]. Der Durchschnittswert für die Vorbereitungen kann aber je nach Fachplanungsvorhaben stark variieren. So werden Vorbereitungen für den Bau einer Mülldeponie nicht so umfangreich ausfallen wie für den eines Flugplatzes. Ferner hängt die Fristbemessung davon ab, ob für Planfeststellungen des jeweiligen Fachgesetzes i.d.R. nur öffentliche Vorhabenträger -wie im FStrG, AEG, PBefG, FlurbG und in den LStrGen- in Betracht kommen, da hier das Argument der nachträglichen Änderungen zur Begründung und Ausgestaltung einer Frist nicht angeführt werden kann[878]. Auch kommt es darauf an, ob das jeweilige Fachplanungsgesetz - wie im LuftVG- schon eine Kompensation mittelbarer Nachteile für die Enteignungsbetroffenen bzw. überhaupt eine enteignungsrechtliche Vorwirkung des Planfeststellungsbeschlusses vorsieht[879]. Wollte der Gesetzgeber dennoch eine Rechtsvereinheitlichung auf der Ebene der Verwaltungsverfahrensgesetze durchführen bzw. fortsetzen, müssten all diese Besonderheiten in einer pauschalen Regelung erfasst werden. Hier aber stößt der Gesetzgeber an die Grenzen seiner Möglichkeiten über unbestimmte Rechtsbegriffe eine Vielzahl von Spezialfälle zu erfassen, ohne dass dabei Interessen zu kurz kämen. Auch unter rechtsstaatlichen Gesichtspunkten wäre eine solche Vorgehensweise fragwürdig. Dagegen kann innerhalb des jeweiligen Gesetzes eine Pauschalierung zur Wahrung der Übersichtlichkeit und Rechtsklarheit ohne Verstoß gegen Art. 3 GG

---

[876] dazu i.A.: Fickert, Planfeststellungsverfahren, S. 145 (152); Wahl, Neues Verfahrensrecht, S. 83 ff.
[877] siehe oben S. 207 f.
[878] siehe oben S. 195
[879] siehe oben S. 208 ff.

vorgenommen werden[880], allerdings muss sich dann die Befristungsart am denkbar komplexesten Vorhaben orientieren und u.U. eine Verlängerungsmöglichkeit einräumen[881].

II. Rechtspolitisch sinnvollste Befristungsvariante

Abschließend soll eine der oben aufgezeigten, rechtlich möglichen Varianten herausgestellt werden, die auch unter praktischen Gesichtspunkten den Vorzug verdient. Wie erwähnt, ist eine gesetzliche Frist aus Rechtssicherheitsgründen einem Fristsetzungs- oder Fristlängenermessen vorzuziehen[882]. Dies hat in Bezug auf die verlängerte Frist zu gelten, um den Interessen an einer Befristung genüge zu tun. Keine Vorgaben machen die Rechtspositionen der Betroffenen dagegen zur Antragsstellung im Fall der Verlängerung der Frist. Eine rückwirkende Bescheidung bei fristgerechter Antragsstellung ist aus Gründen der Verwaltungseffizienz vorzuziehen[883].

Im Hinblick auf die Einsparung von Verwaltungskapazität ist es jedoch noch trefflicher, wenn ein Verlängerungsverfahren überhaupt vermieden werden kann[884]. So erfordert ein solches Verfahren aufgrund der notwendigen Einzelfallprüfung einen nicht unerheblichen Zeit- und Kostenaufwand und bindet darüber hinaus Kapazitäten, die zur Realisierung anderer gemeinnütziger Projekte gebraucht werden. Nebenbei eröffnet die Anfechtbarkeit der Verlängerungsentscheidung eine weitere Verzögerung und Rechtsunsicherheit. Zudem hat sich herausgestellt, dass z.T. existierende Verlängerungsverfahren rechtlich nicht zwingend und damit entbehrlich

---

[880] vgl. Steinberg, Komplexe Verwaltungsverfahren, DöV 82, S. 619 (622 ff.); allgemein: Kirchhof, HdStR V, § 124/231 ff.
[881] siehe dazu oben S. 213 ff.
[882] siehe oben S. 201 f.
[883] siehe oben S. 215 f.
[884] so auch Ronellenfitsch, BT-Protokoll 14/51//14/73, S. 57

sind[885]. Ein Verfahren kann auch sonst vermieden werden, indem im Fall möglicher komplexer, langwieriger Vorhaben die Fristlänge an der Grenze des pauschal Zulässigen anzusetzen ist. Im Fall der Zumutbarkeitsgrenze mittelbarer Nachteile für Enteignungsbetroffene wäre dann -ausgehend von der Bewertung des Bundesverwaltungsgerichts[886]- eine Fristlänge von zehn Jahren möglich. Soll zusätzlich noch eine Verlängerungsmöglichkeit eingeräumt werden, ist jedoch zu beachten, dass dann aufgrund des Pauschalitätsausgleichs strengere Voraussetzungen für den Durchführungsbeginn gelten. Vorzuziehen ist daher der weitere Schritt der Auslagerung der Belange Enteignungsbetroffner im Hinblick auf mittelbare Nachteile durch Einräumung eines Übernahmenanspruchs. Ein solcher kann -anders als im gegenwärtigen LuftVG- auch von der Voraussetzung der Unzumutbarkeit abhängig gemacht werden[887]. Gleichzeitig wird durch eine solche Variante den unmittelbar Betroffenen größere Einzelfallgerechtigkeit gewährt. Auch liegt die Übernahme der ohnehin für die Umsetzung benötigten Grundstücke für den Vorhabenträger im Bereich des Zumutbaren. Zwar kann die Übernahme eine weitere Fristsetzung in Form einer Verwendungsfrist nach Enteignungsrecht zur Folge haben[888], doch kann die im Ermessen der Behörde stehende Fristlänge großzügiger bemessen werden, da der Enteignete die Entschädigung für den Substanzverlust erhalten hat, mit der er am Wirtschaftsverkehr wieder vollumfänglich teilnehmen kann.

Die Auslagerung dieser Rechtspositionen aus der Erlöschensfrist hat zur Folge, dass überall dort, wo das Argument der nachträglichen Änderungen nicht zur Begründung einer Befristung angeführt werden kann[889], die Fristlänge lediglich von Rechtssicherheitsaspekten abhängt. Diese verlangen aber nur einen Kalkulationspunkt, der sich terminlich an der notwendigen

---

[885] siehe oben S. 236
[886] siehe oben S. 234
[887] siehe oben S. 152 f.; dem widerspricht nicht das auf S. 197 f. Gesagte, da dem Rechtsicherheitsbedürfnis bzgl. des „Wann" hier durch eine zusätzliche Frist abgeholfen wird
[888] vgl. z.B. §§ 29 Abs. I Nr. 3 i.V.m. 30 Abs. I LEntG BW
[889] siehe oben S. 195

Zeit zur Vorbereitung des Durchführungsbeginns orientieren kann[890]. Ferner reichen dann auch die „einfachen" Voraussetzungen für einen Durchführungsbeginn aus[891]. Insgesamt ergibt sich daraus eine Befristungsvariante, die im Fall des zur Änderung vorgesehenen Fernstraßengesetzes, wie folgt, aussehen könnte[892]:

„Wird mit der Durchführung des Planfeststellungsbeschlusses nicht innerhalb von 15 Jahren nach Unanfechtbarkeit begonnen, so tritt dieser außer Kraft. Ist nach 10 Jahren seit Unanfechtbarkeit nicht mit der Durchführung begonnen worden, können die Enteignungsbetroffenen die Übernahme ihrer Grundstücke verlangen, soweit es ihnen infolgedessen nicht mehr zumutbar ist, das Grundstück zu behalten. Kommt keine Einigung zustande, können sie die Durchführung des Enteignungsverfahrens beantragen.
Unter Durchführungsbeginn ist eine nicht lediglich behördeninterne Maßnahme zu verstehen, die eine stetige Umsetzung des gesamten Vorhabens in absehbarer Zeit erwarten lässt. Werden im Zuge des Durchführungsbeginns keine, nicht unerheblichen Aufwendungen getätigt oder schließen sich solche dem Durchführungsbeginn nicht alsbald an, beginnt der Fristlauf von neuem."

In den übrigen Fällen bleibt es jedoch bei der Beachtlichkeit einer Wahrscheinlichkeitsgrenze im Hinblick auf potentielle, nachträgliche Änderungen. Eine Auslagerung auch dieser Interessen durch Einführung weiterer bestandskraftdurchbrechender Regelungen ist nicht empfehlenswert, da andernfalls das vielschichtige System der Planfeststellungsnormen aus dem Gleichgewicht käme.

---

[890] siehe oben S. 207 ff.
[891] siehe oben S. 222 ff.
[892] zu empfehlen ist, bei einer Änderung eine Übergangsvorschrift vorzusehen, da andernfalls eine unklare Rechtslage hinsichtlich der „Altfälle" entstehen kann (vgl. oben S. 227 ff.)

Literaturverzeichnis

Aicher, Josef	Grundfragen der Staatshaftung bei rechtmäßigen hoheitlichen Eigentumsbeeinträchtigungen (Habil.), Berlin 1978
Alexander, Hans	Aktuelle Fragen des Verkehrslärmschutzes unter besonderer Berücksichtigung der VerkehrslärmschutzVO, NVwZ 1991, S. 318
Aust, Manfred/ *Jacobs*, Rainer	Die Enteignungsentschädigung, Berlin/N.Y. 1991
Badura, Peter	Gestaltungsfreiheit und Beurteilungsspielraum, bestehend aufgrund und nach Maßgabe des Gesetzes, in „Festschrift für Otto Bachof zum 70. Geburtstag", Hrsg.: Günter Püttner, München 1984, S. 169 ff.; Zit.: „Badura, Gestaltungsfreiheit, in Bachof-FS, S. 169 (...)"
Badura, Peter	Planungsermessen, in „Verfassung und Verfassungsrechtsprechung", Festschrift zum 25-jährigen Bestehen des Bayer. Verfassungsgerichtshofs, Hrsg.: Bayer. Verfassungsgerichtshof, München 1972, S. 157 ff.; Zit.: „Badura, Planungsermessen, in FS-BayVerfGH, S. 157 (...)"
Bamberger, Christian	„Privat"- und „gemeinnützige" Planfeststellung im Wasser- und Abfallrecht -Nachruf auf eine überholte Argumentationsfigur, BayVBl 1999, S. 622 ff.
Battis, Ulrich/ *Krautzberger*, Michael	Baugesetzbuch (Kom.), 8. Auflage, München 2002; Zit.: „Bearb., in Battis/Krautzberger, BauGB, §/Rd."
Bauer, Manfred	Entschädigungsrechtliche Auflagen im straßenrechtlichen Planfeststellungsbeschluss, NVwZ 1993, 441 ff.
Bender, Bernd	Probleme des Grundeigentumsschutzes bei der Planung von Straßen und anderen Projekten der Fachplanung, DVBl. 1984, 301 ff.
Berkemann, Jörg	Anmerkung zum BGH-Urteil vom 6.5.1999 -III ZR 174/98-, DVBl. 1999, S. 1285 ff.
Bethge, Herbert	Der Grundrechtseingriff, VVDStRL 57 (1997), S. 7 ff.
Bielenberg, Walter	Verfassungsrechtliche Eigentumsgarantie und Sozialbindung im Städtebau, dargestellt an der Sanierung nach dem Städtebauförderungsgesetz, DVBl 1971, S. 441 ff.
Bielenberg, Walter	Städtebauförderungsgesetz (Kom.), Stand: Juni 1985, München 1985
Bielenberg, Walter/ *Krautzberger*, Michael	Baugesetzbuch (Kom.), 5. Auflage, München 1998; Zit.: „Bearb., in Bielenberg/Krautzberger, BauGB, §/Rd."
Blanke, Hermann-Josef	Vertrauensschutz im deutschen und europäischen Verwaltungsrecht, Tübingen 2000
Blümel, Willi	Fachplanung durch Bundesgesetz (Legalplanung), DVBl. 1997, S. 205 ff.

Blümel, Willi	Der Gegenstand der Planfeststellung, VerwArch 83 (1992), S. 146 ff.
Blümel, Willi	Grundrechtsschutz durch Verfahrensgestaltung, in „Frühzeitige Bürgerbeteiligung bei Planungen", Schriftenreihe der Hochschule Speyer, Band 87, Berlin 1982, S. 42ff.
Blümel, Willi	Die Bauplanfeststellung, Stuttgart 1959; Teil 2 und 2.2.: Die Planfeststellung, Stuttgart 1961
Blümel, Willi/ *Pfeil*, Martin	Neue Länderstraßengesetze, Speyerer Forschungsberichte Nr. 127, Speyer 1993
Blümel, Willi/ *Ronellenfitsch*, Michael	Die Planfeststellung in der Flurbereinigung, Rechtsgutachten, Hiltrup 1975
Böhm, Anton/ *Neumeyer*, Dieter	Das Hessische Straßengesetz (Kom.), 3. Auflage, Wiesbaden 1989
Böhmer, Werner	Die rechtsgeschichtlichen Grundlagen der Abgrenzungsproblematik von Sozialbindung und Enteignung, Der Staat 24 (1985), S. 157 ff.; Zit.: „Böhmer, Grundlagen, Der Staat 1985, S. 157 (...)"
Boldt, Gerhard/ *Weller*, Herbert	Bundesberggesetz, Ergänzungsband, Berlin/N.Y. 1992
Breuer, Rüdiger	Die hoheitliche raumgestaltende Planung, Bonn 1968
Breuer, Rüdiger	Die Bodennutzung im Konflikt zwischen Städtebau und Eigentumsgarantie, München 1976
Breuer, Rüdiger	Die wasserrechtliche Planfeststellung, in „Planung", Festschrift für Werner Hoppe zum 70. Geburtstag, Hrsg.: Wilfried Erbguth, Janbernd Oebecke, München 2000, S. 667 ff.; Zit.: „Breuer, Die wasserrechtliche Planfeststellung, in Hoppe-FS, S. 667 (...)"
Breuer, Rüdiger	Verfahrens- und Formfehler der Planfeststellung für raum- und umweltrelevante Großvorhaben, in „Bürger-Richter-Staat", Festschrift für Horst Sendler zum Abschied aus seinem Amt, Hrsg.: Everhardt Franßen, Konrad Redeker, München 1991, S. 357 ff.; Zit.: „Breuer, Verfahrens- und Formfehler, in Sendler-FS, S. 357 (...)"
Bronnenmeyer, Helmut	Der Widerruf rechtmäßiger, begünstigender Verwaltungsakte nach § 49 VwVfG, Berlin 1994
Broß, Siegfried	Beschleunigung von Planungsverfahren, DVBl. 1991, S. 177
Brügelmann, Hermann	Baugesetzbuch (Kom.), Band 1, 3 u. 5, Stand: Sept. 2000, Stuttgart/ Berlin/Köln 1987; Zit.: „Bearb., in Brügelmann, BauGB, §/Rd."
Bulling, Manfred/ *Finkenbeiner*, Otto/ *Eckardt*, Wolf-Dieter/ *Kibele*, Karlheinz	Wassergesetz für Baden-Württemberg (Kom.), 1. Auflage, Stuttgart 1976; 2. Auflage, Stuttgart 1981; 3. Auflage, Stuttgart 1989, Stand: Sept. 2000

Bullinger, Martin	Beschleunigte Genehmigungsverfahren für eilbedürftige Vorhaben, Baden-Baden 1991
Bullinger, Martin	Aktuelle Probleme des deutschen Verwaltungsrechts, DVBl. 1992, S. 1463 ff.
Burgi, Martin	Die Enteignung durch „teilweisen" Rechtsentzug als Prüfstein für die Eigentumsdogmatik, NVwZ 1994, S. 527 ff.
Degenhart, Christoph	Das Verwaltungsverfahren zwischen Verwaltungseffizienz und Rechtsschutzauftrag, DVBl. 1982, S. 872 ff.
Deppen, Michael	Beteiligungsrechte des Bürgers im Planfeststellungsverfahren auf der Grundlage des VwVfG (Diss.), Münster 1982
Deutsch, Markus	Planungsschadensrecht (§§ 39 ff. BauGB) und Eigentumsgrundrecht (Art. 14 GG), DVBl. 1995, S. 546 ff.
Dolde, Klaus-Peter	Bestandsschutz von Altanlagen im Immissionsschutzrecht, NVwZ 1986, S. 873 ff.
Dolde, Klaus-Peter	Städtebauliche Enteignung und planerische Abwägung, in „Bürger-Richter-Staat", Festschrift für Horst Sendler zum Abschied aus seinem Amt, Hrsg.: Everhardt Franßen, Konrad Redeker, München 1991, S. 225 ff.; Zit.: „Dolde, Städtebauliche Enteignung, in Sendler-FS, S. 225 (...)"
Dolzer, Rudolf/ *Vogel*, Klaus (Hrsg.)	Bonner Kommentar zum Grundgesetz, Hamburg 2001, Stand: Dez. 2001; Zit.: „Bearb., in BK, Art. /Rd."
Dürig, Günter	Der Staat und die vermögenswerten öffentlich-rechtlichen Berechtigungen seiner Bürger, in „Staat und Bürger", Festschrift für Willibalt Apelt zum 80. Geburtstag, Hrsg.: Theodor Maunz, Hans Nawiasky, München 1958, S. 13 ff.; Zit.: „Dürig, Der Staat, in Apelt-FS, S. 13 (...)"
Dürr, Hansjochen	Aus der verwaltungsgerichtlichen Rechtsprechung zur Planfeststellung von Straßen, UPR 1993, S. 161 ff.
Eckert, Rainer P.	Die Entwicklung des Abfallrechts, NVwZ 1989, S. 421 ff.
Ehlers, Dirk	Eigentumsschutz, Sozialbindung und Enteignung bei der Nutzung von Boden und Umwelt, VVDStRL 51 (1992), S. 211 ff.
Eidenmüller, Horst	Effizienz als Rechtsprinzip, 2. Auflage, Tübingen 1998
Ellwein, Thomas	Einführung in die Regierungs- und Verwaltungslehre, Stuttgart 1966
Engel, Christoph	Planungssicherheit für Unternehmen durch Verwaltungsakt, Tübingen 1992
Engelhardt, Siegfried	Anmerkung zu BVerwG, Urt. v. 23.1.1981, BayVBl. 1981, S. 664
Erbguth, Wilfried	Bauplanungsrecht, München 1989
Erbs, Georg/*Kohlhaas*, Max	Strafrechtliche Nebengesetze, München 1962, Band 4, Stand: Jan. 2002; Zit.: „Bearb., in Erbs/Kohlhaas, Straf. NGe, §/Rd."

Erichsen, Hans-Uwe (Hrsg.)	Allgemeines Verwaltungsrecht, 8. Auflage, Berlin/N.Y. 1988, 11. Auflage, Berlin/N.Y. 1998; Zit.: „Bearb., in Erichsen, Allg. VerwR, §/Rd."
Ernst, Werner/ *Zinkhahn*, Willy/ *Bielenberg*, Walter	Baugesetzbuch (Kom.), Stand: 01.11.2000, München 2000; Zit.: „Bearb., in Ernst/Zinkhahn, BauGB, §/Rd."
Evers, Hans-Ulrich	Über die Zeit als Schranke des Eigentums, in Mélanges Marcel Bridel, Lausanne 1968, S. 193 ff.
Evers, Hans-Ulrich	Das Recht der Energieversorgung, 2. Auflage, Baden-Baden 1983
Feldhaus, Gerhard	Bestandsschutz immissionsschutzrechtlich genehmigter Anlagen im Wandel, WiVerw 1986, S. 67 ff.
Feldhaus, Gerhard	Bundesimmissionsschutzrecht, Band I, Teil 1, 2. Auflage, Heidelberg 2001, Stand: Sept. 2001; Zit.: „Bearb., in Feldhaus, BImSchR, §, S."
Fickert, Hans Carl	Planfeststellungsverfahren (Bundes- und Landesrecht), in „Vereinheitlichung von Verwaltungsverfahren", Hrsg.: Willi Blümel, Berlin 1984, S. 145 ff.
Fickert, Hans Carl	Inhalt, Rechtswirkungen und Anwendungsbereich der straßenrechtlichen Planfeststellung, in „Ein viertel Jahrhundert Straßenrechtsgesetzgebung", Hrsg.: Richard Bartlsperger, Willi Blümel, Hamburg 1980, S. 385 ff.; Zit.: „Fickert, Inhalt, Rechtswirkungen ..., in EvJSgg, S. 385 (...)"
Fickert, Hans Carl	Straßenrecht in Nordrhein-Westfalen (Kom.), 3. Auflage, Köln 1989; Zit.: „Fickert, StrR NW, S."
Fickert, Hans Carl	Planfeststellung für den Straßenbau (Kom.), Köln 1978
Fickert, Hans Carl	Planung von Straßen – Bebauungsplan oder Planfeststellung?, Vortrag im 178. Kurs des Instituts „Städtebau und Recht" vom 7. - 11.11.1983
Finger, Hans-Joachim	Kommentar zum Allgemeinen Eisenbahngesetz und Bundesbahngesetz, Darmstadt 1982
Forsthoff, Ernst	Lehrbuch des Verwaltungsrechts, Bd. I, Allgemeiner Teil, 10. Auflage, München 1973; Zit.: „Forsthoff, LdVwR I, §, S."
Forsthoff, Ernst	Zur Lage des verfassungsrechtlichen Eigentumsschutzes, in „Festgabe für Theodor Maunz zum 70. Geburtstag", Hrsg.: Hans Spanner, Peter Lerche, München 1971, S. 89 ff.; Zit.: „Forsthoff, Eigentumsschutz, in Maunz-FG, S. 89 (...)"
Fouquet, Helmut	Die allgemeinen materiellen Voraussetzungen der Planfeststellung, VerwArch 87 (1996), S. 212 ff.; Zit.: „Fouquet, Materielle Voraussetzungen, VerwArch 87 (1996). S. 212 (...)"
Franke, Reinhard	Die Teilbarkeit von Planfeststellungsbeschlüssen (Diss.), Berlin 1997
Freise, Rainer	Auswirkungen des Verwaltungsverfahrensgesetzes auf die Planfeststellung von Bundesbahnanlagen, Teil I und II, in „Die Bundesbahn" (DB) 1977, S. 395 ff. u. 482 ff.

Friauf, Karl Heinrich	Bestandsschutz zwischen Investitionssicherheit und Anpassungsdruck, WiVerw 1989, S. 121 ff.
Friauf, Karl Heinrich	Kommentar zur Gewerbeordnung Band II, Neuwied 1960, Stand: Juli 2001; Zit.: „Bearb., in Friauf, Bd. II, GewO, §/Rd."
Friesecke, Albrecht	Bundeswasserstraßengesetz (Kom.), Köln 1971; 1. Auflage, 1971; 4. Auflage, Köln/Berlin 1999
Gädtke, Horst/ *Böckenförde*, Dieter/ *Temme*, Heinz-Georg	Landesbauordnung Nordrhein-Westfalen (Kom.), 7. Auflage, Düsseldorf 1986; 3. Auflage, Düsseldorf 1970
Gaentzsch, Günter	Bemerkungen zur Planerhaltung im Fachplanungsrecht, DVBl 2000, S. 741ff.
Gaentzsch, Günter	Rechtliche Fragen des Abbaus von Kies und Sand, NVwZ 1998, S. 889
Gaentzsch, Günter	Die bergrechtliche Planfeststellung, in „Bürger-Richter-Staat", Festschrift für Horst Sendler zum Abschied aus seinem Amt, Hrsg.: Everhardt Franßen, Konrad Redeker, München 1991, S. 403 ff.; Zit.: „Gaentzsch, Die bergrechtliche Planfeststellung, in Sendler-FS, S. 403 (...)"
Gaentzsch, Günter	Die Planfeststellung als Anlagenzulassung und Entscheidung über die Zulässigkeit der Enteignung, in „Planung und Plankontrolle", Festschrift für Otto Schlichter zum 65. Geburtstag, Hrsg.: Jörg Berkemann, Günter Gaentzsch, Köln/Berlin 1995, S. 517 ff.; Zit.: „Gaentzsch, Planfeststellung, in Schlichter-FS, S. 517 (...)"
Giehl, Friedrich	Verwaltungsverfahrensrecht in Bayern, München 1980
Giemulla, Elmar/ *Schmidt*, Ronald	Luftverkehrsgesetz, Band 1.1, Stand Dez. 20, Neuwied 2000
Gleim, Wilhelm	Das Recht der Eisenbahnen in Preußen, Bd. 1: Das Eisenbahnbaurecht, Berlin 1893, S. 341
Groß, Thomas	Anmerkung zu BVerwG Urt. v. 24.11.1994 –7 C 25.93-, DVBl. 1995, S. 468 f.
Grupp, Klaus	Aufhebung von Planfeststellungsbeschlüssen durch die Verwaltung, DVBl 1990, S. 81 ff.
Hammer, Felix	Verfassungsrechtliche Grenzen des Denkmalschutzes, NVwZ 2000, S. 46 ff.
Harnischfeger, Horst	Planung in der sozialstaatlichen Demokratie, Neuwied/Berlin 1969
Hein, Edgar	Städtebauförderungsgesetz (Kom.), Göttingen 1971
Heinze, Christian	Entschädigung wegen Inanspruchnahme beplanter, aber nicht baulich genutzter Baugrundstücke für Fachplanvorhaben, in „Planung – Recht – Rechtsschutz", Festschrift für Willi Blümel zum 70. Geburtstag, Hrsg.: Klaus Grupp, Michael Ronellenfitsch, Berlin 1999, S. 155 ff.; Zit.: „Heinze, Entschädigung, in Blümel-FS, S. 155 (...)"

Hendler, Reinhard	Zur Inhalts- und Schrankenbestimmung des Eigentums, in „Staat, Kirche, Verwaltung", Festschrift für Hartmut Maurer zum 70. Geburtstag, Hrsg.: Max-Emanuel Geis, Dieter Lorenz, München 2001, S. 127 ff.; Zit.: „Hendler, Inhalts- und Schrankenbestimmung, in Maurer-FS, S. 127 (...)"
Hendler, Reinhard	Zur bundesverfassungsgerichtlichen Konzeption der grundgesetzlichen Eigentumsgarantie, DVBl. 1983, S. 873 ff.
Hendler, Reinhard	Raumordnungsrecht und Eigentumsgrundrecht, DVBl. 2001, S. 1233 ff.
Herdegen, Matthias	Garantie von Eigentum und Erbrecht, in Festschrift 50 Jahre Bundesverfassungsgericht, Hrsg.: Peter Badura, Horst Dreier, Bd. II, Tübingen 2001, S. 273 ff.; Zit.: „Herdegen, Garantie, in BVerfG-FS, S. 273 (...)"
Herrmann, Nikolaus	Planfeststellung, Privatisierung und Gemeinwohl, NuR 2001, S. 551 ff.
Hildebrandt, Burghard	Der Planergänzungsanspruch – Zum Vorrang des Anspruchs auf Planergänzung gegenüber dem Anspruch auf Planaufhebung bei unvollständigen Planfeststellungsbeschlüssen (Diss.), Berlin 1999
Hoffmann, Max/ *Grabherr*, Edwin	Luftverkehrsgesetz (Kom.), München 1971; 2. Auflage, München 1997, Stand: Nov. 97
Hoffmann-Riem, Wolfgang	Effizienz als Herausforderung an das Verwaltungsrecht, Baden-Baden 1998
Hoppe, Werner	Erste Überlegungen zu einem „Grundsatz der Planerhaltung", in „Planung und Plankontrolle", Festschrift für Otto Schlichter zum 65. Geburtstag, Hrsg.: Jörg Berkemann, Günter Gaentzsch, Köln/Berlin 1995, S. 87 ff.; Zit.: „Hoppe, Erste Überlegungen, in Schlichter-FS, S. 87 (...)"
Hoppe, Werner	Die „Zusammenstellung des Abwägungsmaterials" und die „Einstellung der Belange" in die Abwägung „nach Lage der Dinge" bei der Planung, DVBl. 1977, S. 136 ff.
Hoppe, Werner	Gerichtliche Kontrolldichte bei komplexen Verwaltungsentscheidungen, in „Verwaltungsrecht zwischen Freiheit, Teilhabe und Bindung", Festgabe für das 25-jährigen Bestehen des Bundesverwaltungsgerichts, Hrsg.: Otto Bachof, München 1978, S. 295; Zit.: „Hoppe, Gerichtliche Kontrolldichte, in BVerwG-FG, S. 295 (...)"
Hoppe, Werner	Die Schranken der planerischen Gestaltungsfreiheit, BauR 1970, S. 15 ff.
Hoppe, Werner	Planung und Pläne in der verfassungsgerichtlichen Kontrolle, in „Bundesverfassungsgericht und Grundgesetz", Festgabe zum Anlass des 25-jährigen Bestehens des BVerfG, Hrsg.: Christian Starck, Tübingen 1976, S. 663 ff.; Zit.: „Hoppe, Planung und Pläne, in BVerfG-FG, S. 663 (...)"
Hoppe, Werner	Die Bedeutung von Optimierungsgeboten im Planungsrecht, in „Grundfragen des Planungsrechts", Beiträge zur Raumplanung und zum Siedlungs- und Wohnungswesen, Band 182, Hrsg.: Werner Ernst, Werner Hoppe, Münster 1998, S. 343 ff. und DVBl 1992, S. 853ff.

Hoppe, Werner	Der Rechtsgrundsatz der Planerhaltung als Struktur- und Abwägungsprinzip, in „Grundfragen des Planungsrechts", Beiträge zur Raumplanung und zum Siedlungs- und Wohnungswesen, Band 182, Hrsg.: Werner Ernst, Werner Hoppe, Münster 1998, S. 390 ff.; Zit.: „Hoppe, Rechtsgrundsatz, S. 390 (...)"
Hoppe, Werner/ *Grotefels*, Susan	Öffentliches Baurecht, 1. Auflage, München 1995
Hoppe, Werner/ *Just*, Jan-Dirk	Zur Ausübung der planerischen Gestaltungsfreiheit bei der Planfeststellung und Plangenehmigung, DVBl 1997, S. 789
Hoppe, Werner/ *Schlarmann*, Hans	Die planerische Vorhabengenehmigung, Köln 2000
Hoppe, Werner/ *Schlarmann*, Hans/ *Buchner*, Rainer	Rechtsschutz bei der Planung von Straßen und anderen Verkehrsanlagen, 2. Auflage, München 1981; 3. Auflage, München 2001
Ibler, Martin	Die Schranken planerischer Gestaltungsfreiheit im Planfeststellungsrecht (Diss.), Berlin 1988
Ipsen, Hans Peter	Die staatliche Intervention im Bereich der Wirtschaft - Aussprache, VVDStRL 11 (1953), S. 111 ff.
Ipsen, Hans Peter	Rechtsfragen der Wirtschaftsplanung, in Kaiser, „Planung II –Begriff und Institut des Plans", Baden-Baden 1966, S. 63
Isensee, Josef/ *Kirchhof*, Paul	Handbuch des Staatsrechts, Bd. III, Heidelberg 1988; Bd. V, Heidelberg 1992; Bd. VI, Heidelberg 1989; Zit.: „Bearb., HdStR Bd., §/Rd."
Jannasch, Alexander	Europarecht im deutschen Verwaltungsprozess (11): Straßen- und Wege-, Wasser- und Luftverkehrsrecht, VBlBW 2001, S. 470 ff.
Jarass, Hans D.	Die materiellen Voraussetzungen der Planfeststellung in neuerer Sicht, DVBl. 1998, S. 1202 ff.
Jarass, Hans D.	Wirtschaftsverwaltungsrecht, 3. Auflage, Neuwied/Kriftel/Berlin 1997; Zit.: „Jarass, WirtVwR, §/Rd."
Jarass, Hans D.	Aktuelle Probleme des Planfeststellungsrechts, DVBl. 1997, S. 795 ff.
Jarass, Hans D.	Verfassungsrechtlicher Enteignungsbegriff und Planungsrecht, in „Planung", Festschrift für Werner Hoppe zum 70. Geburtstag, Hrsg.: Wilfried Erbguth, Janbernd Oebecke, München 2000, S. 229; Zit.: „Jarass, Enteignungsbegriff, in Hoppe-FS, S. 229 (...)"
Jarass, Hans D.	Europäisierung des Planungsrechts, DVBl. 2000, S. 945 ff.
Jarass, Hans D.	Bundesimmissionsschutzgesetz (Kom.), 1. Auflage, München 1983; 4. Auflage, München 1999
Jarass, Hans D./ *Pieroth*, Bode	Grundgesetz, 5. Auflage, München 2000

Kaiser, Joseph H.	Der Plan als ein Institut des Rechtsstaats und der Marktwirtschaft, in „Planung II – Begriff und Institut des Plans", Baden-Baden 1966, S. 11
Kastner, Fritz	Inwieweit sind enteignungs- und entschädigungsrelevante Entscheidungen im straßenrechtlichen Planfeststellungsbeschluss zu treffen?, in „Aktuelle Probleme des Enteignungsrechts", Hrsg.: Willi Blümel, Speyer 1982, S. 37 ff.; Zit.: „Kastner, Entscheidungen, in Blümel, Aktuelle Probleme, S. 37 (...)"
Kibele, Karlheinz	Die Wassergesetz-Novelle von 1988, VBlBW 1988, S. 421 ff.
Kirchhof, Paul	Verwalten und Zeit – Über gegenwartsbezogenes, rechtzeitiges und zeitgerechtes Verwalten, in „Schriften zum Wirtschaftsverfassungsrecht und Wirtschaftsverwaltungsrecht", Hrsg.: Karl Heinrich Friauf, Band 8
Kleinlein, Kornelius	Die ausgleichspflichtige Inhaltsbestimmung – eine Alternative zur Enteignung? DVBl. 1991, S. 365 ff.
Knack, Joachim	Verwaltungsverfahrensgesetz (Kom.), 2. Auflage, Köln 1982; 6. Auflage, Köln 1998; 7. Auflage, Köln 2000; Zit.: „Bearb., in Knack, VwVfG, §/Rd."
Koch, Hans-Joachim	Das Abwägungsgebot im Planungsrecht, DVBl 1983, S. 1125
Koch, Joachim/ *Hendler*, Reinhard	Baurecht, Raumordnungs- und Landesplanungsrecht, 3. Auflage, Stuttgart/München 2001
Kodal, Kurt/ *Krämer*, Helmut	Straßenrecht, 2. Auflage, Berlin 1964; 4. Auflage, München 1985; 6. Auflage, München 1999
König, Eberhardt/ *Meins*, Jürgen	Bayrisches Verwaltungsverfahrensgesetz (Kom.), begründet von Oskar Tschira und Walter Schmitt Glaeser, München 1993
König, Ruth	Kriterien für die Begründung der Ausgleichspflicht bei Inhalts- und Schrankenbestimmungen des Eigentums, DVBl. 1999, S. 954 ff.
Kopp, Ferdinand/ *Ramsauer*, Ulrich	Verwaltungsverfahrensgesetz (Kom.), 3. Auflage, München 1983; 7. Auflage, München 2000
Korbmacher, Günter	Plangewährleistung und Vertrauensschutz, WiVerw 1979, S. 37ff.
Korbmacher, Günter	Eigentums- und entschädigungsrechtlich bedeutsame Entscheidungen in der fachplanerischen Abwägung, DöV 1982, S. 517 ff.
Korbmacher, Günter	Der „Ausgleich von Schäden" im wasserrechtlichen Planfeststellungsverfahren, DöV 1974, S. 552 ff.
Krohn, Günter	Das Planungsschadensrecht im Spannungsfeld zwischen Inhaltsbestimmung und Enteignung, in „Planung und Plankontrolle", Festschrift für Otto Schlichter zum 65. Geburtstag, Hrsg.: Jörg Berkemann, Günter Gaentzsch, Köln/Berlin 1995, S. 439 ff.; Zit.: „Krohn, Planungsschadensrecht, in Schlichter-FS, S. 439 (...)"
Krohn, Günter	Enteignung, Entschädigung, Staatshaftung, Köln 1993

Krohn, Günter/ *Löwisch*, Gottfried	Eigentumsgarantie, Enteignung, Entschädigung, 3. Auflage, Köln 1984
Kröner, Herbert	Die Eigentumsgarantie in der Rechtsprechung des BGH, 2. Auflage, Berlin 1969
Kügel, Wilfried	Der Planfeststellungsbeschluss und seine Anfechtbarkeit, Berlin 1985
Kühling, Jürgen	Die privatnützige Planfeststellung, in „Bürger-Richter-Staat", Festschrift für Horst Sendler zum Abschied aus seinem Amt, Hrsg.: Everhardt Franßen, Konrad Redeker, München 1991, S. 391 ff.; Zit: „Kühling, Privatnützige Planfeststellung, in Sendler-FS, S. 391 (...)"
Kühling, Jürgen	Rechtsprechung des Bundesverwaltungsgerichts zum Fachplanungsrecht, DVBl. 1989, S. 221 ff.
Kühling, Jürgen/ *Hermann*, Nikolaus	Fachplanungsrecht, 2. Auflage, Düsseldorf 2000
Kukk, Alexander	Zur Fortwirkung nicht durchgeführter Planfeststellungsbeschlüsse, NuR 2000, S. 492 ff.
Kunig, Philip/ *Paetow*, Stefan/ *Versteyl*, Ludger-Anselm	Abfallgesetz (Kom.), 2. Auflage, München 1992; KrW-/AbfG (Kom.), München 1998
Kunz, Wolfgang	Eisenbahnrecht, Band I, Baden-Baden 1994, Stand: 1.11.99
Kuschnerus, Ulrich	Planänderung vor Erlass eines Planfeststellungsbeschlusses, DVBl 1990, S. 235 ff.
Kutschera, Peter	Bestandsschutz im öffentlichen Recht, Heidelberg 1990
Landmann, Robert von	Kommentar zur Gewerbeordnung, Band I, 6. Auflage, München 1911; fortgeführt von Erich Eyermann (s. dort)
Landmann, Robert von/ *Rohmer*, Gustav	Umweltrecht, Band I, München 2001, Stand: 01.03.2001; Zit.: „Bearb., in Landmann/Rohmer, Bd., §, Rd."
Laubinger, Hans-Werner	Der Umfang der Konzentrationswirkung, VerwArch 77 (1986), S. 77 ff.
Lautner, Gerd/ *Metz*, Thomas	Bundesfernstraßenplanung – Von der Bedarfsermittlung bis zur baulichen Realisierung, VR 1996, S. 253 ff.
Lege, Joachim	Zwangskontrakt und Güterdefinition, Berlin 1995
Lege, Joachim	Enteignung als Güterbeschaffungsvorgang, NJW 1993, S. 2565 ff.
Leibholz, Gerhard/ *Rinck*, Hans-Justus/ *Hesselberger*, Dieter	Grundgesetz (Kom.), 7. Auflage, Köln 1993, Bd. I, Stand: Aug. 2001
Leisner, Walter	Effizienz als Rechtsprinzip, Tübingen 1971
Leisner, Walter	Sozialbindung des Eigentums, Berlin 1972

Lorenz, Dieter	Landesstraßengesetz Baden-Württemberg, Stuttgart/Berlin 1992
Luhmann, Niklas	Die Knappheit der Zeit und die Vordringlichkeit des Befristeten, in Politische Planung, Hrsg.: ders., Opladen 1971, S. 143 ff.
Maiwald, Beate	Entschädigungspflichtige Eigentumseingriffe? BayVBl. 1991, S. 101 ff.
Manner, Reinhard	Die rechtsstaatlichen Grundlagen des Planfeststellungsverfahrens (Diss.), München 1976
Marburger, Peter	Die Regeln der Technik im Recht (Habil.), Göttingen 1978
Marschall, Ernst A./ *Schroeter*, Wolfgang/ *Kastner*, Fritz	Bundesfernstraßengesetz, 5. Auflage, Köln 1998; 4. Auflage, Köln 1977; 3. Auflage, Köln/Berlin 1971; 2. Auflage, Köln/Berlin 1963; 1. Auflage, Köln/Berlin 1954; Zit.: „Bearb., in Marschall, FStrG,Aul., §/Rd."
Maunz, Theodor/ *Dürig*, Günter/ *Herzog*, Roman	Das Grundgesetz (Kom.), Bd. II, München 2001, Stand: Aug. 2000; Zit.: „Bearb., in Maunz/Dürig, GG, Art./Rd."
Maurer, Hartmut	Allgemeines Verwaltungsrecht, 13. Auflage, München 2000
Merten, Detlef	Bestandskraft von Verwaltungsakten, NJW 1983, S. 1993
Meyer, Hans/ *Borgs-Maciejewski*, Hermann	Verwaltungsverfahrensgesetz (Kom.), 2. Auflage, Frankfurt a.m. 1982
Meyer, Klaus	Betrachtungen über das Städtebauförderungsrecht im Spannungsfeld des GG, in AöR 97 (1972), S. 12 ff.
Michel, Elmar/ *Kienzle*, Werner	Das Gaststättengesetz (Kom.), 11. Auflage, Köln/Berlin 1992
Michler, Hans-Peter	Die Duldungswirkung der Planfeststellung, in „Planung – Recht – Rechtsstaat", Festschrift für Willi Blümel zum 70. Geburtstag, Hrsg.: Klaus Grupp, Michael Ronellenfitsch, Berlin 1999, S. 357 ff.; Zit.: „Michler, Duldungswirkung, in Blümel-FS, S. 357 (...)"
Müller, Hermann	Die Aufhebung von Verwaltungsakten unter dem Einfluss des Europarechts, Berlin 2000
Münch, Ingo von / *Kunig*, Philip (Hrsg.)	Grundgesetzkommentar, Bd. I, 4. Auflage, München 1992; Zit.: „Bearb., in von Münch/Kunig, GG, Art./Rd."
Niehues, Norbert	Das Erfordernis der „Planrechtfertigung" als Instrument des verfassungsrechtlichen Eigentumsschutzes (Art. 14 III 1 GG), WiVerw 1985, S. 250
Nierhaus, Michael	Zur gerichtlichen Kontrolle von Prognoseentscheidungen der Verwaltung, DVBl. 1977, S. 19 ff.
Noll, Peter	Gesetzgebungslehre, Hamburg 1973
Nüßgens, Karl/ *Boujong*, Karlheinz	Eigentum, Sozialbindung, Enteignung, München 1987
Obermayer, Klaus	Der Plan als verwaltungsrechtliches Institut, VVDStRL 18 (1960), S. 144 ff.

Obermayer, Klaus	Verwaltungsverfahrensgesetz (Kom.), 3. Auflage, Neuwied 1999
Odenthal, Hans-Jörg	Das Erlöschen gewerberechtlicher Erlaubnisse durch Zeitablauf nach hoheitlichen Eingriffen, GewArch 1994, S. 48 ff.
Odenthal, Hans-Jörg	Gaststättenleistungen in Spielhallen, GewArch 1985, S. 105 ff.
Ortloff, Karsten-Michael	Zur Bindungswirkung des baurechtlichen Vorbescheids bei nachfolgender Änderung der Sach- oder Rechtslage, NVwZ 1983, S. 705 ff.
Ossenbühl, Fritz	Anmerkung zu BVerfG, Beschl. v. 2.3.1999, -1 BvL 7/91-, JZ 1999, S. 899
Ossenbühl, Fritz	Staatshaftungsrecht, 5. Auflage, München 1998
Ossenbühl, Fritz	Eigentumsschutz gegen Nutzungsbeschränkungen, in „Freiheit und Eigentum", Festschrift für Walter Leisner zum 70. Geburtstag, Hrsg.: Josef Isensee/ Helmut Lecheler, Berlin 1999, S. 689 ff.; Zit.: „Ossenbühl, Eigentumsschutz, in Leisner-FS, S. 689 (...)"
Ossenbühl, Fritz	Verwaltungsverfahren zwischen Verwaltungseffizienz und Rechtsschutzauftrag, NVwZ 1982, S. 465 ff.
Ossenbühl, Fritz	Die richterliche Kontrolle von Prognoseentscheidungen der Verwaltung, in „System des verwaltungsgerichtlichen Rechtsschutzes", Festschrift für Christian-Friedrich Menger, Hrsg.: Hans-Uwe Erichsen, Werner Hoppe, Köln/ Berlin 1985, S. 731 ff.; Zit.: „Ossenbühl, Die richterliche Kontrolle, in Menger-FS, S. 731 (...)"
Ossenbühl, Fritz	Welche normativen Anforderungen stellt der Verfassungsgrundsatz des demokratischen Rechtsstaates an die planende staatliche Tätigkeit, dargestellt am Beispiel der Entwicklungsplanung?, Gutachten B, Verhandlungen des 50. Deutschen Juristentages, München 1974; Zit.: „Ossenbühl, Gutachten, S. ..."
Osterloh, Lerke	Eigentumsschutz, Sozialbindung und Enteignung bei der Nutzung von Boden und Umwelt, DVBl. 1991, S. 906 ff.
Paetow, Stefan	Die Teilbarkeit von Planungsentscheidungen, DVBl. 1985, S. 369
Paetow, Stefan	Zur Struktur der abfallrechtlichen Planfeststellung, in „Bürger-Richter-Staat", Festschrift für Horst Sendler zum Abschied aus seinem Amt, Hrsg.: Everhardt Franßen, Konrad Redeker, München 1991, S. 425 ff.; Zit.: „Paetow, Abfallrechtliche Planfeststellung, in Sendler-FS, S. 425 (...)"
Papier, Hans-Jürgen	Eigentum und Entschädigung, in „50 Jahre BGH – Festgabe aus der Wissenschaft", Hrsg.: Claus-Wilhelm Canaris, Andreas Heldrich, München 2000, Bd. 3, S. 863 ff.; Zit.: „Papier, Eigentum, in BGH-FG, S. 863 (...)"
Papier, Hans-Jürgen	Eigentum in der Planung, in „Planung", Festschrift für Werner Hoppe zum 70. Geburtstag, Hrsg.: Wilfried Erbguth, Janbernd Oebecke, München 2000, S. 213 ff.; Zit.: „Papier, Eigentum in der Planung, in Hoppe-FS, S. 213 (...)"
Pauly, Walter/ *Roscheck*, Jan	Inanspruchnahme des Vorhabenträgers für Erfolgskontrollen im Rahmen der naturschutzrechtlichen Eingriffsregelung, DVBl. 1996, S. 784 ff.

Quadflieg, Friedrich	Recht der Flurbereinigung, Köln 1977, Stand: 12. Lieferung, April 1989
Rautenberg, Alfred/ *Frantzioch*, Heinz	Personenbeförderungsrecht, Bad Godesberg 1961
Rennert, Klaus	Eigentumsbindung und Enteignung nach der höchstrichterlichen Rechtsprechung, VBlBW 1995, S. 41 ff.
Rinne, Eberhard	Der Rechtsweg für Ausgleichsansprüche im Rahmen der Inhaltsbestimmung des Eigentums, DVBl. 1994, S. 23 ff.
Robinski, Severin	Gewerberecht, München 1983
Roller, Gerhard	Enteignung, ausgleichspflichtige Inhaltsbestimmung und salvatorische Klauseln, NJW 2001, S. 1003 ff.
Rombach, Paul	Der Faktor Zeit in umweltrechtlichen Genehmigungsverfahren, Baden-Baden 1994
Ronellenfitsch, Michael	Einführung in das Planungsrecht, Darmstadt 1986
Ronellenfitsch, Michael	Maßnahmengesetz zur Beschleunigung von Verkehrsprojekten, DöV 1991, S. 771 ff.
Ronellenfitsch, Michael	Die Verkehrsmobilität als Grund- und Menschenrecht, JöR 44 (1996), S. 167 ff.
Ronellenfitsch, Michael	Der Entwurf eines Gesetzes zur Beschleunigung der Planungen für Verkehrswege in den neuen Ländern sowie im Land Berlin, DVBl 1991, S. 920 ff.
Ronellenfitsch, Michael	Fachplanung und Verwaltungsgerichtsbarkeit, in „Planung – Recht – Rechtsschutz", Festschrift für Willi Blümel zum 70. Geburtstag, Hrsg.: Klaus Grupp, Michael Ronellenfitsch, Berlin 1999, S. 497 ff.; Zit.: „Ronellenfitsch, Fachplanung, in Blümel-FS, S. 497 (...)"
Ronellenfitsch, Michael	Die Planfeststellung, VerwArch 80 (1989), S. 92 ff.
Ronellenfitsch, Michael	Die Betriebsplanfeststellung, in „Aktuelle Probleme des Eisenbahnrechts V", Hrsg.: Michael Ronellenfitsch, Ralf Schweinsberg, Hamburg 2000, S. 101 ff.; Zit.: „Ronellenfitsch, Betriebsplanfeststellung, in APE V, S. 101 (...)"
Ronellenfitsch, Michael	Das neue Eisenbahnplanfeststellungsrecht, in „Akutelle Probleme des Eisenbahnrechts", Hrsg.: Willi Blümel, Hans-Jürgen Kühlwetter, Speyer 1996, S. 27 ff.; Zit.: „Ronellenfitsch, Neues Eisenbahnplanfeststellungsrecht, in APE 1996, S. 27 (...)"
Ronellenfitsch, Michael	Beschleunigung und Vereinfachung der Anlagenzulassungsverfahren, Berlin 1994
Rozek, Jochen	Die Unterscheidung von Eigentumsbindung und Enteignung, München 1998

Rubel, Rüdiger	Planungsermessen – Norm und Begründungsstruktur (Diss.), Frankfurt 1982
Sachs, Michael	Grundgesetzkommentar, 2. Auflage, München 1999; Zit.: „Bearb., in Sachs, GG, Art./Rd."
Salzwedel, Jürgen	Kolloquium über Fragen des Rechts der Wasserwirtschaft, ZfW 4 (1965), S. 92
Sass, Wolfgang	Art. 14 GG und das Entschädigungserfordernis, Heidelberg 1992
Sauter, Helmut	Landesbauordnung für Baden-Württemberg, Band II, 3. Auflage, Stand: Juli 2001, Stuttgart/Berlin/Köln 1995
Schenke, Wolff-Rüdiger	Problematik des Bestandsschutzes im Baurecht und Immissionsschutzrecht, NuR 1989, S. 8ff.
Schlez, Georg	Landesbauordnung für Baden-Württemberg (Kom.), 3. Auflage, München 1985
Schlichter, Otto/ *Stich*, Rudolf (Hrsg.)	Berliner Kommentar zum Baugesetzbuch, 2. Auflage, Köln/ Berlin 1995; Zit.: „Bearb., in BK zum BauGB, §/Rd."
Schlichter, Otto/ *Stich*, Rudolf/ *Krautzberger*, Michael	Städtebauförderungsgesetz (Kom.), 2. Auflage, Köln/Berlin/ Bonn/ München 1985
Schlotterbeck, Karlheinz/ *Arnim*, Achim von	Landesbauordnung für Baden-Württemberg (Kom.), 4. Auflage, Stuttgart/München/Berlin/Weimar/ Dresden 1997
Schmidt, Hans-Joachim	Zum Umfang der Enteignungsvorwirkungen, DVBl 1971, S. 451 ff.
Schmidt-Aßmann, Eberhard	Formen der Enteignung (Art. 14 Abs. III GG), JuS 1986, S. 833 ff.
Schmidt-Aßmann, Eberhard	Übernahmeansprüche im Enteignungsrecht, BauR 1976, S. 145 ff.
Schmidt-Aßmann, Eberhard	Verwaltungsverantwortung und Verwaltungsgerichtsbarkeit, VVDStRL 34 (1976), S. 221 ff.
Schmidt-Aßmann, Eberhard	Planung als administrative Handlungsform und Rechtsinstitut, in „Planung und Plankontrolle", Festschrift für Otto Schlichter zum 65. Geburtstag, Hrsg.: Jörg Berkemann, Günter Gaentzsch, Köln/Berlin 1995, S. 3 ff.; Zit.: „Schmidt-Aßmann, Planung, in Schlichter-FS, S. 3 (...)"
Schmidt-Aßmann, Eberhard	Grundfragen zum Städtebaurecht, Göttingen 1972
Schmidt-Bleibtreu, Bruno	Kommentar zum Grundgesetz, 9. Auflage, Neuwied 1999
Schoch, Friedrich	Rechtliche Konsequenzen der neuen Eigentumsdogmatik für die Entschädigungsrechtsprechung des BGH, in „Verantwortung und Gestaltung", Festschrift für Karheinz Boujong zum 65. Geburtstag, Hrsg.: Carsten Thomas Ebenroth, Dieter Hesselberger, München 1996, S. 655 ff.; Zit.: „Schoch, Rechtliche Konsequenzen, in Boujong-FS, S. 655 (...)"

Schotthöfer, Kurt	Die Planfeststellung im Meinungsstreit, BayVBl 1968, S. 342 ff.
Schrödter, Hans	Baugesetzbuch, 6. Auflage, München 1998; Zit.: „Bearb., in Schrödter, BauGB, §/Rd."
Schwabe, Jürgen	Anmerkung zu BVerfG Beschl. v. 9.1.1991 -1 BvR 929/89-, JZ 1991, S. 777 ff.
Schwarze, Jürgen	Administrative Leistungsfähigkeit als verwaltungsrechtliches Problem, DöV 1980, S. 581 ff.
Sendler, Horst	Aktuelle Fragen der Planfeststellung, in UPR Spezial, Bd. 6, Hrsg.: Joachim Kormann, München 1994, S. 9 ff.
Sendler, Horst	Buchbesprechung, DVBl. 1997, S. 629
Sendler, Horst	(Un)erhebliches zur planerischen Gestaltungsfreiheit, in „Planung und Plankontrolle", Festschrift für Otto Schlichter zum 65. Geburtstag, Hrsg.: Jörg Berkemann, Günter Gaentzsch, Köln/Berlin 1995, S. 55 ff.; Zit.: „Sendler, (Un)erhebliches, in Schlichter-FS, S. 55 (...)"
Sendler, Horst	Die Bedeutung des Abwägungsgebots in § 1 VI BauGB für die Berücksichtigung der Belange des Umweltschutzes in der Bauleitplanung, UPR 1995, S. 41 ff.
Sendler, Horst	Plan- und Normerhaltung vor Gericht, in „Planung", Festschrift für Werner Hoppe zum 70. Geburtstag, Hrsg.: Wilfried Erbguth, Janbernd Oebecke, München 2000, S. 1011 ff.; Zit.: „Sendler, Plan- und Normerhaltung, in Hoppe-FS, S. 1011 (...)"
Sieder, Frank/ *Zeitler*, Herbert	Bay. Straßen- und Wegegesetz (Kom.), 2.Auflage, München 1972; 3. Auflage, München 1983
Sieder, Frank/ *Zeitler*, Herbert	Wasserhaushaltsgesetz (Kom.), Stand: 01.07.00, München 2000
Siegel, Roland	Verfahrensbeschleunigung in der Verkehrswegeplanung (Diss.), Frankfurt a.M. 1997
Simon, Alfons	Bayrische Bauordnung, 11. Auflage, München 1996, Stand: Mai 1996
Stadler, Andreas	Die Enteignung zur Verwirklichung von Festsetzungen eines Bebauungsplanes (Diss.), München 2001
Steinberg, Rudolf	Neue Entwicklungen in der Dogmatik des Planfeststellungsrechts, DVBl 1992, S. 1501 ff.
Steinberg, Rudolf	Das Nachbarrecht der öff. Anlagen – Nachbarschutz gegen Planfeststellung und sonstige Anlagen der öffentlichen Hand, Stuttgart/ Berlin/ Köln/ Mainz 1988
Steinberg, Rudolf	Komplexe Verwaltungsverfahren zwischen Verwaltungseffizienz und Rechtsschutzauftrag, DöV 1982, S. 619 ff.

Steinberg, Rudolf/ *Berg*, Thomas/ *Wickel*, Martin	Fachplanung, 3. Auflage, Baden-Baden 2000
Steiner, Hans-Wolfgang	Besonderes Verwaltungsrecht, 6. Auflage, Heidelberg 1999; Zit.: „Bearb., in Steiner, Bes. VerwR, S."
Steiner, Udo	Beschleunigung der Planung für Verkehrswege im gesamten Bundesgebiet, in „Reform des Verwaltungsverfahrens", Hrsg.: Willi Blümel, Rainer Pitschas, Berlin 1994, S. 151 ff.
Stelkens, Paul/ *Bonk*, Heinz Joachim/*Sachs*, Michael	Verwaltungsverfahrensgesetz (Kom.), 2. Auflage, München 1983; 5. Auflage, München 1998; 6. Auflage, München 2001
Stern, Klaus	Das Staatsrecht der Bundesrepublik Deutschland, Band II, München 1980
Stich, Rudolf	Zum Wirtschaftsstandort Deutschland: Notwendigkeit des Abbaus von Hemmnissen aus dem Planungs-, Bau- und Umweltrecht und seinem praktischen Vollzug, WiVerw 1994, S. 83 (92 ff.)
Stober, Rolf	Handbuch des Wirtschaftsverwaltungs- und Umweltrechts, Stuttgart/Berlin/Köln 1989; Zit.: „Stober, Handbuch, S. ..."
Stüer, Bernhard	Querschnitte zwischen Bau- und Fachplanungsrecht, in „Planung –Recht – Rechtsschutz", Festschrift für Willi Blümel zum 70. Geburtstag, Hrsg.: Klaus Grupp, Michael Ronellenfitsch, Berlin 1999, S. 565 ff.; Zit.: „Stüer, Querschnitte, in Blümel-FS, S. 565 (...)"
Stüer, Bernhard	Handbuch des Bau- und Fachplanungsrechts, 2. Auflage, München 1998 u. Nachtrag 1999; Zit.: „Stüer, Handbuch, Rd."
Tettinger, Peter J.	Überlegungen zu einem administrativen "Prognosespielraum", DVBl 1982, S. 421
Ule, Carl-Hermann/ *Laubinger* Hans-Werner	Verwaltungsverfahrensgesetz (Kom.), 4. Auflage, Köln 1995; Zit.: „Bearb., in Ule/Laubinger, VwVfR, Kap./Rd."
Vitzthum, Wolfgang Graf	Parlament und Planung, Baden-Baden 1978
Wahl, Rainer	Europäisches Planungsrecht, in „Planung – Recht – Rechtsschutz", Festschrift für Willi Blümel zum 70. Geburtstag, Hrsg.: Klaus Grupp, Michael Ronellenfitsch, Berlin 1999, S. 617 ff.
Wahl, Rainer	Entwicklung des Fachplanungsrechts, NVwZ 1990, S. 426 ff.
Wahl, Rainer	Genehmigung zwischen Bestandsschutz und Flexibilität, in „Prävention und Vorsorge", Hrsg.: Rainer Wahl, Bonn 1995, S. 217 ff.
Wahl, Rainer	Genehmigung und Planungsentscheidung, DVBl 1982, S. 51ff.
Wahl, Rainer	Neues Verfahrensrecht für Planfeststellung und Anlagengenehmigung – Vereinheitlichung des Verwaltungsverfahrens oder bereichsspezifische Sonderordnung?, in „Reform des Verwaltungsverfahrens", Hrsg.: Willi Blümel, Rainer Pitschas, Berlin 1994, S. 83 ff.; Zit.: „Wahl, Neues Verfahrensrecht, S. 83 (...)"

Wahl, Rainer/ *Dreier*, Johannes	Entwicklung des Fachplanungsrechts, NVwZ 1999, S. 606 ff.
Waldhausen, Hubertus	Verwaltungsverfahrensgesetz Nordrhein-Westfalen (Kom.), 2. Auflage, Düsseldorf 1997
Wassermann, Rudolf (Hrsg.)	Alternativkommentar zum Grundgesetz, Bd. I, 2. Auflage, Neuwied 1989; Zit.: „Bearb., in AK, Art./Rd."
Weber, Werner	Öffentlich-rechtliche Rechtsstellung als Gegenstand der Eigentumsgarantie in der Rechtssprechung, AöR 91 (1966), S. 382 ff.
Wellmann, Petra	Verkehrslärmschutz aus kommunaler Sicht, DöV 1991, S. 1011
Wendrich, Klaus	Niedersächsisches Straßengesetz, 3. Auflage, Hannover 1994
Wendt, Rudolf	Zur Verfassungsmäßigkeit der Übertragung planungsschadensrechtlicher Reduktionsklauseln des BBauG auf die klassische Enteignung, DVBl.1978, S. 356 ff.
Weyreuther, Felix	Die Situationsgebundenheit des Grundeigentums, Köln 1983
Wienke, Ulrich	Die Planungsentscheidung in der Administrativenteignung, BayVBl. 1983, S. 297 ff.
Wigginghaus, Klaus H.	Die Rechtsstellung des enteigneten Grundeigentümers (Diss.), Berlin 1978
Witt, Siegfried de	Teilinanspruchnahme betrieblich genutzter Grundstücke für den Straßenbau, NVwZ 1995, S. 31 ff.
Wolf, Hans/ *Bachof*, Otto/ *Stober*, Rolf	Verwaltungsrecht, Band 1, 11. Auflage, München 1999; Band 2, 6. Auflage, München 2000
Ziegler, Jürgen	Ablösung der Rechtsprechung des BGH über die planungsrechtliche dauernden Bauverbote als Vorwirkung der Enteignung durch die Entschädigungsregelung des BauGB?, DVBl. 1973, S. 93 ff.
Zillenbiller, Hans	Straßenplanung im Konflikt öffentlicher und individueller Interessen, in „27. Deutscher Verkehrsgerichtstag", Hamburg 1989, S. 246 ff.
Zitzelsberger, Heribert	Verfassungsrechtliche Fragen beim Widerruf einer Anlagengenehmigung nach § 21 BImSchG, GewArch 1990, S. 153 ff.

Aus unserem Verlagsprogramm:

Planungs-, Verkehrs- und Technikrecht

Michael Ronellenfitsch, Ralf Schweinsberg (Hrsg.)
Aktuelle Probleme des Eisenbahnrechts X
Vorträge im Rahmen der Tagung am 1.-3. September 2004 in Tübingen
Hamburg 2005 / 260 Seiten / ISBN 3-8300-2117-8

Tina Bergmann
Die Vergabe öffentlicher Aufträge und das In-house-Geschäft
Hamburg 2005 / 312 Seiten / ISBN 3-8300-1732-4

Michael Ronellenfitsch, Ralf Schweinsberg (Hrsg.)
Aktuelle Probleme des Eisenbahnrechts IX
Vorträge im Rahmen der Tagung am 3.-5. September 2003 in Tübingen
Hamburg 2004 / 232 Seiten / ISBN 3-8300-1650-6

Dirk Gaupp
Der Netzzugang im Eisenbahnwesen
Eine Untersuchung der rechtlichen Rahmenbedingungen des Zugangs zum Schienennetz für dritte Anbieter von Eisenbahnverkehrsleistungen in der Bundesrepublik Deutschland und der Schweizerischen Eidgenossenschaft unter Berücksichtigung der rechtlichen Grundlagen der Liberalisierung des Eisenbahnverkehrs in der Europäischen Union
Hamburg 2004 / 404 Seiten / ISBN 3-8300-1310-8

Antje Kanngießer
Mediation zur Konfliktlösung bei Planfeststellungsverfahren
Grenzen und Perspektiven
Hamburg 2004 / 336 Seiten / ISBN 3-8300-1218-7